Werner Braune
Abseits der Protokollstrecke

Werner Braune

Abseits der Protokollstrecke

Erinnerungen eines Pfarrers an die DDR

Wichern

Werner Braune wurde 1936 in Lobetal geboren. Er studierte Evangelische Theologie in Berlin. Nach seinem Vikariat in der Prignitz und in der Niederlausitz war er Pfarrer in Nieder Neuendorf und Lautawerk. Anschließend Landespfarrer für Diakonie in Mecklenburg. Von 1979 bis zu seinem Ruhestand 2001 Direktor der Stephanus-Stiftung in Berlin-Weißensee.
Werner Braune setzte sich in der DDR für die Einhaltung der Menschenrechte ein. Hierfür erhielt er unter anderem das Bundesverdienstkreuz.

Für die großzügige Unterstützung der Drucklegung danken wir dem Diakonischen Werk Berlin-Brandenburg-schlesische Oberlausitz e.V., dem Diakonischen Werk der Evangelischen Kirche in Deutschland e.V. und der Stephanus-Stiftung Berlin-Weißensee.

© Wichern-Verlag GmbH, Berlin 2009
Umschlag: wichern-design, Dietmar Silber unter der Verwendung eines Fotos von Heinz Scholz
Bildnachweis: S. 148, 162, 182: Heinz Scholz; S. 125, 140, 143, 145: Eckard Sturz; alle anderen: Privatbesitz Familie Braune
Satz: NagelSatz, Reutlingen
Druck und Verarbeitung: Elbe Druckerei Wittenberg GmbH
ISBN 978-3-88981-266-7

*Gewidmet meiner Frau Christl
und unseren Kindern Ulrike, Martin und Jörg
mit ihren Familien*

Vorwort

In der Nacht vom 2. zum 3. Oktober 1990 endete die DDR. Das „bessere Deutschland" gibt es seither nicht mehr. DDR-Geschichte schwindet im Nebel – dennoch bleiben Erinnerungen, Menschen und Meinungen. Häufig werden sie begleitet von Nostalgie und Halbwahrheiten.

Die DDR war ein Land voller Beziehungen. Beziehungen waren nötig – ohne sie hätte man kaum existieren können. Man brauchte sie in allen Lebenslagen: in Geschäften, in Autoreparaturwerkstätten, in Gärtnereien, beim Bäcker, beim Rat des Kreises, beim Bürgermeister, bei der Aufnahme ins Altenheim.

Beziehungen bestanden vor allem zur ruhmreichen Sowjetunion. Dorthin mussten sie besonders innig sein. „Von der Sowjetunion lernen heißt Siegen lernen" – ein gängiger Spruch, den wir in der Kinder- und Jugendzeit lesen und hören konnten. Beziehungen zum Westen sollten weniger innig sein, selbst wenn sie wirtschaftlich ergiebiger waren. Sie wurden manchmal auf sonderbaren Wegen gepflegt.

Auch die Beziehungen unter den Bürgern waren unverzichtbar: Sie waren eine alltägliche Erscheinung, ein Lebenselixier. Durch Beziehungen konnte ein Urlaubsplatz herausspringen, eine Zusage für einen Zeltplatz oder ein Handwerkerbesuch mit den richtigen Ersatzteilen. Man könnte sagen: „Sozialismus ohne Beziehungen ist wie Kapitalismus ohne Geld."

Es gibt inzwischen eine Generation, für die der Bau der Mauer lediglich musealen Charakter hat. Welch Leid, Verachtung, Schmerzen und Entwürdigung Menschen zugefügt wurden, verblasst. Ich habe im „Osten" gelebt, in der Zone, in der DDR, im Gebiet für Mangelwirtschaft – im „real existierenden Sozialismus".

Als Diakoniepfarrer lebte ich mit meiner Familie 150 Meter abseits der „Allee". Die Klement-Gottwald-Allee war eine „Protokollstrecke", die der An- und Abreise von Partei- und Staatsfunktionären von der Waldsiedlung Wandlitz nach Berlin diente. Diese Strecke wurde sichtbar und unsichtbar bewacht.

Berlin 2009   *Werner Braune*

Feind hört mit

Inzwischen erscheint es manchen völlig unerklärlich, weshalb ein großer Teil der DDR-Bürger weg wollte und warum sie revoltiert haben. Je weiter die DDR zurückliegt, desto schöner wird über sie geredet. Nostalgie leuchtet rosa: Es war so schön, es war alles richtig, wir hatten es so gut, es war eine wunderbare Gemeinschaft. Solche Betrachtung der DDR-Geschichte erinnert an die Mitteilungen von Partei, Rat des Kreises oder Rat des Bezirkes auf Thermopapier.

Jetzt, nach fast zwei Jahrzehnten deutscher Einheit ist die Schrift verblichen. Der Text kaum noch lesbar. Einzelheiten sind nicht mehr festzustellen. Einige schließen daraus, das alles habe es nie gegeben. Es könnte passieren, dass man irgendwann nichts mehr lesen kann. Irgendwann sind alle, die die DDR erlebt haben, gestorben.

Dass der Lauschangriff gegen einige Bürger alltäglich geschah, bleibt für mich eine große Schamlosigkeit, gehört zu der Geschichte, die keine Nostalgie verträgt. Der Satz „Feind hört mit" stammt aus der Nazizeit. Der sozialistische Mithörer im Auftrag der SED war nicht der Feind, sondern Tschekist, Ermittler oder Friedenskämpfer. Sein Lauschangriff gehörte zum Klassenkampf. Bespitzelung von Nachbarn, Freunden, Verwandten und Fremden wurde zum guten Werk der sozialistischen Revolution stilisiert und sollte einer Denunziation edle Züge verleihen. Die Spitzel von damals bekommen dafür häufig eine bessere Rente als die Belauschten. Sie erhalten sie vom ehemaligen Klassenfeind, der auf diesem Weg und mit Hilfe des Lauschangriffes eigentlich vernichtet werden sollte.

In der DDR war vieles anders, gewöhnlich, preußisch, bürokratisch; aber alles war Klassenkampf. Das Humorpotenzial der

Partei blieb überschaubar. Zugelassene Witze, die Devisen brachten – weil vor westdeutschem Publikum im Kabarett Theater „Distel" erzählt –, wurden gern gehört. Nur war es so, dass der in der „Distel" erzählte Witz den Nationalpreis brachte und derselbe Witz in einer Kneipe in Sachsen-Anhalt erzählt neun Monate Gefängnis zur Folge hatte. Das war die Rechtssicherheit innerhalb der sozialistischen Gesetzlichkeit.

Pater Braun sagt in dem Film „Das schwarze Schaf": „Humor ist eine Erscheinungsform der Religion. Nur wer über den Dingen steht, kann über sie lächeln."

Wir hatten Glück, die gleiche Bibel und das gleiche Gesangbuch in Deutschland und im deutschsprachigen Raum zu nutzen. Wir hatten alle denselben Himmel, aber nicht denselben Horizont. Manchmal saßen wir „zwischen allen Stühlen – aber immer unter dem Schirm des Höchsten". So hatte es Gottfried Forck, der von 1981 bis 1991 Bischof der Evangelischen Kirche in Berlin-Brandenburg – Bereich Ost war, einmal formuliert.

Meine Lebensgeschichte ist geprägt durch 40 Jahre DDR. Gestärkt haben mich in dieser Zeit immer wieder die Worte des Propheten Joel: „Fürchte dich nicht, sondern sei fröhlich und getrost, denn der Herr kann auch große Dinge tun." (Joel, 2,21)

Verkündigung besonderer Art

Schwester Ruth hatte uns geschrieben. Die Karte kam aus Bad Gandersheim in Westdeutschland. Nach den damals üblichen zehn bis zwölf Tagen Postweg konnten wir sie in Berlin-Weißensee empfangen. Grund für die lange Transportzeit war nicht etwa die Beförderung durch Fußgänger zwischen Bad Gandersheim und Berlin-Weißensee, sondern ein beabsichtigter Umweg: So wurde die Karte zunächst von Leuten gelesen, an die sie nicht adressiert war, weil sie über uns Bescheid wissen wollten. Sie machten Kopien solcher Karten und sammelten sie in ihrem besonderen Ministerium – schöngefärbt „Ministerium für Staatssicherheit" (MfS).

Schwester Ruth gehörte zum Mutterhaus Salem-Lichtenrade. Viele Jahre hatte sie als Diakonisse in der Stephanus-Stiftung

Postkarte von Schwester Ruth aus den Akten des MfS

gelebt und gearbeitet. Seit 1955 war sie Mitarbeiterin in Berlin-Weißensee. Dass sie an uns schrieb, war nicht ungewöhnlich. Wir hatten einige Zeit bei uns im Pfarrhaus unter demselben Dach gewohnt. Schwester Ruth hatte unsere Kinder heranwachsen sehen und so manches Familienfest mitgefeiert. So gab es auch nach ihrem Wegzug Interesse am gegenseitigen Ergehen.

Die Karte von Schwester Ruth erhielten wir zweimal. Zum ersten Mal, als wir sie im Postfach der Stiftung fanden. Das zweite Mal als Kopie in den Akten der BStU-Behörde / der Gauck-Behörde. Das war 1992.

Als Schwester Ruth in der Stephanus-Stiftung anfing, arbeitete sie im Kleinstkinderheim. Später wurde sie Sachbearbeiterin und Sekretärin meines Vorgängers Kirchenrat Willi Federlein. Sie förderte die Versendung der Monatszeitschrift „Frohe Botschaft", hatte Telefonbereitschaft und war Küsterin der Friedenskirche. Sie bereitete Gottesdienste vor, hielt die Kirche sauber, organisierte Krankenabendmahle im „Ernst-Berendt-Haus" und vermittelte Tischbestellungen im Hospiz in der Albrechtstraße.

Mit sechzig Jahren wurde Schwester Ruth ins Mutterhaus in Bad Gandersheim gerufen. Nach DDR-Gesetz waren Frauen mit sechzig Jahren Rentner und durften in den Westen reisen. Schwester Ruth hatte nicht viel mitzunehmen. Ein Koffer reichte für den Wechsel. Sie war die letzte Diakonisse, die in der Stephanus-Stiftung im Dienst war. Seither wohnte sie im Mutterhaus in Bad Gandersheim. Von dort hatte sie an uns geschrieben.

Auf der Postkarte stand das Bibelwort aus dem Propheten Joel: „Fürchte dich nicht …". Sie schrieb vom Ergehen im Mutterhaus und fragte nach unseren Kindern und nach der Entwicklung in der Stephanus-Stiftung. Die Karte lag in den Akten der Stasi. Sie gehörte jetzt zur Lektüre all jener, die damals die Akten führten. Nicht ganz deutlich ist allerdings, ob die Mitarbeiter des MfS den Kollegen Joel für einen konspirativen Berater hielten und die Angabe der Bibelstelle für einen Devisentransfer oder eine Terminverabredung. Wer weiß, was in diesen Sammlern vorgegangen ist. So aber wurde dieser Ort der Aktensammlung auf besondere Weise eine eigene Form der Verkündigung biblischer Botschaft.

Einer zu viel

Unsere fünfköpfige Familie zog im Sommer 1979 in die Stephanus-Stiftung in Berlin-Weißensee. Das Kuratorium berief mich zum Pastor und Direktor der Stiftung. Die Kirchenleitung hatte zugestimmt. Bischof Dr. Albrecht Schönherr führte uns mit einem festlichen Gottesdienst in die Arbeit ein. Ich hielt die Predigt. Anschließend gab es drei Stunden Grußworte. Ein Kollege aus Westdeutschland verließ die Veranstaltung vorzeitig und raunte mir zu: „Das hält nur Kerngemeinde aus."

*

In den Tagen und Wochen nach der Einführung machte ich fast allen Grußwortrednern Antritts- und Dankbesuche. Kontaktpflege war ein wesentlicher Teil meiner Arbeit. Ich besuchte die Kirchenleitung Berlin-Brandenburg, das Konsistorium, die Evangelische Kirche der Union, den CDU-Hauptvorstand, die CDU-Bezirksleitung, den Kirchenkreis, die Generalsuperintendentur sowie Nachbarn und diakonische Einrichtungen. Beim Zentralkomitee (ZK) der SED „Arbeitsgruppe Kirchenfragen" machte ich auch einen Antrittsbesuch, bei dem ich Herrn B. traf, der damals Leiter dieser Arbeitsgruppe war. Er las gerade die Westzeitungen vom Vortag. In jener Abteilung musste man wissen, was der Klassenfeind schreibt. So wurde jeden Tag ein Bote nach Westberlin geschickt, der Westzeitungen in den demokratischen Sektor brachte.

Viele Einrichtungen, die zu uns gehörten, lagen außerhalb Berlins. Die Stephanus-Stiftung hatte mit mehreren Bezirken der DDR zu tun. Daher suchte ich die Räte der Bezirke auf: Rostock, Schwerin, Neubrandenburg, Potsdam, Frankfurt (Oder) und Halle an der Saale. Selbstverständlich besuchte ich auch den Magistrat in Berlin, den Oberbürgermeister, den Stadtrat für Inneres und den Sektorenleiter für Kirchenfragen – sowie die direkten Nachbarn nach vorheriger Anmeldung: die SED-Kreisleitung, die im Hause der ehemaligen israelitischen Taubstummenanstalt für Deutschland residierte, Stadtbezirksbürgermeister, Stadtbezirksarzt und die Volkspolizei-Inspektion, die gegenüber saß. Bei der Volkspolizei besuchten Willi Federlein und ich den Chef, Oberstleutnant M. Er wies meinen Vorgänger darauf hin, dass das Luther-Denkmal, das zu jener Zeit im

Garten der Stiftung stand, ihm, dem Volkspolizeichef, den Rücken zudrehe. Federlein antwortete: „Herr Oberstleutnant, das sehen Sie falsch, der dreht Ihnen nicht den Rücken zu, der geht Ihnen voran." Das Luther-Denkmal war der Rest vom Reformationsdenkmal, das bis Kriegsende vor der Marienkirche stand. Melanchthon, Sickingen, Hutten und andere hatte man für den „Endsieg" eingeschmolzen. Martin Luther war erhalten geblieben und stand nun seit einigen Jahren im Park der Stephanus-Stiftung.

Bei der Kreisleitung der SED trafen wir unseren Nachbarn Herrn Wendel. Er war dort der erste Sekretär. Es gab ein freundliches Gespräch, das mit der Einladung endete: „Wenn Sie mal ein Problem haben, können Sie sich vertrauensvoll an uns wenden."

Die westlichen Partner, die nach meiner Antrittspredigt ebenfalls sprachen, mussten sich mit Dankschreiben begnügen, denn ich durfte nicht zu ihnen reisen. Kurt Scharf, unser Bischof in Westberlin, und Rechtsanwalt Reymar von Wedel kamen jedoch ins Haus. Ebenso kamen Geschäftsleute aus der Bundesrepublik, mit denen wir zu tun hatten in Sachen Heizungsanlagen, Küchentechnologie und Materialbeschaffung bei Engpässen.

Eines Tages erschienen nach Anmeldung zwei Herren des Ministeriums für Staatssicherheit, die sich Schleusner und Klein nannten. Mit ihnen haben Kirchenrat Federlein und ich Kaffee getrunken. Während des Gespräches sagte Schleusner zu mir: „Herr Pastor, der Sohn von Ihrem Verwaltungsleiter Diakon Lemke ist republikflüchtig geworden. Sie können doch mal herausbekommen, wie der das gemacht hat." Daraufhin erwiderte ich: „Herr Schleusner, einer von uns ist zu viel im Zimmer." Betretenes Schweigen. Mir war nicht wohl dabei. Herr Schleusner ist mir seitdem offiziell nicht mehr begegnet. Heute weiß ich, dass man solches Verhalten „Dekonspiration" nennt. Ich fand es seinerzeit unverschämt, wie Herr Schleusner tätig zu werden suchte. Aber es hat einiges vereinfacht und auch Grundlagen des Umgangs geklärt.

Jenseits der Grenze

Meine Frau ist in Bayern aufgewachsen, hat dort die Schule besucht und eine Ausbildung im Mutterhaus „Ottobrunn" absolviert. Nach dem Examen als Krankenschwester hat sie ihren Beruf an unterschiedlichen Stellen ausgeübt, unter anderem in der „Insula", einer Pflegeeinrichtung der Diakonie in Berchtesgaden. Später hat sie in Neuendettelsau eine Ausbildung zur Heimerzieherin gemacht.

Bevor wir heirateten, arbeitete sie in der Herzogsägmühle bei Menschen mit schwerstmehrfacher Behinderung. Kennen gelernt hatten wir uns 1953 anlässlich einer Arbeitstagung des Verbandes Deutscher Arbeiterkolonien in Bethel. Mein späterer Schwiegervater, Direktor Friedrich Goller aus der Herzogsägmühle, war dort einer der Referenten. Mein Vater war zu diesem Zeitpunkt Vorsitzender dieses Verbandes.

Im April 1961 haben wir geheiratet. Zum Zweck der Eheschließung bekam ich eine besuchsweise Ausreise in die Bundesrepublik Deutschland – ich durfte also nach Bayern fahren. Unsere standesamtliche Trauung fand in der Gemeinde Markt Peiting statt. Bürgermeister Karl Fliegauf traute uns. Die kirchliche Trauung erfolgte einen Tag später in der kleinen Kirche von Herzogsägmühle. Pfarrer Leonhard Henninger, Leiter der Inneren Mission München, gab uns als Trauspruch die Geschichte aus dem Johannesevangelium Kapitel 21 mit auf den Weg: Jesus am Ufer des Lebens.

Von Bürgermeister Fliegauf hatten wir bei der standesamtlichen Trauung ein rotes Stammbuch überreicht bekommen. Auf dem Buchdeckel ist das Wappen des Freistaates Bayern zu sehen. Bei jeder späteren Benutzung in der DDR fiel es auf – und irritierte. Zwischenzeitlich gab es Leute, die das Stammbuch einziehen wollten. Dafür sollten wir das grüne Plastestammbuch, das in der DDR neben roten Stammbüchern üblich war, bekommen. Die Leute, die das damals versuchten, waren aber keine Standesbeamten, denn Beamte waren in der DDR abgeschafft. Es waren Beauftragte für Personenstandswesen.

Das Stammbuch konnten wir letztlich behalten und haben es noch heute. Allerdings fehlten im bayerischen Stammbuch die Sprüche aus dem grünen Plastebuch der DDR-Bürger. Dort nämlich waren Texte aus den „10 Geboten der sozialistischen Moral" zu lesen. Sozusagen goldene Worte von Walter Ulbricht. Zum Beispiel: „Du sollst sauber und anständig leben." Mit diesem Stammbuch sind die meisten DDR-Bürger groß geworden und haben sich um die sozialistische Moral bemüht.

Zum Zwecke der Heirat hatte ich vom Volkspolizeikreisamt (VPKA) Luckau eine Reiseerlaubnis bekommen. Ich wohnte in Drehna (früher und seit 1993 wieder Fürstlich Drehna). Dort war ich Vikar und somit polizeilich gemeldet. Die Volkspolizei in Luckau erteilte die besuchsweise Ausreiseerlaubnis und hoffte, dass ich mit meiner Frau wiederkommen würde. Beim VPKA hatte ich mitgeteilt, dass ich wegen meiner Hochzeit ausreisen wollte. Meine künftige Frau sei Krankenschwester; dieser Berufsstand wirkte in der damaligen Situation nützlich, da es an ausgebildeten Krankenschwestern mangelte. Man bot ihr gleich eine Stelle im Krankenhaus Luckau an.

Am Tag nach der Trauung in Herzogsägmühle machten wir mit Freunden aus der DDR, Hildegard von Knorre und Heinz Hoffmann, eine 3-Pässe-Fahrt in Österreich: Flexenpass, Arlbergpass, Fernpass. Das war für DDR-Bürger etwas Besonderes – und eigentlich verboten. Der Begriff „Pässe-Fahrt" erinnerte uns, dass wir keine Pässe hatten, die uns Reisen ins Ausland erlaubten. Wir hatten nur einen vorläufigen Personalausweis. Aber die österreichischen Grenzbeamten ließen uns passieren. Sie fragten nicht. Winkten uns durch, denn wir hatten ein Kennzeichen aus der Gegend.

Diese Fahrt nach Österreich war ein wunderbares Erlebnis: Ich lernte zum ersten Mal die Berge kennen. Der VW-Käfer, in dem wir fuhren, war fünf Jahre alt und in gutem Zustand. Er hatte einen Christophorus am Handschuhfach und war von einem katholischen Kollegen mit Weihwasser besprengt worden. Wir haben ihn dennoch checken lassen.

Die wenigen Tage, die wir dann noch in Bayern verbrachten, waren bald zu Ende. So verabschiedeten wir uns von Eltern und Geschwistern, von der Landschaft, von der Heimat. Wir fuhren mit der Hoffnung in die DDR, zu besonderen Anlässen wie Hochzeit, Taufe, Geburtstag und Familienfeiern unsere Eltern und Geschwister besuchen zu dürfen. Auf dem Weg von Herzogsägmühle nach Luckau in der Niederlausitz besuchten wir Freunde, Geschwister und Bekannte in anderen Gegenden Deutschlands. In Detmold arbeitete eine Kursschwester von meiner Frau. Im Krankenhaus der Johanniter in Gronau bei Hannover trafen wir meine Tante Margarethe Mohr, die Schwester meiner Mutter, die dort

Hausschwester war. In Herford besuchten wir meinen Bruder Martin. Seit 1956 lebte er in der Bundesrepublik Deutschland. In Bethel im Haus Nazareth wurde er zum Diakon ausgebildet.

*

Heinz Hoffmann hatte uns zur Hochzeit ein selbstgetextetes Lied vorgetragen. Die Vorlage dazu war „Mignon" von Johann Wolfgang von Goethe „Kennst Du das Land wo die Zitronen blühen ..." Der Text lautete nun: „Kennst Du das Land, wo man die Bockwurst isst? Wo man den Wohlstand in Prozenten misst ..." Jetzt waren wir auf dem Wege dorthin – in jenes Land.

Am 28. April 1961 überschritten wir die Grenze zur DDR. Eine Quittung über den DM-Umtausch in Höhe von 3,51 Mark belegt dies. Grenzübertritt – das klingt so einfach. Wir kamen erst einmal an der Grenzübergangsstelle Helmstedt-Marienborn an. Noch waren wir auf der westlichen Seite. In Helmstedt bei der Polizei hinterließ meine Frau ihren Personalausweis und die Autopapiere. Dafür gab es eine Quittung von der West-Polizei. Danach hatten wir uns ins Ungewisse begeben. Wir passierten den Grenzstreifen und wurden in Marienborn in den Kontrollbereich eingewiesen. Mit Misstrauen wurden wir empfangen – und sofort für zwei Stunden abgesondert. Man könnte auch sagen: Wir wurden eingesperrt. Denn von dem Zeitpunkt an durften wir uns nicht mehr frei bewegen. Selbst der Gang zur Toilette wurde genehmigungspflichtig. Wir wurden getrennt befragt und verhört. Alle Papiere, auch meine Reiseerlaubnis als DDR-Bürger, waren eingezogen worden. Die Erklärung, dass meine Frau ihren Wohnsitz in der DDR nehmen wollte, wurde ebenfalls eingezogen. Wir hatten nichts mehr in der Hand. Für die Genossen an der Grenze war es offensichtlich irritierend, dass in jener Zeit jemand von West nach Ost reisen wollte. Die Gegenrichtung war stärker frequentiert. In jenen Tagen verschwanden viele DDR-Bürger in den Westen. Die meisten kamen nicht zurück. Anstatt uns mit Girlanden und Blasmusik zu begrüßen, wurden wir intensiv befragt. Zuerst prüfte ein uniformierter Mann in dem Raum, in dem wir warten mussten, den Kachelofen. Es hätte ja sein können, dass wir kompromittierendes Material oder etwas, was für den politischen Nahkampf dringend gebraucht wurde, verbrannt hätten.

Meine Frau musste Fragebögen ausfüllen und beantworten, ob sie Mitglied der Waffen-SS gewesen sei. War sie aber nicht. Böse Vorwürfe erntete sie, dass sie ihren Personalausweis und die Autopapiere im Westen gelassen hatte. Als wir uns in Bayern verabschiedeten, hatten wir versprochen, dass wir diese Papiere nicht mit in die DDR nehmen. Wir wollten mit Ersatzdokumenten einreisen. Aber die Organe des Ostens hätten wohl gern alles von den Personen und auch vom VW-Käfer mit dem Schongauer Kennzeichen behalten. Man brauchte es dringend, um Tschekisten für klassenbewusste Aufträge auszurüsten. Häufig wurde mit gefälschten Papieren Ermittlungsarbeit des Ministeriums für Staatssicherheit durchgeführt. Dazu wollten wir keinen Beitrag leisten.

Nach der ersten Befragung kam der Zoll. Wir wurden wiederum samt Auto in ein anderes Objekt verbracht. Diesmal durften wir gemeinsam dabei sein, als der VW-Käfer ausgeräumt wurde. Wir mussten über eine Montiergrube fahren, die Tür wurde verschlossen – und die Kontrolle begann. Der Kontrolleur war entweder gnädig oder er hatte Mitleid mit uns. Vielleicht war er auch zu faul, das Auto und seinen Inhalt zu sichten. Das Wahrscheinlichste war wohl, dass er uns einfach für töricht hielt. Wer reiste schon freiwillig in die DDR zurück? Es konnten nur Leute mit Dachschaden sein, ein paar arme Irre, denen sowieso nicht zu helfen war. Vielleicht hatten wir Mitleid verdient, vielleicht sind wir darum auch so unkompliziert durch die Zollkontrolle gekommen. Wir hatten jedenfalls nichts zu verbergen und auch keine großen Werte mitgeführt.

Irgendwann meldete der uniformierte Genosse den Vollzug der Kontrolle. Nach sieben Stunden durften wir weiterfahren. Aber wir hatten auch Glück: Die ausführliche Kontrolle und Einreise und die Voranmeldung der Übersiedlung bewahrten uns offenbar vor dem Aufnahmelager, dem Flüchtlingslager für „Westflüchtlinge in die DDR". Es war seinerzeit üblich, aus dem Westen Einreisende, die nicht besuchsweise kommen wollten, zunächst in ein Aufnahmelager zu bringen. Dort wurden sie befragt und verhört, identifiziert, teilweise auch von der Staatssicherheit angeworben. Von Bekannten, die auch aus dem Westen eingereist waren, wussten wir, dass sie eine solche Zeit im Lager durchstehen mussten. In Berlin-Blankenburg bei der Stadtausfahrt an der B-96 A (damals

F-96) war so ein Lager. Es war anscheinend nie voll. Zu wenige flohen aus dem Westen in den Osten.

Abgeschnitten

Der 11. August 1961 war ein Freitag. An dem Tag hatten wir uns gegen Abend mit meiner Mutter in Berlin-Zehlendorf verabredet. Nach dem Tod meines Vaters 1954 war sie nach Westberlin gezogen, da sie in Lobetal nicht bleiben konnte.

Meine Schwester Margarethe hatte in Westberlin Abitur gemacht. Mein jüngerer Bruder war in Bethel an der Aufbauschule, während mein älterer Bruder noch in Potsdam-Hermannswerder lebte. Ich selbst hatte nach dem Abitur an der Geschwister-Scholl-Oberschule in Bernau im Sommer 1955 mit dem Studium der Theologie an der Humboldt-Universität begonnen.

So hatten wir uns am 11. August 1961 in Zehlendorf verabredet. Bis zum Bau der Mauer konnte man in der geteilten Stadt hin- und herfahren. An diesem Freitagvormittag kam Pastor Reinhold Kleinau, damals Vorsteher des Oberlinhauses in Potsdam-Babelsberg. Er bat mich, am Sonntag auszuhelfen, denn für den Gottesdienst in der Oberlinkirche hatten sie keinen Pastor. Pastor Eckardt Beyer mit Familie war noch auf Besuchsreise – ein anderer Vertreter war nicht zu greifen. Ich sagte gern zu mit dem Gedanken, dann fahren wir nach dem Gottesdienst nach Zehlendorf und treffen uns mit meiner Mutter. Im Nachhinein gesehen war es eine Entscheidung für 28 Jahre.

Was wäre, wenn wir an diesem Wochenende 1961 in Westberlin gesessen hätten? Als am 13. August die Verbindungen zwischen Ost und West gekappt wurden – was hätten wir dann getan? Wären wir dort geblieben oder freiwillig zurückgegangen? Wir hatten zu dem Zeitpunkt keine Gemeinde, keine Kinder, die wir zurückgelassen hätten. Wir hatten keine Wohnung, nicht mal ein eigenes Zimmer, wir hatten kein Vermögen, kein Grundstück, wir hatten keine Konten in der DDR. Das einzig Wertvolle, was wir hatten, war unser fünf Jahre alter VW-Käfer. Solche Überlegungen sind uns erspart geblieben. Die Entscheidung, in der DDR zu bleiben, haben wir nicht selbst gefällt. Über solche Dinge mussten wir nicht nachdenken. Es war einfach so.

Ich beendete meine Ausbildung und ging den Weg, den man als Pfarrer seiner Kirche gehen konnte. Dass meine Frau und ich neben dem Bau der Mauer mit dem damals schmerzhaften Gefühl einer tiefen Resignation auch die große Freude des Falles der Mauer, der Grenzen erleben durften, macht mich dankbar. Wir sind froh, dass wir nun in Einheit und Freiheit leben. Als wir selbst ins Rentenalter kamen und meine Frau und ich bei der Bundesversichertenanstalt für Angestellte zur Kontenklärung mussten, sagte die dortige Sachbearbeiterin zu meiner Frau: „Sie waren doch schon mal in Deutschland."

Neunter November

Der 9. November ist Schicksalstag der Deutschen. Am 9. November 1918 war Revolution in Deutschland. Am 9. November 1938 geschah die brutale Zerstörung jüdischer Geschäfte in Deutschland, die Pogrome mit dem merkwürdigen und irreführenden Titel „Reichskristallnacht".

Nun war der 9. November 1989 gekommen – und mit ihm die Maueröffnung und der Beginn von Reise- und Lesefreiheit sowie der Anfang der deutschen Wiedervereinigung. Damals, als es so plötzlich kam, wussten wir es nicht – wir konnten es auch nicht ahnen. Noch waren wir mittendrin in der für uns üblichen Geschichte und der Genosse Erich Honecker hatte zur Kräftigung und Stärkung politischer Grundaussagen des Sozialismus das Zitat geprägt: „Den Sozialismus in seinem Lauf hält weder Ochs noch Esel auf." Ob dieser Reim auf einem Seminar junger Poeten erarbeitet wurde, oder ob er von Honecker selbst ersonnen war, wird wohl für immer unbekannt bleiben. Auf jeden Fall war dieses Votum von 1989 besonders eindrucksvoll, weil der real existierende Sozialismus bereits im Abrutschen war. Mit dem Bau der Mauer hatte es begonnen. Und spätestens mit der ersten Industriepreisreform 1966 wurde deutlich, dass dieses System nicht funktionieren kann. Der Sozialismus war zwar sehr schön, aber es ließ sich kein geeignetes Wirtschaftssystem für ihn finden. Er hatte

Geschwistertreffen am 11. November 1989. Werner, Margarete, Martin und Paul Braune (von links)

außerdem noch einen erheblichen Mangel: Er hat nicht für alle gereicht.

Nun war der 9. November gekommen – und er begann herbstlich trübe. Nach der Morgenandacht in der Friedenskirche in der Stephanus-Stiftung war ich als Gastredner zur Weißenseer Stadtverordnetenversammlung gegangen. Mein Beitrag ging über schwerstmehrfach behinderte Kinder und deren Chancen und Möglichkeiten. Es ging um Unterstützung der Eltern, gesellschaftliche Verantwortung, Material und Finanzierung.

Anschließend ging ich zur Volkspolizei. Bei der Abteilung Pass- und Meldewesen durfte ich zwei Stunden warten. Ich wollte ein Eintagesvisum nach Westberlin zum achtzigsten Geburtstag meiner Cousine, welches mir nach zwei Stunden übergeben wurde mit der Ermahnung des Volkspolizisten, mich als DDR-Bürger würdig in Westberlin aufzuführen. Da ich keine anderen Absichten hatte, habe ich diesen Rat auch entgegengenommen. Das Visum für meine Frau war abgelehnt worden.

Am selben Abend lief die Pressekonferenz im Fernsehen, Günter Schabowski zog dabei einen Zettel aus der Tasche, auf dem wohl der Satz „Grenzöffnung sofort" stand. Kurz danach erlebten wir, wie Berliner und viele DDR-Bürger an anderen Stellen der Staatsgrenze West Kontrollpassierpunkte durchquerten, um in die Bundesrepublik zu kommen. Meine Frau kam an diesem Abend vom Einkaufen heim. An der Pforte begrüßten sie zwei Damen aus unserem Wohnbereich und sagten zu ihr: „Du kannst jetzt nach Westberlin fahren, wenn du willst." So einfach sollte das alles mit einem Mal sein.

Aus der Mitarbeiterschaft in Berlin-Weißensee waren viele noch am Abend und des Nachts nach Westberlin gefahren. Der Andrang an der Grenze war groß – das aber konnte niemanden schrecken. In Westberlin haben sie mit Freunden und Fremden gefeiert. Sie haben sich, wie wir alle, unglaublich über die niemals erwartete Freiheit gefreut. Damals hatte ich Angst, dass die Mitarbeiter im Westen bleiben würden, weil viele dachten, dass die Maueröffnung nur zeitweilig wäre. Die bewaffnete Staatsmacht war noch vollständig – niemand wusste, wie sie damit umgehen würde.

Aber am 10. November waren alle zurück und taten ihren Dienst wie immer. Viele sahen müde aus – manche hatten dicke Augen. An diesem Tag hielt Diakon Gottfried Schubert die Morgenandacht. Sie stand unter dem Psalmwort: „Wenn der Herr die Gefangenen Zions erlösen wird, werden wir sein wie die Träumenden" (Psalm 126). Das war tatsächlich ein Traum, denn niemand hatte erwartet, dass eine Öffnung der Mauer auf diese Weise erfolgen könnte – so plötzlich und unerwartet. Es schien alles unwirklich. Eins der häufigsten Worte in diesen Tagen hieß: „Wahnsinn!"

Behindertenarbeit

Mitte 1985 hatten wir mit Hilfe engagierter Eltern begonnen, schwerst mehrfach behinderte Kinder aufzunehmen und zu fördern. Sie kamen in jener Zeit zum Teil aus Altenpflegeeinrichtungen und Kinderkliniken oder aus der häuslichen Pflege. Vieles war mit der Resignation verbunden, dass man eigentlich nichts mehr

22

für sie tun kann. Wir gründeten eine Förderstätte, die von Montag bis Freitag Tagesbetreuung anbot. Die Kinder wurden von den Eltern gebracht. Es begann ein Begleit- und Förderprogramm – und schon nach einem Jahr zeigten sich Erfolge. Anfänglich konnte keines der Kinder laufen; alle mussten gefüttert werden. Am Ende des ersten Jahres war es anders. Ein Erfolg, der beschämte und Möglichkeiten der Hilfe verdeutlichte. Sie musste nur gegeben werden. Neben den Mitarbeitenden, die viel dazu lernen mussten, hatten wir auch Freunde, die von außerhalb kamen. Polly von Studnitz, Gattin eines verantwortlichen Mitarbeiters der Ständigen Vertretung, half uns. Cornelia von Oppen, Physiotherapeutin, brachte uns das Bobath-System, eine Methode zur Behandlung von Erwachsenen mit neurologischen Schädigungen, bei. Die Übermittlung von Fördergeräten und Pflegehilfsmitteln geschah teilweise auf kurzem Weg durch Freunde aus den Botschaften. Seitens der DDR gab es wenig Unterstützung. Wir mussten zum Beispiel die gesamte Etage rollstuhlgerecht umbauen und eine Finanzierung für den laufenden Betrieb beantragen. Diese Art der Förderung war schwierig, denn die Kinder und Jugendlichen, die wir betreuten, galten im Sprachgebrauch der DDR als „schwachsinnige, nicht förderfähige Personen". Bis zum Ende der DDR gab es keine offizielle Regelung über die Pflegekosten für diese Sonderabteilung.

Ein weiteres Problem war die Frage der Funktionsflächen. Die vielen Pflegehilfsmittel wie Rollstühle, Stehbretter, Liegeeinrichtungen, Sportgeräte brauchten eine Menge Platz. Der Sanitärbereich musste umgebaut werden. Mit Provisorien umzugehen hatten wir gelernt. Komplizierter war, dass es keinen betreuenden Facharzt für Orthopädie gab. Den hätten wir dringend gebraucht.

Bei einer Elternversammlung kam es zu erheblichen Verärgerungen. Eine Beschwerde lautete, Katharina Witt sei eine kerngesunde Frau. Sie würde von fünf bis sieben Ärzten umsprungen, um sportliche Erfolge zu erzielen. Aber für die wirklich Bedürftigen wie die schwerstmehrfach behinderten Kinder stehe kein Arzt zur Verfügung. Der Protest änderte nichts.

Nächtliche Anrufe

Während einer Veranstaltung im Mai 1989, in der es um die Aufklärung zum Wahlbetrug und um die Situation von Inhaftierten ging, wurde die Telefonnummer der Stephanus-Stiftung öffentlich benannt. Viele Interessierte waren in das Evangelische Gemeindezentrum Hohenschönhausen gekommen. Teilnehmer, die die Telefonnummer der Stephanus-Stiftung bekannt gegeben hatten, sagten, dort würden zu jeder Tages- und Nachtzeit Angaben zum Wahlbetrug entgegengenommen. Danach häuften sich die nächtlichen Anrufe. Oft kamen sie bis in den frühen Morgen. Deshalb informierte ich das Konsistorium und unseren Nachbarn, Bischof Gottfried Forck, der zu uns einen „kurzen Draht" hatte. Wichtige Dinge besprachen wir am Gartenzaun, weil wir davon ausgingen, dass Telefonieren eine Art „Öffentlichkeitsarbeit" war.

Den Ärger mit unserer bekannt gegebenen Telefonnummer mussten wir allein aushalten. Die Menge nächtlicher Anrufe wurde lästig – zumal wir vermuteten, dass ein großer Teil davon Anrufe waren, die in Wahrheit von Mitarbeitern oder Zuträgern des Ministeriums für Staatssicherheit kamen.

*

Beim Nachbereiten der Wahlen vom Mai 1989 wurde jeder 7. zum Gedächtnistag gestaltet. Die verschiedenen Gruppen riefen auf, am jeweils 7. in einer besonderen Form zu gedenken. So waren der 7. Juni, der 7. Juli, der 7. August, der 7. September, der 7. Oktober und der 7. November Anlass für Viele zu protestieren. Es gab Kundgebungen und Veranstaltungen, die meist zügig durch die Volkspolizei (VP) und das MfS aufgelöst wurden. In diesen Fällen wurden jedes Mal Teilnehmerinnen und Teilnehmer „zugeführt". Oft blieben sie zeitweilig in Haft. Manche von ihnen wurden auch misshandelt.

Für uns sah das in der Praxis so aus, dass ab dem 6. des Monats abends am Haupteingang der Stephanus-Stiftung und am Hinterausgang an der Parkstraße jeweils ein bis zwei Fahrzeuge vom Typ „Lada" parkten. Darin drei Mitarbeiter des Ministeriums für Staatssicherheit, die den ein- und ausgehenden Verkehr beobachteten. Heimbewohner und Mitarbeitende registrierten es. Manchmal wurden Autokennzeichen notiert und mir mitgeteilt. Frau Schubert, die im Ernst-Berendt-Haus lebte und ein Fenster zur Albertinenstraße hatte, ließ mir am 7. Juli 1989 einen Zettel zukommen:

IJN 0–70
IKP 7–29 und 4 PKW
von 6.30–21.00.

Die beiden genannten Autos gehörten zur Stasi. Das eine war ein gelber Mercedes, der durch den Transitmissbrauch in den Besitz des MfS kam – das andere war ein blauer Lada, ein Auto, produziert in der Sowjetunion. Frau Schubert und andere beschwerten sich, sie fühlten sich belästigt. Die Stephanus-Stiftung wurde sichtbar „betreut".

Die Namenlosen

Und dann kamen Müller, Schulze und Lehmann. Als Direktor der Stephanus-Stiftung war ich Hausherr, galt im Sinne der sozialistischen Gesetzlichkeit als Betriebsleiter. An diesen wandte man sich in schwierigen Fällen. So wurde ich am 7. Juli 1989 von der Pforte aus angerufen, dass mich drei Herren sprechen möchten. Sie wurden von meiner Mitarbeiterin Manuela Meusel in den Besprechungsraum vor unserer Kirche gebracht. Ich ging hinein und stellte mich mit Namen und Funktion vor und fragte: „Und wer sind Sie?" Daraufhin zeigten die Herren ihre Ausweise am Lederbändchen mit Passbild. In diesem Ausweis stand kein Name, es waren nur hieroglyphenähnliche Zeichen oder Kürzel zu erkennen. Auf meine wiederholte Frage: „Und wie heißen Sie?", sagten sie, das spiele keine Rolle. Daraufhin habe ich die Tür geöffnet und habe die Herren gebeten zu gehen. Ich habe ihnen gesagt, dass ich mit Menschen, die ich nicht mit Namen anreden könne, keine Gespräche führen würde. Die Herren gingen – und mir war nicht wohl. Ich hatte Angst.

Meine Frau erlebte kurze Zeit später am Eingang der Stiftung etwas Sonderbares: Die eben genannten Herren gingen zur Pforte. Sie sagten: „Guten Tag, mein Name ist Müller, ich möchte mit

Herrn Pastor Braune sprechen." Der nächste kam herein und sagte: „Guten Tag, mein Name ist Schulze, ich möchte mit Herrn Pastor Braune sprechen." Und so ging das weiter, sodass ich schließlich mit Müller, Schulze und Lehmann ein Gespräch führte und eine Beschwerde des MfS entgegennahm. Dabei ging es um Auswüchse und staatsfeindliche Einstellungen der Diakonenschüler. Die drei Herren warnten und drohten. Man würde sich das nicht bieten lassen und könne nicht verhindern, auch Diakonenschüler in Haft zu nehmen. Mein Hinweis, dass Diakonenschüler erwachsene Menschen seien und ich nicht ihr Kindermädchen, fand keinen Anklang. Aber ich galt von da ab als informiert und gewarnt. Wesentliches konnte ich sowieso nicht unternehmen. An der Situation änderte sich überhaupt nichts. Es wurde nur noch schlimmer bis zum 7. Oktober 1989, dem 40. Jahrestag der Gründung der DDR.

Aus diesem Anlass kam eine große Zahl von Gratulanten aus anderen Ostblock-Staaten, die mitfeiern wollten. Aber die Stimmung im Land war gereizt. Das Zentralkomitee (ZK) war verbohrt und unbelehrbar. Die Information über das Massaker vom 4. Juni in Peking auf dem „Platz des Himmlischen Friedens" ließ Befürchtungen aufkommen über die Gangart der Genossen. Auch Michail Gorbatschow war zu diesem Jubiläum erschienen. Die meisten konnten zwar „Glasnost" und „Perestroika" nicht richtig schreiben, aber sie hofften darauf. Gorbatschows Wort: „Wer zu spät kommt, den bestraft das Leben" wurde als öffentliche Kritik an der SED-Führung richtig verstanden.

Bei Weiterbildungen und bei Treffen mit Partnern aus anderen Landeskirchen war es üblich, einen Lagebericht zu geben, der die Situation aus kirchlicher Sicht beschreiben sollte. Aktuelle Gegebenheiten wurden erörtert, Sachstandsmeldung über Bauten gegeben und es wurde versucht, das Verhältnis zwischen Staat und Kirche zu beschreiben, die Möglichkeit beziehungsweise Unmöglichkeit von Gesprächen. Auch ich musste kurz vor dem 40. Jahrestag einen Bericht zur Lage geben und eröffnete mit den Worten: „Große Feierlichkeiten stehen vor der Tür. 40 ist die Zahl der Vollendung. 40 Wochen dauert eine Schwangerschaft, 40 Tage ist die Zeit zwischen Ostern und Himmelfahrt, 40 Tage fastete Jesus in der Wüste, 40 Jahre wanderte Gottes Volk durch die Wüste, 40 Jahre DDR." Einige fanden das heiter, beabsichtigt war es ja auch. Als aber die Mauer geöffnet wurde und die DDR ihren Abgang vorbereitete, kam der Gedanke auf, ob das vielleicht eine besondere Form der Vollendung wäre.

Wir als Kirche mussten lernen, mit einem System und dessen Vertretern zu leben, die uns eigentlich abschaffen wollten. Der real existierende Sozialismus hatte dieses Ziel nie aufgegeben. Er wollte das Paradies auf Erden für alle Menschen verwirklichen, indem er beispielsweise versuchte, soziale Ungerechtigkeiten zu beseitigen.

Die Kirche sah und sieht jedoch noch immer das irdische Leben als einen Weg und sich als wanderndes Gottesvolk. Sie beruft sich auf die Bibel: Abraham, das Volk Israel, Apostel und Propheten, Jesus selbst – alle waren auf der Wanderung. Wir sind alle auf dem Weg zu unserem Ziel. Was wir zu verantworten, zu gestalten und zu tun haben, geschieht allein auf diesem Weg. Das wandernde Gottesvolk der Neuzeit strebt zu viel Sesshaftigkeit an. Es sucht nach Absicherung. Bestandsschutz und Besitzstandswahrung wurden bedeutende Worte der neueren Kultur- und Kirchengeschichte. Aber Bestandsschutz und Besitzstandswahrung sind keine biblischen Begriffe. Auch das wandernde Gottesvolk des 20. und 21. Jahrhunderts bekommt die Blasen nicht zu sehr an den Füßen. Das kommt von den vielen Sitzungen, Beratungen oder Konferenzen. Wir mussten damals lernen, vom Weg her zu denken und zu handeln, mussten begreifen, dass erfüllte Wünsche und erreichte Ziele nur Meilensteine sein können. Frieden ist kein Zustand, sondern ein mühevoller Weg. Wie dramatisch dieser Weg ist, begreifen wir bei den ständigen Auseinandersetzungen auf unserer Erde.

Störende Elemente

Am 13. August 1961 gab es ein bitteres Ende nach einer langen Zeit der Hoffnung auf Einheit. Westgeld war tabu – und vieles wurde für 28 Jahre unmöglich. An diesem Tag hielt ich den Gottesdienst in der Oberlinkirche in Potsdam. Danach ging ich mit meiner Frau zum Bahnhof Babelsberg in der naiven Vorstellung, dass man zu Verwandten ersten Grades reisen könne. Die DDR war ja ein humanistisches Regime, so sprach jedenfalls die Regierung. Es war für uns selbstverständlich, dass auch die Beziehungen zur Verwandtschaft gefördert würden. Die soziale Komponente sollte doch dem Sozialismus nicht verlorengegangen sein. Aber vor dem S-Bahnhof standen bewaffnete Kampfgruppen in ihren grauen Strampelanzügen. Dazu gab es bereitwillige Aufklärer, die Informationsblätter verteilten und von jedem nun Ausgesperrten politische Einsicht erwarteten. Ich erinnere mich der zynischen Häme dieser Mauerwächter. Die Mauer war zwar noch nicht gebaut, sie entstand erst. Auch Drahtverhaue und Menschensperren waren noch nicht perfekt, aber der S-Bahn-Verkehr war bereits lahmgelegt. Die Häme dieser Leute war verletzend: „Wir haben doch gar nichts gegen Sie, aber Sie müssen doch einsehen, dass Elemente, die unsere klassenbewussten Ziele stören, hier keine Chance haben. Hier kommt niemand mehr herein!" Wir wollten eigentlich nur für ein Wochenende raus. Nach Zehlendorf zu meiner Mutter.

*

Teilnahme an Konfirmation, Hochzeit, Beerdigung, Trauung, runden Geburtstagen der Verwandten ging erst wieder ab Mitte der 70er Jahre. Es war jedes Mal ein unglaublich langer Anlauf, um eine solche Reise in den Westen zu unternehmen.

Mit einem Telegramm wegen der lebensbedrohlichen Erkrankung meiner Mutter, die inzwischen in Bielefeld wohnte, begab ich mich umgehend an einem Freitag zur Abteilung Pass- und Meldewesen nach Weißensee. Dort wurde mir erklärt, dass sie nicht zuständig seien. In solch dringenden Fällen könnte ich mich im Präsidium in Berlin, Keibelstraße, melden. Dort sei allerdings Montag erst wieder offen. Am Montag stand ich zunächst draußen an. Als ich nach einer halben Stunde das Haus betreten durfte, musste ich oben, in einem größeren Saal, ungefähr eine halbe bis drei viertel Stunde warten, um mein Anliegen am Schalter vorzutragen. Dabei wurden Anträge, Telegramme und Papiere einbehalten. Dann wartete ich zwischen drei und vier Stunden bei der Lektüre der „Sowjetfrau", des „Neuen Deutschland" und anderer Zeitschriften. Irgendwann wurde ich zu einem Einzelgespräch geholt. Dass ich als Antragsteller eine lästige Person war, wurde unmissverständlich herübergebracht: Die Tonart war nicht sachlich, sie war klassenbewusst und arrogant, auch ein wenig abfällig.

Als ich mein Anliegen vortrug – Reise zu meiner schwer erkrankten Mutter –, wurde ich zunächst nach ihren Vermögenswerten und ihrem Grundstück befragt. Beides war nicht vorhanden. Nach dem Ende dieses Gespräches und Aufnahme aller Angaben wurde mir bedeutet, dass ich am Freitag zur Entscheidungsabholung kommen könnte. Als ich vorsichtig sagte, ich würde gern morgen fahren, sah man mich erstaunt an. Ich wies darauf hin, dass das Telegramm bereits am Freitag gekommen und das Wochenende sinnlos verstrichen sei. Der Genosse ließ sich auf Donnerstag ein. Ich bekam einen Zettel mit Datum, Uhrzeit und dem Vermerk „Entscheidungsabholung". Das hieß: Wenn man die Genehmigung zur Ausreise bekam, musste man dort bereits mit gepacktem Koffer erscheinen, um gleich den nächsten Transitzug am Bahnhof Friedrichstraße in Richtung Bielefeld zu erreichen. So bekam ich tatsächlich am Donnerstag die Reisegenehmigung und stieg in den Zug. Es war am 19. Februar 1987. Als ich in Bielefeld ankam, war meine Mutter am Nachmittag dieses Tages bereits gestorben.

Ich habe daraufhin im Präsidium angerufen und mitgeteilt, dass ich einen Tag später käme, weil meine Mutter verstorben sei und die Beerdigung einen Tag längeren Aufenthalt beanspruche. Von dem diensthabenden Genossen wurde ich angefahren, ich hätte mich umgehend an die Ständige Vertretung der Deutschen Demokratischen Republik in Bonn zu wenden und sie seien dafür gar nicht zuständig. Ich habe in dieser Situation nicht sachlich reagiert, sondern gebrüllt: „Einen Dreck werde ich!" und aufgelegt. Als ich dann den Tag später die Rückreise antrat, war mir nicht wohl zumute. Meine Frau, die in letzter Minute nachreisen durfte, und ich wurden aber nicht behelligt.

Etwas später habe ich einem verantwortlichen Genossen in Ostberlin diese Geschichte erzählt. Die Antwort lautete: „Herr Pfarrer, hätten Sie uns doch etwas gesagt, wir hätten das für Sie geregelt!" Genau dies wollten wir nicht. Warum konnte man in solchen und vielen anderen Fällen nicht normal, einfach menschlich, reagieren?

Urlaubstage in Ungarn

Sommer 1989 trafen wir uns in Ungarn mit Verwandten. Wir hatten Quartier am Balaton, einem Traumziel vieler DDR-Bürger. Für einen solchen Urlaub musste man sich beim Reisebüro am 2. Januar früh anstellen – oder Beziehungen haben. Unsere Söhne waren in diesen Tagen in der ČSSR und Ungarn unterwegs; sie bekamen mit, wie die DDR-Deutschen zusehends abwanderten. In Zanka wurde von Seiten der Ungarn ein Lager eingerichtet, in dem sich die ausreisewilligen DDR-Bürger sammelten. Auch dort waren die Straßen voll von zurückgelassenen Trabis, Wartburgs und anderer Ostblock-Kfz. Es war erstaunlich: Erst viele Jahre auf ein Auto sparen, 15 Jahre auf die Bestellung warten – und dann von heute auf morgen alles stehen und liegen lassen für die Freiheit, wie es viele sahen.

Wir erlebten in Ungarn herrliche Urlaubstage. Die offiziellen Reisezahlungsmittel für DDR-Urlauber hätten normalerweise für drei Übernachtungen gereicht oder für zwei Tage Verpflegung. In Budapest tranken wir Kaffee. Der Kellner bot uns beim Bezahlen akzentfrei an: „tauschen bitte". Vornehm brachte er das gewechselte Geld in der Serviette. Das Tauschen war damals noch relativ riskant, weil wir nicht sicher waren, wie weit die Informationen der Staatssicherheit der DDR reichten.

Die am Balaton zurückgelassenen Autos wurden im Spätsommer 1989 zurück in die DDR transportiert. Zum größten Teil landeten sie in einem Asservatenlager in Freienbrink. Dort gab es auch ein abgeschlossenes Gebäude, in das zunächst alle gestohlenen Postpakete, die an DDR-Bürger gesandt worden waren, hingebracht wurden. Diese Pakete trugen die Aufschrift: „Geschenksendung / keine Handelsware." Sie wurden auf „bösartige Drucksachen" untersucht wie zum Beispiel „Spiegel" oder „Stern" oder christliche Kalender in Großdruck. Danach gab es eine weitere Tür, die von den Druckerzeugnissuchern nicht durchschritten werden durfte. Ab hier handelte es sich um Seife, Kaffee, Goldkettchen, Zahnpasta und weitere Wunschartikel für DDR-Bürger. Diese hatten sie von Verwandten im Westen erbeten. Nun kamen sie nach Wandlitz oder in die Stasi-Verkaufsstellen zum Zwecke von Handel und Versorgung. Die SED hat damals schon ihre eigenen Gesetze gebrochen und „Nichthandelsware" zu „Handelsware" werden lassen. Sie hat die Gegenstände, die konfisziert waren, verkauft. Eine Seife kostete 0,89 Pfennige Ost. Der DDR-Bürger mit Verwandten aus dem Westen konnte als Deviseninländer durch Devisenausländer die gleiche Seife für 1,50 Mark West im „Intershop" erstehen. Aus finanzpraktischen Gründen der DDR wurde irgendwann nicht mehr nach dem Reisedokument des BRD-Bürgers oder eines anderen NSW-Kunden gefragt. Einige DDR-Bürger hatten Westgeld, später Forumschecks zur Verfügung. Diese ungerechte Verteilung schädigte den Gedanken von der klassenlosen Gesellschaft.

Der rote „Seelsorger"

Mein Schwiegervater wurde am 27. August 1964 in der Herzogsägmühle in Bayern beerdigt. Im Alter von siebenundfünfzig Jahren war er an einem Herzinfarkt gestorben. In seinem ganzen Leben hatte er sich für Schwächere, Behinderte und Benachteiligte eingesetzt.

Am 23. August 1964 erwarteten wir eigentlich den ersten Besuch meiner Schwiegereltern aus Bayern in der DDR. Wir waren zu der Zeit in Lautawerk im Gemeindepfarramt tätig. Die notwendigen Einreisepapiere hatten wir rechtzeitig und erfolgreich beantragt. Wir hatten Pläne für Ausflüge gemacht. Meine Frau hatte Rettich und Radieschen eingesät, damit der Besuch aus Bayern Frisches in der Lausitz bekäme. Da erfuhren wir per Telefon vom plötzlichen Tod meines Schwiegervaters.

Am nächsten Tag bemühte ich mich im Kreis Hoyerswerda um eine Reisegenehmigung für meine Frau zur Beerdigung. Der Antrag wurde nicht entgegengenommen. Ich bin daraufhin nach Berlin zum Staatssekretär für Kirchenfragen gefahren. Zwar wurde ich nicht empfangen, konnte aber mein Anliegen schriftlich loswerden. Nach einigen Tagen rief ich dort an. Der zuständige Genosse am Telefon (eigentlich war er Mitglied der CDU-Ost) sagte, dass man unserem Begehren nicht stattgeben könne. Die Begründung war dreist: „Sie haben sich noch nicht die Verdienste erworben, die sich andere Pfarrer inzwischen für die DDR erworben haben." Ich habe erwidert, dass es mir wichtiger sei, dass mein Hund noch ein Stück

Brot von mir nehmen würde. Damit war das Gespräch beendet. So saßen wir am 27. August 1964 zur Stunde der Trauerfeier im Lautawerker Pfarrhaus. Wir lasen zusammen den 73. Psalm: „Das ist meine Freude, dass ich mich zu Gott halte und setze meine Zuversicht auf Gott den Herrn. Dennoch bleibe ich stets an dir, denn du hältst mich bei meiner rechten Hand."

Vier Wochen nach dem Tod meines Schwiegervaters kam Genosse D. vom Rat des Kreises Hoyerswerda. Er war Sektorenleiter für Kirchenfragen und besuchte uns hin und wieder. Er fragte scheinheilig, ob meine Frau zur Beerdigung ihres Vaters hätte reisen dürfen. Ich habe ihn angesehen und gesagt, dass ich wisse, wer im Kreis Hoyerswerda Auskünfte über die Pfarrer gebe. Ich habe die Tür aufgemacht mit den Worten: „Gehen Sie bitte, sonst mache ich den Hund los." Das war der Hund, der noch Brot von mir genommen hat. Er war groß und zu guten Menschen lieb. Ich weiß, dass es nicht christlich war. Genosse D. ging und schwor mir, dass ich dies alles noch bereuen würde.

Zu meinem dreißigsten Geburtstag kam er wieder zu Besuch. Es war seine Pflicht, Pfarrer zu besonderen Anlässen aufzusuchen. Er musste mir im Namen des Kreises gratulieren. Dabei tat er so, als wäre nie etwas gewesen. Ich habe ihn auf die Angelegenheit der Beerdigung meines Schwiegervaters nochmals angesprochen.

Er kam trotz alledem wieder. Beim nächsten Mal ging die Diskussion um die Verfassung der DDR von 1968. So hatte ich im Rahmen eines Gottesdienstes zu der neuen Verfassung Stellung genommen. Stellungnahmen waren ja sehr erwünscht – vor allem, wenn sie positiv waren. Offenbar war meine Stellungnahme nicht im Einklang und im Sinn der staatlichen Richtlinien. Ein freundlicher Mensch aus unserem Ort, der auch Genosse war, kam im Dunkeln und ließ mich wissen, dass wegen Kanzelmissbrauch gegen mich ermittelt würde. Das Gespräch, das daraufhin mit Genosse D. folgte, kam einer Abmahnung gleich. Es gipfelte wieder darin, dass ich die Folgen zu tragen hätte.

Ein ähnliches Verfahren spielte sich ab, als die Kanzelabkündigung der Evangelischen Kirche Berlin-Brandenburg Stellung nahm zum Einmarsch der Warschauer Pakttruppen in die ČSSR 1968. Wir hatten sie in unserem Kirchenkreis verlesen. Allerdings wurden vorher alle Pfarrer besucht. Wir wurden dabei zum Teil massiv bedroht. Es wurde versucht, die Kanzelabkündigung zu verhindern. Auch die SED-Bezirksleitung in Cottbus hat sich dieser Sache angenommen. In einer Zusammenstellung ist zu lesen, dass alle Kollegen und Amtsgeschwister aus dem Kirchenkreis die Abkündigung verlesen haben. Von einigen sind darin Predigtauszüge und Äußerungen festgehalten.

Bei den Besuchen, die zuvor stattfanden und uns unter Druck bringen sollten, war mir und anderen nicht wohl. Die Situation wurde bedrängend. Immer wieder hieß es, wir hätten die Folgen zu tragen. Wir mussten mit kleineren oder größeren Schikanen rechnen – zum Beispiel, dass man uns die Einreise von Westverwandten in die DDR verweigerte oder dass die Kinder in der Schule oder bei Ausbildungsfragen drangsaliert wurden.

*

1973 durfte meine Frau zum ersten Mal in den Westen reisen. Anlass dafür war die Hochzeit ihres Bruders. Es war die zweite Hochzeit. Seine erste Frau war mit siebenundzwanzig Jahren gestorben. Weder zur Beerdigung noch zur ersten Hochzeit durften wir hinfahren. Es war mir auch nicht vergönnt, zum hundertsten Geburtstag meines Großvaters nach Hessen zu reisen. Der Staatsratsvorsitzende Walter Ulbricht, später Erich Honecker, hatte zwar allen Hundertjährigen im Neuen Deutschland zum Geburtstag gratuliert. Dies erschien mir aber nicht persönlich genug für meine eigene Verwandtschaft.

So lief diese Methode für unzählige Leute unter dem Stichwort „Humanismus der SED-Führung".

„Abflug"

Es war der 13. Januar 1993. Ich war auf dem Weg nach Stuttgart zu einer Besprechung beim Diakonischen Werk der Evangelischen Kirchen Deutschlands (EKD). Da ich von der Diakonischen Konferenz in Dortmund 1991 zum Vorsitzenden gewählt worden war, hatte ich häufiger in der Dienststelle Stuttgart zu tun. An diesem Tag kam ich von einem Gespräch aus dem Roten Rathaus mit Jugendsenator Thomas Krüger. Wir hatten uns über die

Finanzierung von Kindertagesstätten im früheren Ostberlin und über die Konditionen zur Trägerschaftsübernahme verständigt.

Auf dem Weg zum Flughafen Tegel sah ich ungewöhnlich viele Polizisten. Am Flughafen selbst herrschte Unruhe: Eine Menge Journalisten waren dort. Man wollte eine Rentnerausreise beobachten. Mit dem Flug LH 2423 setzten sich Erich Honecker und seine Frau Margot Honecker aus Deutschland ab. Ihr Ausreiseantrag wurde wesentlich zügiger bearbeitet als der der meisten ehemaligen DDR-Bürger. Einige Leute, die zu Erich Honeckers Regierungszeit ein Ausreisebegehren an die zuständigen Organe gerichtet hatten, wurden im Auftrage der SED-Führung kriminalisiert und eingesperrt.

Als ich in Tegel ankam, verbreitete sich das Gerücht, die Honeckers flögen doch von einem anderen Gate ab. Es wurde unruhig: Medienvertreter und Kameraleute räumten ihre Stative um. Man brauchte den besten Platz, um über die Ausreise des ehemaligen Staatsratsvorsitzenden und der Volksbildungsministerin zu berichten.

Drei Jahre zuvor, Januar 1990, hatte mich ein Anruf aus dem Evangelischen Konsistorium in der Neuen Grünstraße erreicht. Bischof Forck bat kurzfristig um einen Kontakt. Als ich erschien, saßen dort Bischof Forck, Dr. Manfred Stolpe, Professor Dr. Wolfgang Vogel, Rechtsanwalt Dr. Wolf und Dr. Lehnert. Letzterer galt als Vertreter von Hans Modrow. Fühlte sich die SED/PDS nicht mehr zuständig für Erich Honecker? Bei diesem Gespräch sollte es um die künftige Unterbringung von Erich und Margot Honecker gehen. Es gab ein Problem: In Wandlitz mussten sie aus ihrem Luxus-Ghetto für höhere SED-Funktionäre heraus – im Krankenhaus konnten sie nicht bleiben und auch die Wohnung in der Voßstraße war aus verschiedenen Gründen unzureichend. Das Zentralorgan Neues Deutschland, das zu Zeiten der Leipziger Messe Erich Honecker 35-mal an 35 Messeständen mit 35 ausländischen Ausstellern zeigte, hatte kaum noch eine Zeile für seinen Hauptdarsteller übrig.

Die Honeckers konnten auch nicht einfach in die Sowjetunion oder woandershin. So ging es um akute Nothilfe für „unseren" ehemaligen Staatsratsvorsitzenden. In diesem Gespräch wies Bischof Forck darauf hin, dass wir als Kirche zunächst nicht zuständig seien. Nach wie vor sei die SED verantwortlich für ihren ersten

Mann. Sie nenne sich zwar jetzt „Partei des Demokratischen Sozialismus", aber Erich Honecker sei erster Sekretär des Zentralkomitees der SED. Folglich seien sie auch zuständig für die Unterbringung. Mir erschien es logisch und konsequent. Man erinnerte sich der Zeilen aus dem Buch der SED: „Sehet, welche Kraft." Da erschien es nötig, wenigstens mit einem Teil dieser gewaltigen Kraft für den ehemaligen Staatsratsvorsitzenden zu sorgen. Die Zurückhaltung der anderen Seite war aber durchaus verständlich. Die meisten, die Einzelheiten der SED-Herrschaft kannten, gingen davon aus, dass die Bundesrepublik Deutschland in Zukunft ebenso rachsüchtig mit ihren Gegnern umgehen werde, wie es die DDR oft getan hat. Die deutsche Einheit war damals zwar noch weit weg, aber es gab Anzeichen für eine Anwendung demokratischer, nunmehr rechtsstaatlicher Grundsätze. So erschien es vielen geboten, möglichst schnell in der Versenkung zu verschwinden und sich nicht um ihren ersten Mann zu kümmern. Erst etwas später, als die meisten mitbekamen, dass der freiheitlich demokratische Rechtsstaat bürokratisch reagiert und selbst solche Dinge ziemlich emotionslos behandelt, wurde die Flut der Helfershelfer größer. Die dann wieder hervorkamen, waren keineswegs dankbar oder froh, dass sie davongekommen waren – sie wurden fordernd.

Damals aber ging es um schnelle Hilfe. Für die Unterbringung von Ehepaar Honecker wurden verschiedene Vorschläge gemacht: Zwei blieben brauchbar, einer war wirklich gut. Dieser eine Vorschlag ging zu Lasten der Familie von Pastor Uwe Holmer und seiner Frau in Lobetal bei Bernau. Holmer leitete die Hoffnungstaler Anstalten zu jener Zeit. Er war Pfarrer und Bürgermeister in einem. Holmers erklärten sich bereit, das Ehepaar Honecker in ihrer Wohnung aufzunehmen.

Bei dem Gespräch im Konsistorium wies ich darauf hin, dass erstens Honeckers eine kirchliche Unterbringung auch wollen müssten und zweitens es lediglich eine humanitäre Aktion sei, die einem ordentlichen Gerichtsverfahren nicht vorgreifen würde. Drittens, dass wir als humanitäre Helfer den Personenschutz nicht garantieren könnten und viertens, dass der Gesundheitszustand von Erich Honecker diese Unterkunft erfordere. Ich erlaubte mir auch die Frage, ob es denn wirklich mit dem Gesundheitszustand so dramatisch sei. Hin und wieder seien wir ja auch seitens der

SED mit Unwahrheiten bedient worden. Es wäre schwer zu verkraften, wenn die Kirche hier wieder einmal vorgeführt werden sollte. So gab es am selben Tag am Abend ein Gespräch mit dem behandelnden Arzt und Operateur. Professor Peter Althaus, seinerzeit Chefarzt der urologischen Abteilung der Charité, hatte Erich Honecker operiert. Wir trafen uns im Büro von RA Professor Dr. Wolfgang Vogel und erörterten die Dinge. Anschließend fuhr ich mit Professor Althaus in das Krankenhaus, um im Auftrag des Bischofs das notwendige Gespräch zu führen.

In jenen Tagen bewegten sich in der Charité Presseleute. Sie versuchten, Krankenbesuche bei Erich Honecker abzulichten oder wollten beobachten, wer zu Besuch kam. Für das Haus war das eine unerquickliche Situation. So gingen wir zunächst in Professor Althaus' Büro. Er verlieh mir Insignien der ärztlichen Würde: einen weißen Kittel und ein Pappmäppchen. Danach gingen wir in die Unterkunft der Honeckers: ein Appartement mit Vorraum und zwei Räumen, ordentlich ausgestattet für gehobene Kader, auf jeden Fall kein sonst übliches Drei- bis Vier-Bett-Zimmer. Margot und Erich Honecker hatte ich bis dahin nicht persönlich erlebt. Im vorbeirauschenden Citroën oder Volvo, wenn die Protokollstrecke gesperrt war, bekam man keinen allzu persönlichen Eindruck. Aus Zeitungen und aus dem Fernsehen waren Honeckers geläufig. So war es für mich ein erstmaliges Erlebnis, den bisher wichtigsten Mann der DDR im Schlafanzug und alt zu erleben. Gesundheitlich ging es ihm schlecht. Er war zum zweiten Mal an einem bösartigen Tumor operiert worden. Während des Gesprächs zog er die gestreifte Schlafanzughose herunter und zeigte die Narbe. Das Gespräch im Krankenzimmer dauerte eine Dreiviertelstunde. Die im Vorgespräch mit dem Bischof erörterten Kriterien wurden mitgeteilt und benannt. Frau Honecker erzählte, dass ihre Wohnungstür in der Voßstraße angezündet worden sei. Sie fühlten sich keineswegs sicher. Ich habe deshalb besonders darauf hingewiesen, dass über die Vermittlung und den humanitären Akt hinaus seitens der Kirche nichts für Sicherheit und Personenschutz getan werden könne. Auf meine Frage, ob sie ahnten, dass sie von vielen Leuten gehasst würden, kam keine Antwort – aber dass es so war, hatten sie selbst erlebt. Die Krankentransporteure hatten abgelehnt, Honeckers aus Wandlitz ins Krankenhaus zu bringen.

Schließlich fuhr sie der Operateur Professor Althaus selbst ins Krankenhaus.

Im Verlaufe des Gesprächs erklärte Honecker, dass seine Liebe zur Kirche eigentlich immer sehr groß gewesen sei. Es habe außerdem im Prinzip keine ernsthaften Differenzen zwischen Staat und Kirche in der DDR gegeben. Ich erwiderte nur, dass ich dies anders erlebt hätte. Es war schon ein wenig seltsam, wenn man sich an die Äußerungen der „Jungen Welt" von 1952/53 erinnert, an die Berichterstattung über den Tod von Oskar Brüsewitz 1976, an Erich Honeckers Kampf als Sekretär des Zentralrates der FDJ gegen die Junge Gemeinde und als Staatsratsvorsitzender gegen das Vorhandensein kirchlicher Kindergärten. Auch war meine eigene Erfahrung anders: zum Beispiel, wenn Schüler der Hochschule verwiesen wurden, beim Verbot kirchlicher Jugendarbeit und all den Aktionen, die sich mit militanter Gewalt gegen kirchliche Jugendarbeit richteten. Die Volksbildungsministerin Margot Honecker hat viele junge Menschen zur Verzweiflung gebracht. Der Vorsitzende des Zentralrates der FDJ Erich Honecker hat ein Übriges dazu getan, dass junge Leute die DDR lieber verlassen haben, als dort weiter zu leben. Der Sozialismus sei im Prinzip eine ausgezeichnete Sache, sagte Erich Honecker, nur die neuen Genossen, die jetzt an der Macht seien, die ihn abserviert hätten, seien schlimme Leute. Das alles aber würde sich schon wieder regeln und die gute Sache würde zum Sieg kommen.

Ich erschrak über die Verstocktheit und fehlende Einsicht, dass der zweite Sozialismusversuch in Deutschland im 20. Jahrhundert auch gescheitert ist.

Auf dem Rückweg aus dem Zimmer sagte ich zu Professor Althaus: „Der hat noch gar nicht begriffen, dass er verloren hat." Margot Honecker war anzumerken, dass sie das wohl wusste. Sie hielt sich nur zurück, sagte kaum etwas.

Die Beteiligung unserer Kirche an der zeitweiligen Unterbringung von Honeckers in einem kirchlichen Asyl war ein wichtiger Baustein für die Beibehaltung der friedlichen Entwicklung. Es gab seinerzeit viele, die Honecker das gleiche Schicksal wie Nicolae Ceaucescu, rumänischer Staatschef bis 1989, gewünscht hatten. Es gab aber auch noch eine starke Bewaffnung von Polizei und Staatssicherheit und es gab eine Menge Leute, die versuchten, Dinge zurückzudrehen. Sie wollten den Machterhalt der SED sichern. Die Veränderung der Stasi in Nasi (Staatssicherheit in nationale Sicherheit) war ungeniert: Mit einer Änderung der Buchstaben wurden dieselben Leute weiterbeschäftigt, die die alte Gesinnung hatten und die gleichen Methoden anwenden würden. Nach diesem Besuch und Gespräch schrieb ich dem Bischof einen Brief und bat ihn ebenfalls, die Kirchenleitung in diese Angelegenheit einzubeziehen. Eine sonst übliche Aktion unter vier bis acht Augen war hier unangemessen und nicht durchsetzbar.

Auf die Unterbringung der Honeckers in Lobetal reagierten viele mit Protestbriefen. Manche sorgten sich, dass Honeckers einen Altenheimplatz bekämen und sie nicht. Es gab spürbare Angriffe auf die Akteure, die diese friedliche Aktion durchgesetzt hatten. Den Hauptverdienst für diesen wichtigen Zeitabschnitt zur Friedenserhaltung hatte aber Familie Holmer. Sie haben Honeckers in ihrem Haus wohnen lassen. Sie haben ihnen christliche Existenz in der Praxis vorgelebt. Dass die Kinder von Holmers Dank der Wirkung Margot Honeckers die Oberschule nicht besuchen durften, verlieh dieser Aktion einen besonderen Akzent.

*

Es gab einen weiteren Versuch, die Honeckers zu umsorgen. Nachdem die SED/PDS gemerkt hatte, dass es ungefährlich geworden war, Fürsprache für Erich Honecker zu nehmen, wurden sie mutig und begannen, sich um ihren ehemals Größten zu kümmern. Nunmehr sollte das Ehepaar Honecker nach Lindow bei Rheinsberg verlegt werden. Es sei an der Zeit, Erich Honecker aus den Händen der Kirche zu befreien. Ein Fahrzeugkonvoi mit immer noch bekannten Limousinen bewegte sich nun zur neuen Unterkunft. Es wurde aber nichts daraus, weil die dortigen Bürger einen herzlichen Empfang verweigerten. Es hätte nicht viel gefehlt und es wäre dort zu öffentlichen Auseinandersetzungen und Gewalttaten gekommen. So kehrte die Kolonne um. Erich Honecker und seine Frau wurden nun in die sowjetische Fürsorge übergeben.

Die humanitäre Zwischenlösung, durch unsere Kirche vermittelt, war ein wichtiges Element, damit die begonnene friedliche Revolution auch friedlich weitergehen konnte. Am 13. Januar 1993 auf dem Flughafen Tegel wurden diese Ereignisse wieder lebendig.

Kindheit in Lobetal

In dem Haus, in dem Honeckers Januar 1990 für zwei Monate wohnten, bin ich 1936 geboren und mit drei Geschwistern aufgewachsen. Mein Vater, Paul Gerhard Braune, war in Lobetal Pastor, Anstaltsleiter und Bürgermeister der kommunalen Gemeinde. Meine Mutter Berta Braune, geborene Mohr, war Fürsorgerin, Lehrerin und Hausfrau. Die Hoffnungstaler Anstalten – für die Obdachlosen der Stadt Berlin 1905 von Pastor Friedrich von Bodelschwingh gegründet – blieben stets mit Bethel bei Bielefeld verbunden.

Zwischen Bernau und Biesenthal muss man im Dorf Rüdnitz von der B2 nach Lobetal abbiegen. Früher hieß sie Reichsstraße 2. Sie führte von Stettin in Pommern bis nach Mittenwald in Bayern. Angermünde, Eberswalde, Berlin, Potsdam, Leipzig, Ingolstadt, München und Garmisch-Partenkirchen lagen an der Strecke. Zu DDR-Zeiten hieß die B2 Fernstraße 2/F2. Sie endete an der innerdeutschen Grenze in Thüringen.

Bernau war ein wichtiger Ort. Ab Bernau fuhr die S-Bahn nach Berlin. Bernau war Kreisstadt; dort lagen die Oberschule und erste Handelsorganisations-Geschäfte (HO). In der DDR gab es Lebensmittelkarten bis 1958. In einem HO-Geschäft konnte man ohne Lebensmittelkarte kaufen – allerdings war es dort teurer: Ein Stück Torte kostete 3 Mark – ein Liter Benzin ebenfalls 3 Mark. In Bernau fand man außerdem Autowerkstätte, Tankstelle, Bäcker, Fleischer, Textilien, Apotheke und technische Geräte. Der Lastwagen von Lobetal fuhr wöchentlich in die Kreisstadt, um Lebensmittel zu holen. Oder er brachte Obst in die Berliner Markthalle. Später musste dieses Obst bei der Vereinigung Volkseigener Erfassungs- und Aufkaufbetriebe abgeliefert werden. Das Nachbardorf war Rüdnitz. Dort stand auch die Wiege von Hoffnungstal, ein in unseren Augen unbedeutender Bauernhof. In dem Heim Hoffnungstal, das 300 Meter weiter lag, gab es einen Betsaal, eine Kokosweberei und Unterkünfte für Bewohner.

Lobetal war ein Ort des Heils, eine Oase des Herrn. Sonntäglich war die Kirche voll, ein Posaunenchor musizierte, ein Kinderchor sang bei Taufen. Und dies alles gelang, obwohl der Gottesdienst schon um 8:30 Uhr begann – sozusagen in aller Herrgottsfrühe.

Pfarrhaus in Lobetal

In Hoffnungstal wurde alle vierzehn Tage Gottesdienst gehalten, gleichzeitig war im dortigen Betsaal der Kindergottesdienst. Der Betsaal von Hoffnungstal ist in den fünfziger Jahren umgesetzt worden. In Lobetal wurde er wieder errichtet. Es blieb zwar nicht viel von dem Material übrig, aber die angekündigte Umsetzung ersparte die Genehmigung eines Neubaus. Einen Kirchenraum hätte Lobetal sowieso nicht genehmigt bekommen.

Der Bau war wichtig, weil die Hygiene verlangte, dass Trauerfeiern nicht mehr im Speisesaal stattfinden, denn bei Abschiedsfeiern standen Särge in dem Raum, in dem täglich gegessen wurde. Durch den Anstaltsleiter Pastor Karl Pagel, dem Nachfolger meines Vaters, wurde in Zusammenarbeit mit dem Wirtschaftsleiter Diakon Richard Striedick eine Trauerhalle erbaut. Diese Halle ist bis heute Gottesdienstraum.

Im Lobetaler Pfarrhaus lebten meine Geschwister und ich mit unseren Eltern und anderen Mitbewohnern. Lieselotte Wolf und Katharina Krönert, Mitarbeiterin im Sekretariat unseres Vaters, saßen selbstverständlich auch am gemeinsamen Esstisch der Familie.

Lobetal Junikinder 1936. Mathilde Hüske, Ina Senf, Werner Braune, Annemarie Hüske (von links)

Dazu kam der Bruder meines Vaters, Walter Braune. Er war Lehrmittelvertreter und hatte außer seinem Zimmer noch ein Motorrad, das uns Kinder besonders interessierte. Nach 1945 lebte Frau Welk, eine Flüchtlingsfrau, bei uns im Haus, die alle Angehörigen verloren hatte. Sie blieb dort, bis sie starb.

Immer wieder kamen Gäste und Besucher zu uns. Manchmal war im Haus auch ein Vikar, der bei unserem Vater etwas lernen sollte. Einer hatte es uns besonders angetan. Gegen Ende seiner Wohnzeit bei uns wurde er als Spitzel enttarnt. Unseren Vater beunruhigte das, weil er mitbekommen hatte, wo der Anstaltsleiter nach der Währungsreform 1948 gewisse Westgeldbeträge deponiert hatte. Im Bücherschrank unseres Vaters gab es ein Buch mit dem Titel „Lebensbrünnlein". Dort hatte er D-Mark-Scheine aufbewahrt. Da das seinerzeit verboten war und ein Devisenvergehen bedeutete, gab es eine Unsicherheit, nachdem dieser Mitbewohner enttarnt war.

Für uns Geschwister spielte es eine Rolle, ob jemand Sonntagskind war oder nicht. Meine ältere Schwester und mein älterer

Familie Braune in Lobetal 1942

Bruder waren Sonntagskinder. Sie waren dadurch privilegiert. Als ich mich bei meiner Mutter erkundigte, wie das mit mir sei, sagte sie nach einigem Zögern: „Du bist ein 3.-Pfingsttag-Kind." Das fand ich auch sehr schön. Dass ich an einem gewöhnlichen Dienstag zur Welt gekommen bin, habe ich erst viel später bemerkt. Mein jüngerer Bruder, der auch kein Sonntagskind war, wurde mit der Nähe zu einem großen Dichter getröstet: „Du hast fast mit Johann Wolfgang von Goethe zusammen Geburtstag."

Bei vier Geschwistern und einem dürftigen Einkommen der Eltern war es üblich, alle Kleidungsstücke bis ins dritte und vierte Glied weiterzureichen. Es gab Anzüge und Gegenstände, die ich hasste. Dazu zählte unter anderem ein Bleyle-Anzug, den mein Bruder trug, als er neu war – ich bekam ihn schon ramponiert und mein jüngerer Bruder bekam ihn nicht mehr, weil er bereits kaputt war. Heutzutage, wenn ich davon erzähle, gibt es ältere Damen, die bekommen glänzende Augen und sagen: „Was haben Sie eigentlich gegen die Bleyle-Sachen, die waren doch wunderbar, praktisch und haltbar." Ich schweige dann. Es gab außerdem noch

Großeltern Mohr zu Besuch in Lobetal

etwas, das weitaus schwerwiegender war. Wir mussten Leibchen tragen. Kaum ein Kleidungsstück kann die Persönlichkeit eines heranwachsenden Knaben mehr demütigen als ein Leibchen. Über beide Schultern gestreift wurde es hinten mit mindestens sechs Wäscheknöpfen zugeknöpft. Für einen selbst war diese Arbeit nicht zu bewältigen, man musste sich stets helfen lassen. Am Leibchen wurden die Strumpfbänder befestigt und weiter unten – mittels Knopf oder einer Münze – ein Wollstrumpf angebracht. Zwischen Unterkante Hose und Oberkante Strumpf klaffte eine Lücke. Das war vor allem bei hohem Schnee und tiefen Temperaturen unangenehm. Die Strumpfbänder rissen hin und wieder aus oder ab. Wir sind aber trotzdem herangewachsen. Als Student las ich in der Literatur von rosa Strumpfbändern oftmals in pikanten Zusammenhängen. Unsere Strumpfbänder waren schwarz oder grau – und konnten niemanden in Versuchung führen.

In Lobetal war es üblich, ein Blechblasinstrument zu spielen, denn es gab einen großen Posaunenchor. Lange Zeit wurde er von Valentin Lunkenheimer geleitet, dem Nazareth-Diakon und

Schmiedemeister. Es dauerte nicht lange – und man sollte oder wollte zum Posaunenchor gehören. Wir haben viele Jahre mitgemacht, viel Zeit uns mit Freude der Blasmusik gewidmet. Sonnabends war Probe, weil die Bläsermannschaft aus vielen Ecken und Enden zusammenkam. Am Sonntag um 8:30 Uhr war Gottesdienst, bei dem wir selbstverständlich dabei waren. Auch fuhren wir zu Außendiensten in die Landeskirche, zur Zeltmission, zum Dom nach Brandenburg/Havel, oder, als das noch ging, zur Waldbühne am Tag der Inneren Mission. Dort waren nicht nur die Lobetaler Bläser, sondern eine Schar von 100 oder 200 Blechbläsern versammelt.

Zunächst aber musste man die Anfänge lernen. Das war für die Umwelt und die Mitwohnenden lästig. Deshalb übten wir im Keller oder im abgelegenen Hühnerstall. Unsere Eltern wollten nicht, dass wir die Hausmitbewohner krank machen.

Wir sind ohne Weichspüler groß geworden. Gegen Rachitis oder Karies – den Unterschied kannten wir nicht genau – sollten wir Lebertran nehmen. Es gab Schrotsuppe von selbstgemachtem Getreide, mit der Handmühle gemahlen. Alles „Öko" natürlich, so würden wir heute sagen. All die Dinge, die man in heutiger Zeit teuer im Reformhaus kaufen muss, boten eine offenbar gesunde Lebensbasis und waren zu erwerben.

Der große Speisesaal war Mehrzweckkapelle: Kirche, Kino, Leichensaal und Essraum unter einem Dach. Zu Lobetal gehörte eine Landwirtschaft mit Pferden, Kühen, Schweinen, Schafen, Hühnern, Ratten, Fledermäusen und anderen Mäusen. Es gab Traktoren und Landmaschinen, Obstplantagen mit Apfelsorten wie „Landsberger Renette", „Hasenkopf", „Kläräpfel", „Herrnhuter", „Goldparmäne", „Cox Orange", „Gustav Dauer" und manche Sorten, die nicht so bekannt sind. Birnen existierten in Lobetal fast gar nicht. Aber Kirschen und Quitten, die zum Obstklauen nicht geeignet waren, weil sie nur verarbeitet gut schmecken, zum Beispiel als Gelee oder Marmelade. Große Kürbisse fand man auf dem Komposthaufen – sie wurden zum Erntedankfest mit frommen Inschriften versehen – und Kartoffeln, die wir besonders in der Zeit nach 1945 von Hand einsammeln mussten.

Kriegsende

Als Kinder merkten wir noch nicht das nahende Ende. Unsere Eltern ahnten es bereits – und planten. Wir waren hilflos, wie es in Lobetal mit den vielen Schwachen, Behinderten und Alten weitergehen sollte. Mein Vater hing eine Landkarte von Europa an der Tür zur Veranda auf – Stecknadeln mit bunten Köpfen steckte er hin und wieder um. So begleitete er den sich verändernden Frontverlauf. Bald wurde deutlich, dass sich die Front Richtung Deutschland näherte. Luftalarm ertönte inzwischen häufig. Britische und amerikanische Bombenblindgänger landeten in Lobetal. In Richtung Berlin konnte man nach Fliegerangriffen einen blutroten Himmel sehen. Einmal gab es einen Splitter im Garten und durch eine Luftmine zerstörte Kirchenfenster. Eigentlich ist aber nichts Schlimmes passiert. Verwandte aus Pommern kamen, die eine Weile bei uns wohnten. Sie zogen weiter, ihrer Meinung nach in sicherere Gefilde. Es kamen Flüchtlinge aus Ostpreußen, die vor den Russen geflohen waren. In Lobetal machten sie halt, zogen aber bald weiter. Von den meisten haben wir nie wieder etwas gehört. Familie Peterreit aus Ostpreußen führte Trakehner mit sich. Während der Zeit ihres Bleibens konnten auch ihre Pferde im Lobetaler Stall untergebracht werden. Auch Familie Peterreit zog bald weiter. Was sie von der Befreiung durch die Rote Armee in ihrer Heimat Ostpreußen gehört und zum Teil schon miterlebt hatten, ließ sie nicht länger verweilen. Die Front kam näher. So berührte der Krieg auch Lobetal und man ergriff Schutzmaßnahmen und gründete eine Volkssturmeinheit. Auf den Dachböden der Häuser musste gegen Stabbrandbomben und Splitter Sand aufgeschüttet werden. Die Feuerwehr übte häufiger mit der großen Spritze. Splitterschutzbunker wurden gebaut, das heißt: ausgehobene Gräben mit Holzstrauchwerk und Erde überdeckt. Aber der Führer hatte alles fest in der Hand, sagte der „Völkische Beobachter". Der Volksempfänger sagte dasselbe. Außerdem war ja Helmut Lent dabei, mein Vetter, Deutschlands größter Nachtjäger. Mit der Me109 schlug er die Feinde in die Flucht. Der Führer hatte ihm dafür ein Ritterkreuz mit Brillanten und Schwertern verlichen. Vom Feindflug kam er immer heil und siegreich zurück, wie wir meinten. 1944 wurde er beerdigt. Er war erst sechsundzwanzig Jahre alt. Man hat ihn mit großem

Glanz begraben. Die leisen Gespräche der Eltern konnten wir nicht verstehen. Es hieß, bei seinem Absturz sei Sabotage im Spiel gewesen.

Eine Fahrt mit meinem Vater nach Berlin führte uns durch Straßen mit vielen zerstörten Häusern. Eindrucksvoll fand ich, wie in den zerbombten Wohnungen in den Ecken die Kachelöfen übriggeblieben waren. Sie standen auf einem eigenen Podest und erinnerten an Vergangenes. Wir aber hatten noch nicht überblickt, dass es zu Ende ging. Es gab abgestürzte Flieger in der Umgebung, meist amerikanische oder britische, wurde erzählt. Von weitem konnten wir zusehen, später auch manchmal etwas abmontieren. Bei einer Lobetaler Hochzeit soll das Brautkleid aus Fallschirmseide gewesen sein. Eigentlich mussten ja gefundene Fallschirme abgegeben werden.

Als Kinder haben wir vergeblich mitangepackt, die siegreiche Deutsche Wehrmacht zu unterstützen. Wir sollten vor allem der Luftwaffe helfen. Dazu wurden in der Schule bei Tante Maria Seidenraupen gezüchtet. Die Tischlerei hatte ein Gestell gebaut, in dem sich die Seidenraupen wohlfühlen sollten. Hausvater Beyer in Friedenshöhe hatte Maulbeerhecken gepflanzt, damit die Seidenraupen etwas zu fressen hatten. Es sollten auf Umwegen – über das Fressen der Seidenraupen – Fallschirme für unsere tapferen Helden entstehen. Aber gebracht hat es nichts.

Wir sahen von weitem einen abgestürzten Jäger nahe der einsamen Kiefer. Er war dicht an den Spargelbeeten zu Boden gegangen. Ob der Pilot noch drin war, wussten wir nicht. Das Loch im Boden war tief – und die Trümmerteile, die herausragten, ließen nichts Gutes ahnen. Es war gruselig, aber es war auch gerecht, denn es war ein Feind, ein Abgesandter von Churchill. In den Soldatenbilderbögen, die wir allenthalben vorfanden, waren diese Verhältnisse klar und eindeutig geregelt. Alles zugunsten Deutschlands, es konnte eigentlich nichts mehr passieren, der Endsieg war nicht weit.

*

Die schlechten Nachrichten häuften sich. Immer mehr Flüchtlinge kamen nach Lobetal. Ein Waisenhaus aus Ostpreußen war untergekommen. Es gab Daueralarm, die blau-gelben Fahnen hingen ständig draußen und der Himmel über Berlin war nun öfters blut-rot. Die „Rüdnitzer Kuh", so nannten wir die Sirene auf dem Gemeindeamt, warnte ständig. Zuweilen konnte man das Grollen der Front von weitem hören. Dieser Teil unserer Kindheit in Lobe-tal war beendet. Was wussten wir damals davon, ob es endgültig sein würde oder nicht? Wir fuhren mit unserer Mutter und ein wenig, offenbar wichtigem, Gepäck nach Hessen. Vater blieb bei den Schwachen und Gebrechlichen in Lobetal. In Hessen lebten meine Großeltern und wir hofften, in dem dortigen Pfarrhaus Unterkunft zu finden, um dem Heranrollen der Roten Armee aus-zuweichen.

Damals habe ich mir nicht klar gemacht, dass dies für meine Eltern ein fast endgültiger Abschied war. In Lobetal wurde kurz-zeitig erwogen, die gesamte Anstalt auf den Treck zu schicken. Ziel sollte Bethel sein. Mit Pastor Fritz von Bodelschwingh waren in die-ser Hinsicht Gespräche in Gang gekommen. Das aber erfuhren wir erst später. Letztlich blieb mein Vater mit den meisten Bewohnern in Lobetal, weil es nicht möglich war, mit so vielen Gebrechlichen, Behinderten, Alten und Kranken eine derart beschwerliche Reise anzutreten. Für meinen Vater war ausschlaggebend ein Bibelwort aus dem Propheten Jesaja, Kapitel 28, Vers 16: „Wer glaubt, der flieht nicht." Er blieb in Lobetal und meine Mutter, Geschwister und ich siedelten um nach Waßmutshausen. Fortan erhielten wir nur noch unzureichend Nachrichten. Die Verbindungen brachen völlig zusammen. Von dem Ergehen in Lobetal und dem Leben mei-nes Vaters hörten wir lange Zeit überhaupt nichts mehr.

Flüchtling in Waßmutshausen

Mein Großvater kam aus Witzenhausen, der Kirschenstadt an der Werra. Meine Großmutter war eine geborene Gervinus. Ihr Stamm-baum weist zu Georg Gottfried Gervinus, der zu den Göttinger Sieben gehörte. Die Göttinger Sieben waren eine Gruppe von Pro-fessoren, die 1837 gegen die Aufhebung der Verfassung im König-reich Hannover protestierten und deshalb entlassen sowie teilweise des Landes verwiesen wurden. Jakob und Wilhelm Grimm gehör-ten auch zu dieser Gruppe.

Meine Großmutter hatte selbst die Dinge im Griff, die sich sonst der Verfügbarkeit und dem Fortschritt entziehen: die Enkel und den Dackel. Wenn wir Kinder zu viel aßen, warnte Großvater und sagte: „Das ist ja Völlerei." Großmutter aber lächelte und sagte: „Gott segne's dir mein Kind." So erlebten wir eine Art ausgeglichene Erziehung durch die Großeltern. Meine Großmutter konnte Ordnung und Humor in Einklang bringen – wenn Humor die geglückte Verbindung von Weisheit und Güte ist, dann erlebten wir dies bei ihr. Meine Großeltern traten sanft auf und waren stets schwarz gekleidet. Ich kann sie mir bis heute nicht in bunter Kleidung vorstellen. Früher waren sie oft nach Lobetal zu Besuch gekommen und lebten acht oder vierzehn Tage mit uns im Pfarrhaus. Wir machten zusammen kleine Ausflüge – und sie fuhren anschließend wieder zurück in ihre Ruhestandswohnung nach Kassel, Wilhelmshöher Allee. Meine Großmutter hatte gute Tischsitten. Sie versuchte, diese auf die Enkel zu übertragen. Das war aber nicht immer erfolgreich.

Die schlimme Zeit 1945/46 war für meine Geschwister und mich jener Abschnitt, in dem wir unseren Großeltern am nächsten waren. Ihre Wohnung in Kassel war durch eine Bombe zerstört. So waren sie ins Waßmutshauser Pfarrhaus gezogen. Wir kamen dazu – aber nicht nur wir, sondern weitere Leute. Das Pfarrhaus war ein Fachwerkbau, zu dem eine Scheune, ein kleiner Viehstall ohne Vieh und eine Waschküche gehörten. Vom Pfarrhaus aus konnte man in „Wickes Brotstube" sehen. Die Scheune war an den Kleinbauern Paul vergeben. In dem ehemaligen Viehstall lagerte die Rohbraunkohle. In jedem Zimmer wurden kleine Öfen geheizt – nicht die schönen Kachelöfen, die wir in Lobetal hatten, sondern gusseiserne, die nur so lange Wärme spendeten, wie auch ein Feuer in ihnen brannte. Ein Kachelofen dagegen konnte die Wärme viele Stunden halten. Die Rohbraunkohle kam vom Rönneberg, der knapp zwei Kilometer vom Waßmutshauser Pfarrhaus entfernt lag. Dort wurde sie von Hand unter Tage abgebaut.

*

Waßmuthshausen liegt im Rinnetal. Das Bächlein Rinne gibt dem Tal den Namen. Die Orte Rodemann und Almuthshausen liegen flussaufwärts zum Knüllgebirge hin. Flussabwärts von Waßmutshausen geht das Bächlein nach Sondheim und nach Homberg an der Efze. Der Grasgarten vom Pfarrhaus wird von dem Rinnebach umflossen. Der Bach war damals meist friedlich. So gab es im Unterdorf und Oberdorf von Waßmutshausen lediglich Furten für Gespanne und andere Fahrzeuge. Vor dem Grasgarten existierte auch eine Holzbrücke für Fußgänger. Eine feste Straßenbrücke stellte den Weg nach Homberg dar. Hierher mussten wir zum Einkaufen – mit Handwagen und zu Fuß über die Lichte, einer Anhöhe zwischen beiden Orten.

Neben der festen Straßenbrücke stand ein Trafohaus. Bauern mit kleineren Landflächen kamen mit ihrem Getreide dorthin und ließen es dreschen. Die Bauern mit größerer Landfläche konnten den Dreschkasten auf ihren Hof holen. Ob Groß- oder Kleinbauer – das entschied sich danach, ob man Pferde hatte oder nicht. Dünzebach, Otto und Wicke hatten Pferde. Bei Dünzebach durften wir Rüben verziehen, Kartoffelkäfer sammeln und bekamen Suppe. Bei Ottos waren wir selten. Sie waren die Nachbarn zum Pfarrhaus und das Fenster, aus dem wir sahen, zeigte auf den Misthaufen. Beim Lüften gab es Landluft – und das nicht zu knapp. Wickes Gehöft mit der Brotstube zeigte zum Pfarrhof. Bei Wickes konnten wir Füttern helfen. Bei der Heu- oder Getreideernte durften wir das Gespann vorrücken. Die Pferde hätten dies vermutlich auch ohne uns gemacht. Es hob das Gefühl von uns Heranwachsenden, mit Pferden arbeiten zu können. Auf Wickes Hof waren nur Frauen. Großmutter Wicke, Tante Käthe Wicke und Frau Spruck, deren Mann im Krieg gefallen war.

Alle Wege vom Pfarrhaus ins Dorf führten bei Nachbar Kranz vorbei. Er war der Schäfer des Dorfes. Er hatte einen Wetterschutz und einen Übernachtungswagen draußen stehen. Für das ganze Dorf hütete er die Schafe. Meist war er unterwegs auf dem Feld, in Wald und Flur. In diesem Wagen soll er auch seine Schäferstündchen abgehalten haben. Was das ist, wussten wir damals nicht genau. Wir dachten, dies wäre so eine Art Bibelstunde.

Die Kirche von Waßmutshausen lag erhöht. Die hessische Gemeinde ist reformiert. In der Kirche gab es eine strenge Trennung von Männer- und Frauenplätzen. Gut hatten es jene Kirchenältesten, die in einem Verschlag mit einem fast undurchsichtigen Gitter saßen. Sicherlich war dieses Gitter zur Anhebung der Würde

Kirche und Pfarrhaus in Waßmutshausen 1953. Großeltern Mohr, Pastor Paul Braune, Ehepaar Stehfen, Söhne Paul und Werner Braune (von links)

gedacht. Es war aber auch günstig für den unauffälligen Kirchenschlaf während der manchmal recht langen Predigten.

Der Pfarrer des Ortes war mein Onkel Hermann Stehfen-Gervinus. Damals war er im Russlandfeldzug. Am 13. Juni 1945 kam er abgemagert und elend zurück. In der Zwischenzeit hatte Großvater Heinrich Mohr in und um Waßmutshausen Vakanzdienste verrichtet. Er war damals schon achtundsiebzig Jahre alt. Manchmal habe ich ihn begleitet, wenn er die Kilometer nach Leuderode oder Allmuthshausen zu Fuß ging, um dort vor drei bis fünf bereits bekehrten reformierten Hausfrauen Gottes Wort zu verkündigen. Manchmal durfte ich auch „Wind machen", das heißt: die Bälge an der Orgel treten. Damit überhaupt die Musik zum Lobe Gottes erklingen konnte, mussten solche prosaischen Dinge sorgfältig erledigt werden.

*

Als der Krieg zu Ende ging, fiel die Schule aus. Unser Schullehrer Dörrbecker wurde verdächtigt, Nazi zu sein. War er aber nicht! So musste er pausieren und konnte sich mehr seinen beiden Milchschafen, den Söhnen und seiner Frau widmen. Großvater hatte an uns eine pädagogische Aufgabe. Wir Enkel durften bei ihm die schullose Zeit überbrücken. Er lehrte uns Lesen und Schreiben und Luthers Morgen- und Abendsegen sowie gerade sitzen und Bescheidenheit. Wir hatten es allerdings nicht zu schätzen gewusst und wären lieber mit den anderen rausgegangen. Sie konnten herumstreunen zur Lichte, zur Braunkohlengrube auf dem Rönneberg oder nach Rodemann. Auch hätten wir gern mehr Freizeit gehabt – so wie die anderen. Durch den Unterricht bei Großvater haben wir nicht nur nicht alles verlernt, sondern waren, als später die Schulstube und der Lehrer wieder in Betrieb genommen wurden, den anderen etwas voraus. Beim Thema „Warum man im Frühjahr das dürre Gras an Rainen und Zäunen abbrennen soll" konnten wir einen hervorragenden Aufsatz schreiben und mühelos mithalten. Ich weiß, dass man das mit dem Abbrennen inzwischen anders sieht, aber es war seinerzeit gängige Praxis, im Frühjahr an den Hängen und Rainen das trockene Gras abzubrennen.

Der „flutende" Straßenverkehr von Waßmutshausen beschränkte sich auf wenige Autos. Mehr Bewegung auf der Gasse gab es durch Gespanne, wenn Bauern den Klee vom Acker holten, zur Pflege oder zur Ernte hinausfuhren. Bei unserer Ankunft am Bahnhof Sondheim Februar 1945 erlebte ich eine Überraschung: Wir wurden mit einem Kuhgespann abgeholt. Die Kuh hatte ein einziges Seil am Horn, das die Zügel ersetzen sollte.

Der Transport von Milch und Post wurde durch Herrn Dilcher versehen, der mit einem Holzgasauto durch das ganze Rinnetal fuhr. Er habe Beziehungen, sagten die Leute. Er konnte heftig fluchen. Er nahm auch Leute mit, wenn der Weg zu lang war. Unsere Großeltern liebten das Fluchen nicht, ebenso wenig manche ortsgebundenen Ausdrücke. Aber man kann nie genug lernen, meinten wir. Neben der dünnen kirchlichen Unterweisung und ebenso schmaler Volksbildung konnten wir uns gesellschaftlich engagieren. Für manche nützliche Tätigkeit – zum Beispiel Futterrüben herübertragen oder Heu vom Speicher werfen – bekamen wir von mildtätigen Bauersfrauen ein Schmand-Brot. Das war etwas sehr Delikates: eine Mischung aus Zuckerrübensirup und Milchrahm. Highlights im gesellschaftlichen Leben.

Im Frühjahr kamen die Amerikaner. Sie fuhren mit Jeeps durch Waßmutshausen und hielten Maschinengewehre hoch. Zum ersten Mal sahen wir richtige schwarze Menschen. Die hatten wir zuvor nur auf Bildern von der Mission gesehen. Als erstes setzten die Amerikaner den alten Bürgermeister ab und einen neuen ein. Ihre Kundmachungen wurden durch „Bimmel-Karline" weitergetragen. Eigentlich hieß sie Frau Schlutz, Bimmel-Karline erschien uns aber passender. Sie hatte den Auftrag, durch das Dorf zu ziehen und an markanten Stellen mit ihrer Handglocke zu läuten. Wenn genügend Leute zusammengelaufen waren oder sich viele Fenster geöffnet hatten, las sie einen Text der Besatzungsmacht oder des Bürgermeisters vor. Sicher haben ihn nicht alle verstanden, aber die Leute begriffen sehr schnell, dass sie alles abzugeben hatten: Fotoapparate, Schusswaffen, Mutterkreuze, Literatur von damals und anderes. In dieser Zeit musste in fast allen Häusern des Dorfes zusammengerückt werden. Es galt, Flüchtlinge aufzunehmen. So war es auch im Waßmutshauser Pfarrhaus, in dem wir zu mehreren lebten. Die Großeltern Mohr hatten dort ein Zimmer und ein Stübchen, als wir kamen. Tante Hedwig Bolte lebte in dem Raum hinter der Küche. Unterhalb der Treppe wohnte Familie Heinze mit drei Personen. Einer davon übte unermüdlich Geige; er wurde mir zum Vorbild gemacht, weil ich selbst eher zurückhaltend geigte. Geigenüben ging von der Freizeit ab, die schon für mich sehr knapp bemessen war. Meine Mutter aber bestand darauf. So lief ich mit Helmut, einem Jungen aus dem Dorf, und der Violine einmal in der Woche über die Lichte nach Homberg, um dort Unterricht zu bekommen. Es war lästig, aber im Nachhinein bin ich meiner Mutter dankbar.

Im Sälchen, dem Gemeindebetsaal, der zum Pfarrhaus gehörte, lebte unsere Familie: meine Mutter, meine beiden Brüder und ich; meine Schwester wohnte sporadisch in Bethel in einem Internat. Sie ging dort zur Schule. Noch enger wurde es, als Tante Ruth Wenke mit ihrer Tochter für mehrere Wochen zu uns zog. Als ihr Mann Walter aus dem Krieg zurückkam, zogen sie in die Villa Lehmann, die am Schulweg nach Rodemann lag. Herr Dilcher lud dort seine Milchkannen ab, sodass wir morgens, wenn es denn welche gab, Milch holen konnten. An dem Treppenaufgang dieser modernen Villa standen wir Schlange.

Im untersten Teil des Pfarrhauses wohnte Elisabeth Stehfen mit ihren drei Kindern. Ihr Mann war gefallen. Später war sie die Leiterin der Kurhessischen Frauenhilfe und hatte ihren Dienstsitz in Kassel in der Hermannstraße 6. Im Haus gab es nur eine Toilette und zwei Wasserhähne. Einen im Ober- und einen im Untergeschoss. Das Wasser musste man mit Eimern oder Waschschüsseln in die Wohnungen tragen. Bad und Dusche gab es nicht. Das Klo wurde durch eine ehemalige Luftschutzbirne erhellt, von der das Schwarze abgekratzt worden war. So blieb gedämpftes Licht im Raum, das längere Lektüren verbot.

Uns gegenüber wohnten Konzmanns, Flüchtlinge, die Familie Otto aufgenommen hatte. Sie hatten einen behinderten Sohn. Bei uns Kindern hieß es, Herr Konzmann sei Wahrsager. Das war etwas Besonderes, aber auch ein bisschen unheimlich. Offenbar sind manche zu ihm gegangen mit der vagen Hoffnung, Auskunft über den Verbleib von Angehörigen zu bekommen. Sie kamen mit dem Bild eines Vermissten oder dem Ehering. Er versuchte auszupendeln, ob der vermisste Soldat noch am Leben sei, so wurde erzählt. Die Tragweite solcher Hoffnungssuche war uns Kindern nicht deutlich. So wie Tante Elisabeth Stehfen erlebten wir oftmals Frauen mit verweinten Augen. Sie mussten sich mit der Ungewissheit oder mit dem endgültigen Verlust ihrer Familienväter abfinden. Aus dem Dorf waren viele nicht zurückgekommen. Die zumeist jungen Frauen waren damals schon Alleinerziehende und mussten sehen, wie sie mit ihren Kindern, der kleinen Wirtschaft und dem Geldverdienen zurechtkamen.

Auf dem Weg zur Lichte und an anderen Stellen des Ortes standen gemeindeeigene Obstbäume. Wenn sie im späten Frühjahr

Fruchtansatz zeigten, zogen zu einem verabredeten Termin Interessierte mit dem Bürgermeister an den Bäumen vorbei, um die Obstbäume zu besichtigen. Diese wurden dann für eine Saison versteigert. Bis zum Abernten blieben sie im Nutzungsrecht der jeweiligen Familie. Selbstverständlich gehörte das Fallobst auch dazu. Wir hatten einen Apfelbaum im Oberdorf ersteigert, der weit hinter der Försterei stand. Es war eine leidige Pflicht, allmorgendlich dorthin zu laufen, um das Fallobst einzusammeln. Aber Michael Stehfen kam häufig mit mir. So konnten wir uns die Zeit verkürzen. Im Übrigen haben Michael und ich viel unternommen. Wir liefen nach Rodemann – wurden dort von Frau Dithmar gastfreundlich aufgenommen und bekamen Schmandbrot mit Sirup. Wir versuchten, die Rinne aufzustauen, um uns eine eigene Badestelle am Pfarrhausgarten anzulegen. Wir schworen auf getrockneten Huflattich als besten Rauchtabak. Vor allem brüteten wir an der Erfindung eines selbstfahrenden Fahrzeugs. Wir hatten mehrere Antriebsarten vorgesehen – dabei spielten Wind und Wasser, die damals verfügbar waren, eine große Rolle. Wir haben bereits ökologisch gedacht, obwohl wir dieses Wort noch gar nicht kannten. Bei diesen Bemühungen und Forschungen hätten wir beinahe das Perpetuum Mobile erfunden. Wir konnten es leider nicht vollenden, denn Mitte des Jahres 1946 zogen wir zurück in die Sowjetzone nach Lobetal. Meine Mutter ging mit meinem älteren Bruder im März voraus, mein jüngerer Bruder und ich kamen im September 1946 nach.

Heimkehr nach Lobetal

Teilweise fuhren wir in offenen Güterwagen zurück nach Lobetal. Irgendwann erreichten wir den Grenzbahnhof in Wartha-Herleshausen. Vor dem Bahnhof standen Klaviere und andere Möbel herum. Vielleicht waren es schon beginnende Reparationen für die Sowjetunion. Was auch immer – als Kind wusste ich nichts von dieser Politik. Die Russen saßen dort im Freien. Sie hatten Maschinenpistolen umgehängt, trugen Stiefel und Mäntel und spielten Klavier. Die Fahrt in den Güterwagen empfand ich als interessant. Bevor wir in die Sowjetzone einreisen durften, mussten wir durch die Entlausungsanstalt.

In Lobetal erfuhren wir, dass der Vater eines Mitschülers an Typhus gestorben war. Unser Vater lebte. Er hatte auch den Zwangsausflug Richtung KZ Sachsenhausen überstanden. An einem Septemberabend waren wir jedenfalls wieder zu Hause und konnten im eigenen Bett schlafen. Bekannte Dinge waren noch vorhanden wie der Mechesee, die Tanne vor dem Haus und die Trauerweiden. Es war nicht viel verändert, so meinten wir. Die Hühner waren vom Hühnerhaus in den Keller gezogen, weil sie dort nicht geklaut werden konnten.

*

Unsere Schule musste erweitert werden. Wir hatten einen neuen Lehrer bekommen, der Zimmerli hieß und aus der Schweiz kam. Er zog die Prügelstrafe vor, vollzog sie mit Stock und zwickte undisziplinierte Schüler an den Ohrläppchen. Wir waren 40 Schüler. Die Waisenhauskinder aus Ostpreußen – inzwischen Lobetaler Schüler – waren die größte Schar in der Klasse. Andere kamen aus dem Kinderheim. In den Baracken im Woltersdorfer Forst lebten einige Familien. Ihre Kinder mussten täglich durch den Wald nach Lobetal zum Unterricht laufen. Die Schulbildung begann sich auf das sozialistische Menschenbild einzustellen. Stalin war Vater und Lehrer – die Sowjetunion das Paradies. Wir wurden auf das Volksabitur, 8. Klasse Abschluss, vorbereitet. Wir sollten Russisch lernen. Fräulein Wittmeier brachte es uns bei. Sie war selbst aus Russland geflüchtet und kam mit ihrer Schwester und ihrer Mutter nach Lobetal. Entgegen offiziellen Verlautbarungen erzählte sie, wie schlimm es den Christen unter den Bolschewiken ergangen war und was sie erlebt hatte. Dennoch hat sie uns die Anfangsgründe der russischen Sprache beigebracht. Wir haben uns dagegen gewehrt, weil wir die Sprache der Sieger und Zerstörer nicht lernen wollten. Das war zwar dumm von uns, aber es war halt so.

Eines schönen Tages wurde unsere Schule nach Ladeburg in einen Gasthaussaal eingeladen. Dort sollten wir den Film „Das Lied von Sibirien" sehen. Das Stichwort Sibirien hatte aber für die meisten Kinder in der Ostzone einen Beigeschmack. Es erinnerte an Deportation, an Drohung und Angst, an Gefangenenlager, in denen die Menschen verhungerten. Von der landschaftlichen

Schönheit, der Weite und der Vielfalt Sibiriens wussten wir nichts. Sibirien war die Fortsetzung des Konzentrationslagers, das wir in der Nähe wussten: Sachsenhausen bei Oranienburg.

*

Die in Lobetal lebenden Juden begrüßten den Einmarsch der Russen. Sie erlebten ihn als Befreiung. Nun mussten sie nicht mehr Angst haben, dass sie entdeckt und geholt würden wie die meisten von ihren Angehörigen. Sie durften aufatmen und hatten Zukunftshoffnung. Viele haben den Einmarsch der Roten Armee ganz anders erlebt: Einbrüche, Plünderungen, willkürliche Erschießungen und Vergewaltigungen. Die Folge dieser „Befreiung" waren Hunger und Seuchen. Dass an deutsches Unrecht erinnert wurde, half nicht. Berichte aus Ostpreußen von dem dortigen Grauen hatten sich tief eingeprägt.

In meiner Schulklasse waren zwei Jungen aus Ladeburg. Ihre Mutter war beim Holzsammeln umgebracht worden. Das durfte schon damals nicht laut erzählt werden. Die Russen waren ja Befreier, sie gaben armen Kindern Brot, schenkten der Maschinenausleihstation Traktoren. Sie halfen die Wirtschaft wieder aufzubauen und waren vor allen Dingen „Sowjetmenschen" und keine Russen. Und nicht zu vergessen: Stalin war Vater und Lehrer aller Menschen, die Frieden wollten. Die anderen, die Stalin nicht verehrten oder anbeteten, waren die Bösen. Die Erfahrungen meiner Klassenkameraden und das Wissen um den Weiterbetrieb des KZ Sachsenhausen durch die Russen und die SED prägten sich mir ein. Sie verdunkelten das Reden von der Befreiung. Dass mit dem Ende des Zweiten Weltkrieges auch der Wahnsinn Hitlers beendet wurde und künftige Verbrechen nun nicht mehr von Deutschland ausgehen konnten, waren durch die Geschehnisse zum großen Teil verdeckt.

*

Mein älterer Bruder Martin war in Bernau von der Oberschule geworfen worden. Er war kein Arbeiter- und Bauernkind. Schul- und Bildungsmöglichkeiten für Kinder aus Pfarrhäusern waren in der Ostzone und der DDR eingeschränkt. So meldete mich mein Vater in der Paulsenschule Berlin-Steglitz an. Nach Abschluss der achten Klasse in Lobetal sollte ich dort weitere Bildung erfahren. Von da an radelte ich jede Woche von Lobetal nach Steglitz. Zuerst wohnte ich unter der Woche bei Verwandten – später im Evangelischen Schülerheim in der Rubensstraße 87 in Friedenau.

Mein Banknachbar Nils in der Paulsenschule kam aus Bad Freienwalde. Sein älterer Bruder Axel war dort im Alter von sechzehn Jahren von den Russen verschleppt worden. Dies diente offensichtlich der Auffüllung eines Transportes, der vollzählig im KZ Sachsenhausen ankommen sollte. Sachsenhausen verlangte auch nach 1945 ordentliche Zahlen. Da verhielten sich die Roten nicht anders als die Braunen.

Nils' Mutter bat unseren Vater um Hilfe. Die Bemühungen, die er bei der Kommandantur Bernau unternahm, verliefen ergebnislos. Das Vermutete – Verschleppung von Minderjährigen – gab es offiziell nicht. Für meinen Vater war das besonders makaber, weil die Russen ihn selbst und zwei weitere Mitarbeiter aus Lobetal auf den Weg nach Sachsenhausen gebracht hatten. Sie waren entkommen, weil der Fußmarsch in Schmachtenhagen unterbrochen wurde. Im vorletzten Haus des Dorfes, drei Kilometer vor Sachsenhausen, wurden sie eingesperrt und bewacht. Sie konnten sich von ihrem Wachposten trennen und fliehen. Nach ihnen wurde nie gefahndet. Axel aus Freienwalde, nach dem die Mutter vergeblich gesucht hatte, ist meines Wissens nie wieder aufgetaucht.

Gestempelt

Mein Vater versuchte, wo immer es ging, Hilfe zu vermitteln. Dazu besuchte er auch die Außenstationen, was ziemlich heikel war, denn er musste überall Schlagbäume und kurzfristig aufgerichtete Grenzen passieren. Zu diesem Zweck hatte er sich verschiedene Ausweise selbst besorgt und hergestellt. Die Ausweise waren mit unterschiedlichen Stempelabdrücken präpariert. Das wirkte und geschah im festen Vertrauen, dass die diensthabenden Soldaten der Roten Armee nicht lesen konnten. So gelangte er mit dem Lobetaler Kirchensiegel und dem Pfarramtsstempel von Hohenkränig, seiner ersten Pfarrstelle jenseits der Oder, erfolgreich zu den Lobetaler Außenstationen: nach Reichenwalde, zum Heim „Gottes

Schutz" bei Erkner, nach Blütenberg bei Eberswalde und nach Dreibrück bei Nauen. Mit den gestempelten Papieren hat er jede Kontrolle überwunden. Zuweilen wurde er auch auf Parkplätze herausgewinkt, an denen das Schild „Generatorfahrzeuge – ausschlacken hier" stand. Das galt für die holzgasbetriebenen Autos, die damals überwiegend unterwegs waren. Die Russen hatten aber auch deutsche Begleiter an den Kontrollstellen, die zwar lesen konnten, aber auch empfänglich für Obst, Kartoffeln oder Zigarren waren. Solches führte mein Vater stets mit sich, um die Weiterfahrt im Extremfall zu gewährleisten.

Wenn mein Vater Zeit hatte, ging er am Sonntag mit uns spazieren. Oft ging es dabei durch verschiedene Abteilungen der Hoffnungstaler Anstalt. Er stellte Fragen oder lernte etwas kennen, was inzwischen gewachsen war. Auch ging er mit uns durch die Ställe der Anstalt, besah Landwirtschaft, Maschinenpark und Ackergeräte. Der Pferdestall war für uns besonders spannend. Bei den Gespannführern haben wir uns gern aufgehalten und sind, wenn es ging, mitgefahren. Meine Eltern hatten dabei Bedenken, denn die Kutscher fluchten zu viel. Wir fanden das spannend. Manche Ausdrücke, die wir dort gelernt hatten, fanden am Esstisch keinen Anklang und wurden nicht geduldet.

Es gab einen Kutscher, der Novka hieß. Mit Pferden konnte er vorzüglich umgehen. Manchmal schlief er auch bei den Tieren – zum Beispiel, wenn sie krank waren. In der Anstalt regte man sich über einen Spruch auf, der im Pferdestall hing, auf einer Holztafel eingebrannt: „Bei Pferden und bei Frauen muss man auf Rasse schauen." Heute locken solche Äußerungen Frauenrechtlerinnen an. In Lobetal stieß der Spruch auf Empörung. Lotterhaftes Denken auch noch in Holz einzubrennen und aufzuhängen, ging eindeutig zu weit. Mein Vater hat sich dazu nicht öffentlich geäußert. Er meinte, es hinge ja immerhin im Halbdunkel des Pferdestalles und könne so nur geringen Schaden anrichten.

Feste feiern

Abendmahlsfeiern im Gottesdienst gab es Gründonnerstag und Karfreitag, am Bußtag und am Ewigkeitssonntag. Jedes Mal versammelte sich im Lobetaler Saal eine große Gemeinde. Wir Jüngeren, die gerade konfirmiert waren, sollten uns „zurüsten", um „würdig" das Mahl in Empfang zu nehmen. Wie man das machen sollte, wussten wir nicht genau – aber es war da etwas von frischem Hemd, gewaschenen Händen, Stille und Nachdenken.

In Lobetal gingen fast alle zum Abendmahl: Kriegsheimkehrer, Alkoholgefährdete, Obdachlose, Menschen mit Behinderung, Mitarbeitende und Gäste. Keiner wusste, ob sie konfirmiert waren oder welcher Konfession sie angehörten. Bei dieser Offenheit kam der einladende Teil des heiligen Abendmahls zur Geltung. Natürlich gab es fromme Prägungen in der Anstaltsgemeinde, auch Überlegungen, ob es denn nicht zu leger sei, dass alle so unkontrolliert zum Tisch des Herrn gingen. „Schmecket und sehet, wie freundlich der Herr ist" – das hörten wir und das war wichtig. Es äußerte sich auch in Begegnungen untereinander. Zum Beispiel kam Kurt Kablitz vom Tisch des Herrn zurück, um seine Stuhlreihe wieder aufzusuchen. Im Mittelgang schlug er sich kräftig auf den Bauch und sagte vernehmlich: „Hat jut jeschmeckt." Bei einigen führte dies zu Irritationen – bei anderen zu missfallenden Blicken und bei Dritten zu leiser Heiterkeit.

*

Die Lebensverhältnisse nach 1945 waren dürftig. Die Margarine, die es im Kaufladen gab, kam aus Fässern und war grün. Stromsperren waren alltäglich. Wehren konnte man sich dagegen nicht, es wurde einfach unangemeldet dunkel. Das Lehrwort aus der Bernauer Schule – dort hatten wir es nämlich gelernt – „Kommunismus ist Sowjetmacht plus Elektrifizierung" verlor bei diesen häufigen Stromsperren seine Eindrücklichkeit. Die Leute sagten, dass der große und ruhmreiche sowjetische Forscher Alexander Mitschurin zu seiner Zeit eine Kreuzung zwischen Wanzen und Glühwürmchen gezüchtet hätte. Und siehe – es wurde hell im ganzen Land. Da wir nicht in der Sowjetunion wohnten, sondern im zusammengebrochenen und befreiten Deutschland, mussten wir andere Lösungen zur Erleuchtung suchen. Es gab Affenfett mit Docht. Bis heute weiß ich nicht genau, um welche brennbare Masse es sich bei diesem Affenfett handelte. Ein Docht gehörte jedenfalls dazu, er sollte aus Baumwolle sein.

Im Wohnzimmer des Pfarrhauses hatten wir uns aus Kabelresten der Marineschule eine elektrische Notbeleuchtung installiert. Die 6-Volt-Akkus schwächelten zwar rasch, aber erste Hilfe war da. Zur Sicherheit hatte Lobetal obendrein einen Wehrmachtsstromerzeuger organisiert, der, falls es zu Energieausfällen kam, ein Mindestmaß an Energie für die gesamte Anstalt lieferte.

Mein Vater hatte aus dem Pfarrhaus in Hohenkränig seine Petroleumlampen mitgebracht. Zwei waren nicht von den Russen zerschlagen worden. Nach Reinigung und Wiederbelebung konnten auch sie genutzt werden. Ich mochte sie, weil sie ein warmes, gemütliches Licht spendeten.

*

Leute, die wie wir auf dem Lande wohnten, waren mit der Lebensmittelversorgung besser dran. Das kleinste Fleckchen im Garten konnte zum Kartoffel-, Getreide- oder Kohlrübenanbau genutzt werden. Hühner und Kaninchenhaltung waren selbstverständlich. Auch Gänse, Enten und Schweine wurden gehalten. Man musste nur aufpassen, dass sie nicht geklaut wurden.

Im real existierenden Sozialismus gab es jedes Jahr am 3. Juni und am 3. Dezember eine Viehzählung. Dabei wurden auch Kaninchen und Hühner registriert. Damit Schwarzschlachten, damals ein Straftatbestand, nicht zu häufig vorkam, wurde bei der Viehzählung die Anwesenheit von schlachtfähigem Vieh dokumentiert. Es ließ sich feststellen, welche Tiere in der Zwischenzeit gestorben waren.

Wie auch immer: Wir hatten es besser als die Berliner in ihren ungeheizten Wohnungen. „Hamsterfahrten" der Städter waren dem Hunger geschuldet. Manchmal ein Kampf ums Überleben und für die Anstalt lästig, denn sie gefährdeten die ohnehin schon karge Versorgung von Heimbewohnern und Mitarbeitern.

*

Irgendwann setzte die „Amerikanisierung des Lebens" ein und gelangte auch nach Lobetal. Hermann Nehm hieß von nun an Howly. Hans Richter wurde Jacki genannt. Der ältere Sohn von Diakon Beyer in Friedenshöhe hieß Mac Arthur. Ernst Friedrich Lunkenheimer, Diakonensohn unseres Schmiedemeisters und Chorleiters, trug karierte Hemden über der Hose – das galt als extreme kulturelle Verwahrlosung. Manchmal brachten uns Besucher aus Westberlin Kaugummistreifen mit. Sie hießen chewing gum. Wir konnten es zwar noch nicht schreiben, aber schon kauen. In der Schule breitete sich das US-System ebenfalls aus: Die lienientreusten FDJler in der Klasse trugen als erste Schuhe mit Kreppsohlen. Die gab es nur in Westberlin. Diese Schuhe waren bequem zu tragen, aber ideologisch anstößig. In der DDR gab es statt Kreppschuhen Igelitschuhe. Der amerikanische Prediger Billy Graham, „das Frontstadtmaschinengewehr Gottes", wurde auch der „Lukas auf Kreppsohlen" von den Ostzeitungen genannt. Nun kannten wir die Zusammenhänge. Die FDJ-Mitglieder hatten folglich ihre Schuhe nicht im HO-Kaufhaus in Biesenthal oder Bernau erstanden, sondern waren zum Gesundbrunnen in die Badstraße gefahren, um beim Klassenfeind einzukaufen. Aber offenbar ließ sich nur so die Schwäche des sterbenden Kapitalismus erkennen. Für manche in der Klasse ergab sich allerdings ein Glaubwürdigkeitsproblem: Die FDJler zeigten sich nach außen schuldirektionswunschgemäß als Stalinisten und gebärdeten sich auch so – aber an ihren Füßen trugen sie die Botschaft der Monopolkapitalisten.

Nach solchen weltpolitischen Erkenntnissen in der Schule kehrte man sehr gern in die Lobetaler Geborgenheit zurück.

*

Die Gestaltung der Feste spielte in Lobetal eine große Rolle. Diakon Ernst Kretzschmer war zuständig für die Ausschmückung des Saales. Er neigte zum Monumentalen: Der Aufbau des Erntedankfestaltars stellte jede „grüne Woche" in den Schatten. Auch der Adventskranz im Lobetaler Saal sei der Größte in Europa, sagte mein Vater. Vier Männer mussten den Kranz mit Mistforken heben, um ihn an der Decke zu befestigen. Kinder sollten dabei eigentlich nicht zusehen, zum einen wegen des Arbeitsschutzes und zum anderen, weil Mistforken und Adventsgeschehen schwer zu vereinbaren sind. Auch die Weihnachtskrippe im Lobetaler Saal war von gewaltigen Ausmaßen – sie nahm die Breite des ganzen Raumes ein. Aber irgendwie war sie auch tiefsinnig. So eine große Fläche mit den kleinen Gestalten an der Krippe, mit den vielen Tieren und den langen mühevollen Wegen der Weihnachtsgeschichte machte vieles deutlich. Manchen erinnerte es an eigene Lebenswege und ihre Mühsal.

Zur Weihnachtszeit gehörte auch das Krippenspiel, bei dem meine Mutter Regie führte. Es wurde an jedem Weihnachtsfest aufgeführt. Aber zunächst musste geprobt und Darsteller für Maria und Joseph, Hirten, Könige und den Wirt gefunden werden. Kinder kamen zur Anbetung an die Krippe. Bei dem Krippenspiel gab es für den Szenenwechsel einen Engelvorhang: etwa 20 weiß gekleidete und Kerzen tragende Damen. Sie kamen aus der Nähstube, aus den Küchen und Büros. Sie waren der Hintergrund des Geschehens. Wenn sie in den Vordergrund gerieten, wurde die Szene gewechselt. Zum Beispiel von der Herbergssuche zum Hirtenfeld. Dann wurde hinter den Engeln umgeräumt. Der Wirt, der das Paar Maria und Joseph nicht oder nur mit Mühe aufnehmen wollte, verschwand. Inzwischen lagerten die Hirten auf dem Felde.

Die ersten Proben fanden bei uns im Pfarrhaus statt. In unserem Esszimmer wurde geübt, dort allerdings noch nicht in Weiß, sondern in der Alltagskleidung, die dem damaligen Standard entsprach. So schritten die Engel auf gestopften Socken durch unser Wohnzimmer, denn sie mussten Schreiten üben. Schreiten beinhaltete einen Teil der notwendigen Würde für das Krippenspiel. Geübt wurde, weil manche schlurften oder latschten. Ebenso ging es mit den Liedtexten von „Wunderbarer Gnadenthron", „Es kommt ein Schiff geladen" und „O Heiland, reiß die Himmel auf". Bei diesem Schreiten wurden gleichzeitig die Texte im Sprechchor geübt. Das war nicht einfach für jene, die sonst Wäsche flickten, Kartoffeln schälten oder Zahlenkolumnen zu erkennen wussten.

Heilig Abend um 20 Uhr wurde das Krippenspiel im Speisesaal aufgeführt. Danach war Bescherung. Jeder hatte seinen Sitzplatz am Tisch – vor sich liebevoll bereitete Geschenke. Viele waren es nicht: eine Tüte Plätzchen, eine Flasche Apfelsaft aus der eigenen Mosterei und ein paar Socken oder etwas Warmes anzuziehen. Zu essen gab es auch. Für viele waren die nun in Bettlaken gehüllten und mit goldenen Bändern geschnürten Küchendamen wirkliche Engel. Ihr Gesicht behielten sie auch nach dem Krippenspiel, wenn man ihnen später begegnete.

Mit dem Krippenspiel im Lobetaler Speisesaal waren die Veranstaltungen dieses Tages beendet: nachmittags Andacht in Hoffnungstal, im Frauenaltersheim, in Friedenshöhe; Christvesper im Saal und abends das Krippenspiel. Danach erst kam die Familie zusammen im Pfarrhaus und traf sich zur Bescherung mit allen, die im Haus wohnten. Bevor es an die Gabentische ging, hörten wir noch einmal die Weihnachtsgeschichte nach Lukas 2.

Am ersten Feiertag war wieder um 8:30 Uhr Gottesdienst, an dem der Posaunenchor mitwirkte. Wir hatten da zu sein. Am zweiten Weihnachtstag fuhr Vater meistens zu einer der Außenstationen.

Schuljahre

Schon vor der Erweiterung der Schule gab es in Lobetal Unterricht für die Kinder aller Klassen in einem Raum. Die Lehrerin war Tante Maria, respektlos „Miechen" genannt. Es war die bereits erwähnte Maria Stehfen. Sie kam aus Kassel und unterrichtete die achtklassige Grundschule. Wir haben bei ihr viel gelernt. Manchen Kindern hat sie in der Lobetaler Badeanstalt das Freischwimmerzeugnis ausgestellt. Die nötigen 15 Minuten konnte sie an ihrem Wecker ablesen, der nach Ende der Leistungszeit laut klingelte.

Besonders gern haben wir Schulausflüge gemacht. Dabei sangen wir laut: „Aus grauer Städte Mauern". Erst später wurde uns bewusst, dass wir in Lobetal niemals grauer Städte Mauern gesehen hatten. Wir waren in einem grünen und naturverbundenen Leben zu Hause. Unsere Schulausflüge waren noch echte Wanderungen. Meist ging es zum Liepnitzsee und dann per Kahn zum Großen Werder. Hin und zurück waren es etwa 20 Kilometer Fußweg. Wir kannten uns in Wald und Flur gut aus.

Mit Freude haben wir aus dem Gesangbuch das Lied „Wie mit grimm'gen Unverstand Wellen sich bewegen" gesungen. Bei dem Lied dachten wir nicht so sehr an die biblische Geschichte und den See Genezareth, vielmehr hatten es uns die Fischerkähne von Herrn See-Schmidt angetan. Die konnten wir immer wieder illegal nutzen. Damit haben wir sogenannte Nervenfahrten durchgeführt. Nervenfahrten, hinauf auf „hohe See", wenn man das beim Mechesee so bezeichnen kann. Dann wurde alles, was nicht fest war, herausgeworfen: Bänke und Ruder – und solange geschaukelt, bis der Kahn umkippte. Da er aus Holz war, ging er nicht unter, wurde an Land geschoben, ausgeleert, wieder benutzt, zurückgebracht oder einfach zurückgelassen.

Der Seepächter wehrte sich gegen solche Verwendung seiner Kähne. Er brauchte sie zum Angeln. Er hatte Hunde und er schloss die Kähne fest an, um die missbräuchliche Benutzung zu verhindern. Nach 1945 wurde bekannt, dass See-Schmidt Mitglied der NSDAP gewesen ist. Somit wurden wir nachträglich in unserem Tun gerechtfertigt.

*

Als ich sieben Jahre alt war, hatte meine Mutter gesagt: „Junge, wenn du zwölf Jahre alt bist, fahren wir zu Tante Maiti." Tante Maiti stand für Schweiz, CH, Confoederatio Helvetica, Berge und Heidi und Almöhi – und Schokolade. Das hatten wir bei Johanna Spyri gelesen und fanden es gut. Als ich zwölf Jahre alt war, gab es die Währungsreform und keine Chance mehr in die Schweiz zu fahren. Weder konnten wir ausreisen, noch bezahlen. Wir waren froh, dass wir überlebt hatten und dass die Familie beisammen war. Wir waren dankbar, dass es Lobetal noch gab. Tante Maiti schickte später Kalender zu uns, die tatsächlich ankamen. Als ich sie zum ersten Mal besuchen durfte, war ich inzwischen Landespastor für Diakonie, gehörte zu einer Delegation und wusste bis eine Stunde vor dem Abflug nicht, ob ich ausreisen durfte oder nicht. Am Rande der Begegnungen in Genf und Zürich traf ich Tante Maiti. Dabei konnte ich mich endlich persönlich für die Übersendung der schönen Kalender bedanken. Sie erzählte mir beiläufig, dass sie von einer Frau aus Leipzig die Bitte bekommen habe, ihr auch einen Kalender zu schicken. Sie hätte ihr dann einen geschenkt, zwar vom Vorjahr, aber da die Anfragende nur die Bilder haben wollte, hielt sie dies auch für legitim. Ich ließ mir damals die Adresse von ihr nennen. Und so war es nicht schwierig herauszubekommen, dass es eine Genossin von der Zollverwaltung der DDR war, die gerne auch die Schweiz sehen wollte.

*

Die Lobetaler Jugend richtete in jener Zeit ihr Augenmerk vor allem auf die Marineschule. Drei Kilometer entfernt von Lobetal lag ein 200 Morgen großes Gelände. Ursprünglich gehörte es zu den Hoffnungstaler Anstalten. Es war die „Koralle", Befehlsstand der U-Boot-Flottille. Ein großes Funkhaus stand dort und es gab eine Anzahl Bunker, Feuerlöschteiche sowie mehrere Funktürme als Sende- und Empfangsmasten. Eine aus Stein gemauerte Baracke hieß im Volksmund „Dönitzbaracke". Karl Dönitz, letzter Vertreter Hitlers, soll dort zeitweilig gewohnt haben. Nach dem Krieg wurden alle Häuser und Bunker gesprengt, das Funkhaus zerstört und die Funktürme gestürzt. Die Reste des Funkhauses waren noch lange Zeit ein interessantes Gelände. In den Kellern war es gefährlich, aber buntmetallergiebig. Die Marineschule bot Winkeleisen, Schmiede- und Schlossermaterialien, die es sonst nicht gab. In der bereits stark geplünderten und zerstörten Dönitzbaracke wurde von unserem Vater eine Gruppe von jungen Leuten eingesetzt, die das Gelände bewachen und die Reste des Hauses schützen sollten. Es sollte nicht, wie sonst alles, demontiert und vernichtet werden. So drohte auch Diebstahl von Fensterrahmen und Türen aus der Dönitzbaracke. Lobetal aber gelang es, dieses Haus wieder so in Schuss zu bringen, dass es eine notdürftig im Saal des Altersheimes Friedenshöhe untergebrachte Flüchtlingsgruppe aus Ostpreußen aufnehmen konnte. Später erhielt es den Namen „Knabenheim Bergauf". Aus den sonstigen hölzernen Wehrmachtsbaracken wurden Hühner- und Kaninchenställe gebaut. Vorhandenes Mobiliar aus der Dönitzbaracke wurde Allgemeingut. Zum 25-jährigen Dienstjubiläum in Lobetal bekam mein Vater von den Mitarbeitern eine Sesselgarnitur aus dieser Behausung. Den letzten dieser Dönitz-Sessel haben wir erst beim Ruhestand aufgegeben. Sie wurden zwar mehrfach neu bezogen, aber sie hatten ihre Geschichte.

*

Nachdem ich die Schule in Lobetal beendet hatte, ging ich in die Paulsenschule Berlin-Steglitz. Kurzzeitig lebte ich deshalb bei der Familie eines Vetters meines Vaters. Onkel Paul war Landgerichtsdirektor. Mir ging es in der Familie gut. Wie damals üblich, gab es Schichtunterricht in den Schulen. Also eine Woche vormittags, eine Woche nachmittags. Wenn es irgendwie möglich war, fuhr ich zum Wochenende mit dem Fahrrad von Steglitz nach Lobetal.

Einmal gab es Ärger, als wir in der Schule in Steglitz nach den Westadressen gefragt wurden. Zonenkinder hatten ein eigentliches Zuhause, aber für die Dauer der Schulzeit in Steglitz hatten wir eine Westadresse. Die kannte ich inzwischen: Friedrichsruher Straße 17. Den Namen der Familie, den Beruf des Haushalts-vorstandes wollten sie bei dieser Befragung auch wissen. Ich ant-wortete arglos: „Mein Onkel ist Gerichtsvollzieher oder so was ähnliches." In der Klasse führte das zu einem großen Heiterkeits-ausbruch. Als Lobetaler Kind wusste ich nicht, was es mit einem Gerichtsvollzieher auf sich hatte. Ich hatte noch nie einen erlebt und hatte völlig unklare Vorstellungen über Berufsbild, Tätigkeit und Verantwortungsbereich. Als ich diese Geschichte aus der Klas-se bei Onkel und Tante berichtete, fiel ich zeitweilig in Ungnade. Danach wohnte ich kurze Zeit im evangelischen Schülerheim Ber-lin-Friedenau. Der uns erziehende Vikar hatte militärischen Drill an sich: Er verleitete Ost-Erfahrene zu illegalen Aufkäufen im anderen Sektor. In Tatgemeinschaft mit einem zweiten Schüler, auch mit Ostausweis, holten wir Waschkörbe mit Steingut, Tassen, Tellern und Töpfen aus einem Laden in der Kastanienallee. Wir brachten sie nach Westberlin, um dem Schülerheim zu einer Grundausstattung zu verhelfen. Da es dort viele Schüler gab, die aus Ostberlin und aus der Zone kamen, schien es sogar legitim, auch das Geschirr von dort zu holen. Wir haben uns damals wenig Gedanken gemacht, erwischt zu werden.

Meinem Vater in seiner Funktion als Bürgermeister von Lobe-tal wurde vorgehalten, dass sein zweiter Sohn auf eine West-berliner Schule ging. So kam ich freiwillig zurück – und wurde in Bernau in der Geschwister-Scholl-Oberschule angemeldet. Der damalige Direktor Dr. Koblitz, ein gebildeter und kluger Mann, nahm mich auf. Der Hauptgrund der Rücksiedlung von Berlin war aber ein unglaubliches Heimweh. Ich war richtig glücklich, wieder in Lobetal zu wohnen. Fortan ging es täglich bei jedem Wetter mit dem Fahrrad zur Schule – Sommer wie Winter. Irgendwann wurde Dr. Koblitz versetzt. Unser neuer Schuldirektor hieß Werner K. Er war damals etwa zweiundzwanzig Jahre alt. Er war Genosse. Das allein qualifizierte ihn. Er trug zwar noch die alten HJ-Hosen, aber oben herum war er schon im FDJ-Blau mit aufgehender Sonne. Blau war er auch manchmal anders. Herr K. hatte gelbe Finger vom Rauchen. Es kam vor, dass er sich zu Beginn einer Unterrichtsstunde an das geöffnete Fenster in der letzten Bank setzte und sagte: „Jugendfreunde, ich muss erst mal eine rauchen, fangt schon mal an." Herr K. gab Geschichte und Gegenwartskunde. Er war ideologisch immer eine Woche voraus und liebte die Mädchen der höheren Klassen. Wir merkten bald, dass bei ihm intellektuell nicht viel zu holen war. Aber er war ja der Direktor, Mitglied der FDJ-Kreisleitung, der Deutsch-Sowjetischen Freundschaft und der SED. Mehr ging damals offensichtlich kaum. Er hatte Mühe, mit den Lobetaler Schülern zurechtzukommen. Wir waren nicht in der FDJ, sondern in der Jungen Gemeinde. Da Herr K. die „Zentrale Schulgruppenleitung" fest im Griff hatte, bekamen wir das zu spüren. Besonders deutlich wurde es im Jahre 1953 im Zusammenhang mit den Schikanen gegen die Junge Gemeinde und dem Verbot der „Stafette", der kirchlichen Jugendzeitschrift. Gegen Träger des Zeichens der Jungen Gemeinde hat er sich negativ hervorgetan. Vor der ganzen Klasse wurde ich gefragt: „Werner Braune, denke doch einmal darüber nach, dass du mit deinem Verhalten den amerikanischen Kriegstreibern in die Hände arbeitest." Herr K. war Stalinist. Sein Vokabular war unangenehm. Es grenzte Menschen aus. Zum Beispiel: Kriegstreiber, Diversanten, Kulakensöhne, Knechte des imperialistischen Monopolkapitals, Lakaien der herrschenden Klasse, Verräter der Interessen der Arbeiterklasse, Agenten, Saboteure, Zionisten, Titoisten, Provokateure oder: „Der lange Arm der proletarischen Gerechtigkeit wird euch reaktionäre Speichellecker des Monopolkapitals schon erreichen." Wer also fällig war, bekam einen derartigen Titel zugeordnet. Es war in der DDR niemals schwierig, von Montag auf Dienstag vom Aktivisten zum Klassenfeind „befördert" zu werden.

Die Schule war anfänglich nicht in der Lage, die Klassenräume mit Möbeln auszustatten. Wir wurden aufgefordert, Stühle von Zuhause mitzubringen, um dem Unterricht folgen zu können. Der Stuhltransport erfolgte per Fahrrad auf dem Gepäckträger und war ungefährlicher, als Kinder auf dem Sitz mitzunehmen, denn schließlich halten Sitzmöbel die Beine ruhig.

Radfahren auf der Autobahn verboten

An einem Maisonntag 1953 war ich mit dem Fahrrad unterwegs. Mir war langweilig. Ich fuhr durch die Landschaft: Lanke, Liepnitzsee, Ützdorf. Dort traf ich eine Gruppe von Lobetaler Bewohnern, die einen Ausflug machten. Es war eine Abteilung von jungen Leuten, die mit den Diakonen Helmut Prignitz und Wolfgang Dörr unterwegs waren. Es waren anfallskranke Menschen, die im Haus Neugnadental in Lobetal wohnten. Ich ging zu ihnen hin und begrüßte sie. Bei dieser Begegnung merkte ich nicht, dass diese Gruppe bereits in der Ferne umzingelt war. Während wir uns noch begrüßten, fuhren Lastwagen der Volkspolizei vor. Wir wurden gegen unseren Willen aufgeladen – das geschah mit Gewalt –, ein Grund für die Verladung wurde nicht angegeben. Ich setzte mich zur Wehr, wurde aber auf den LKW gestoßen und abtransportiert. Wo die Reise hinging, wusste niemand. Schließlich landeten wir im VPKA Bernau, in der Weißenseer Straße. Dort mussten wir zunächst auf dem Hof stehen und warten. Die Gruppe wurde beobachtet, untersucht und verhört. Ich wurde alsbald in ein Zimmer geführt, dort waren zwei Zivilisten und ein uniformierter Bewaffneter, der an der Tür stand. Der Mensch, der wohl der Chef war, nannte sich „Hirsch". Eine Pistole lag auf dem Tisch – und er begann mich zu verhören. Er erkundigte sich bei mir nach der Beteiligung an dem Verbrechen. Ich wusste überhaupt nicht, worum es ging. Ich war zu keiner Aussage fähig und ahnungslos. Das aber glaubte er mir nicht. Es war undenkbar, dass ich rein zufällig zu dieser Gruppe gestoßen war. Herr Hirsch verhörte mich und machte dabei Andeutungen, dass es aus diesem Raum kein Entrinnen gebe. Erst während des weiteren Verhörs und im Gespräch auf dem Polizeihof mit anderen erfuhr ich, was uns zur Last gelegt wurde.

Im Rahmen dieses Einzelverhörs wurde der erste Versuch unternommen, von mir Informationen über die Dienste meines Vaters zu bekommen. Bei einer solchen bedrohlichen Situation konnte man Angst bekommen. Die Erinnerung an einen Terrorprozess im Kreis Bernau, bei dem vier junge Leute zu vier und acht Jahren Zuchthaus verurteilt worden waren, saß tief in den Knochen. Es hieß, die Verurteilung sei wegen Widerstandes gegen die Staatsgewalt erfolgt.

68

Die Situation machte mir Angst – wir waren verunsichert. Der Grund für die Festnahme, wie ich später erfuhr, war eine Lappalie. Die Gruppe hatte einen Spaziergang Richtung Lanke gemacht. Dabei überquerten sie die Autobahn. Von der Autobahnbrücke konnte man die schöne Landschaft sehen. Viele Fahrzeuge bewegten sich damals nicht auf der heutigen A 11. Von der Brücke aus sahen sie einen Radfahrer kommen: Polizist P. aus Bernau. Er war uniformiert und fuhr stets mit dem Fahrrad zum Dienst. Die Gruppe rief herunter: „Radfahren auf der Autobahn ist verboten!" Als sich Herr P. darum nicht kümmerte, spuckten sie schließlich auf die Staatsmacht. Für die Wandergruppe war der Fall erledigt. Sie setzten ihren Ausflug fort. Aber der Bespeite holte sich Verstärkung. Nun geschah das, was zuvor geschildert wurde: Jetzt wollte man Auge in Auge dem Klassenfeind gegenüberstehen. Wir warteten alle im Volkspolizeigewahrsam, wie es weitergehen würde.

Als ich nach dem Einzelverhör rauskam, konnte ich mit Prignitz und Dörr sprechen. Wir wiesen die Polizisten darauf hin, dass es sich um anfallskranke Menschen handelte. Dafür ernteten wir höhnisches Gelächter, allerdings nur so lange, bis einer aus der Gruppe einen Anfall bekam und Hilfe benötigte. Stühle sollten besorgt werden. Das aber führte zu Unruhen. Die anwesenden Polizisten schienen hin- und hergerissen und wussten offenbar auch nicht recht, was hier vor sich ging. Jedenfalls entstand ein buntes Durcheinander, das ich nutzte, um mich zu entfernen. Ich rannte zum Bahnhof Bernau, weil ich wusste, dass es dort in der Bahnhofsgaststätte ein Telefon hinter dem Tresen gab. Von dort aus rief mein Vater immer an, wenn er um Abholung bat. So konnte ich mitteilen, dass wir in der Tinte sitzen. Nach kurzer Zeit wurde ich von dort wieder abgeführt – mein uniformierter Verfolger brachte mich zurück. Offensichtlich waren nun die Umstände erschwerend. Für uns, die wir dort festsaßen, dauerte es eine lange Zeit, bis mein Vater aus Lobetal kam und mächtig Krach schlug. Am späten Abend wurden wir entlassen und konnten nach Hause fahren. Wahrscheinlich war dies der erste Aktenvermerk, der mir vom Ministerium für Staatssicherheit zuteil wurde. Solche Sachen sprachen sich auch in der Schule herum. Es trug nicht gerade dazu bei, meinen Stand als klassenbewussten Schüler zu festigen.

In jener Zeit war ein harter Kurs zu spüren: Die Schikanen gegen die Junge Gemeinde nahmen zu. In der Bernauer Oberschule sind wir übel behandelt worden. So gab es zum Beispiel vorgelegte Unterschriftslisten, durch die man sich gleichzeitig von den anglo-amerikanischen Kriegstreibern und den Machenschaften der Jungen Gemeinde distanzieren konnte. Das war eine unzulässige Verquickung und unerfreuliche Angelegenheit. Sie war von der FDJ-Leitung beziehungsweise von der ZSGL (Zentrale Schulgruppenleitung) initiiert worden.

Abitur

Es gehörte zum Alltag, Schülerinnen und Schüler, die kirchliche Bindungen hatten, zu schikanieren. Fast alle Mitschüler waren in der FDJ. Dass wir Lobetaler nicht darin waren, störte die Klassengemeinschaft nicht.

In den höheren Klassen gab es SED-Kandidaten, die als leuchtendes Beispiel vorgeführt wurden. Einer von ihnen konnte fehlerfrei die Stalinkantate von KuBa (Kurt Bartels) aufsagen. Ein anderer musste sich bewähren, daher fuhr er mit einigen aus der Klasse nach Westberlin ins Kino. Kinos gab es viele in jener Zeit, sie waren mit der S-Bahn gut zu erreichen, sie lagen am Potsdamer Platz oder am Gesundbrunnen. Es machte keine Mühe, als Bildungsprogramm im Anschluss an die Schulstunden noch eine S-Bahnfahrt nach Westberlin zu unternehmen. Der Eintritt war für die heranwachsenden Schwestern und Brüder aus der Zone günstig. Der SED-Kandidat fuhr also mit ins Kino und verpetzte anschließend seine Mitfahrer beim Schuldirektor: Das war die Erledigung eines Parteiauftrages. Für die betreffenden Mitschülerinnen und Mitschüler bedeutete es Schwierigkeiten – und für die übrigen, die davon wussten, war es Denunziation.

Manche der neuen Lehrer, die wegen der besseren ideologischen Festigung gegen ältere Studienräte ausgetauscht wurden, waren immer gerade mal eine Lektion weiter als die Schüler. Bei Diskussionen wurde deutlich, dass ihre Allgemeinbildung äußerst dürftig war. Aber man spürte, dass die Partei in alle Bereiche hinein regieren wollte und sich durchsetzen musste. Wir merkten es, als ein

neuer Direktor an die Schule kam. Es war ein zugereister, kampf-
erprobter Kommunist aus Süddeutschland. Wir nannten ihn
„Wodka Albert" – es gab da Zusammenhänge. Er war geprägt
durch AGITPROP (Agitation und Propaganda). Die Mischung aus
Fanatismus und Dummheit war für Andersdenkende gefährlich.
Für die Schülerinnen und Schüler aus Lobetal hatte er nichts übrig
– sie störten. Bei der Abiturprüfung in Geschichte bekam ich das
zu spüren. Er fragte mich vor der Prüfungskommission: „Wessen
Rolle im Bauernkrieg schätzen Sie höher ein, die Luthers oder die
Müntzers?" Ich antwortete prompt: „Luthers!", denn ich war
wütend über die speziell mir zugedachte Frage. Während er sich
mit dem Prüfungskollegium abfällig unterhielt, hatte ich Zeit, eine
Begründung zu ersinnen: „Josef Wissarionowitsch Stalin, der
große Vater und Lehrer, hat in seinem wegweisenden und bedeu-
tenden Werk ‚Der Marxismus und die Fragen der Sprachwissen-
schaft' festgestellt, dass die Sprache nicht ein Teil des Überbaus,
auch nicht ein Teil der Basis ist, sondern ein Phänomen." (Da der
Herr Schuldirektor das Wort „Phänomen" auf dem „O" betonte,
tat ich das auch.) „Martin Luther als Schöpfer der deutschen
Schriftsprache hat für die Verständigung der revolutionären Kräfte
zu allen Zeiten einen unübersehbaren Beitrag geleistet. Von daher
bin ich zu dieser Aussage gelangt." Die Stalindenkmäler standen
noch und der große Vater und Lehrer Josef Wissarionowitsch
wurde höchst selbst zitiert. Ein Punkt für mich – und ich bekam
eine Zwei. Unsere Klassenlehrerin Frau Ahlert sagte mir nach der
bestandenen Prüfung, dass ihr diese Sicht der Dinge neu gewesen
sei. Mir übrigens auch.

Wegstecken konnte der Schuldirektor das nicht. Als ich das
Abitur bestanden hatte, verweigerte er mir die Herausgabe des Ab-
schlusszeugnisses. Erst müsse ich das Schulgeld bezahlen. Das
hatte ich tatsächlich nicht – und es waren inzwischen Schulden
angelaufen.

Inzwischen glauben DDR-Nostalgiker, dass man in der DDR
kein Schulgeld bezahlen musste. Dem war aber nicht immer so.
Meine Frau, die aus Bayern stammt, zahlte in der Bundesrepublik
kein Schulgeld und bekam sogar die Schulbücher frei. Ich hatte
monatlich 20 Mark Ost Schulgeld zu bezahlen, obwohl mein Vater
ein geringes Einkommen hatte und als Pfarrer die Lebensmittel-

grundkarte bekam. Das war die „Sterbekarte", weil sie nicht zum Leben und auch nicht zum Sterben reichte. Solange mein Vater lebte, wurde das Schulgeld bezahlt. Er starb September 1954. Ich unterließ die Zahlungen, weil ich kein eigenes Vermögen und Einkommen hatte. Meine Mutter war inzwischen nach Westberlin gezogen. Ich kam zurecht – und aß mich überall durch. In Lobetal im „Haus Ernterast" konnte ich mittags essen. Bei Familie Pagel wohnte ich im Pfarrhaus.

Das Verfahren meines Schuldirektors könnte man auch als Nötigung oder Erpressung bezeichnen. So ging ich nach dem Abitur zur Kasse und zahlte für den letzten Monat zwanzig Mark ein. Die aufgelaufene Schuldensumme vergaß ich und legte die Quittung von Juni 1955 vor. Auf dieses Papier ist er hereingefallen, vielleicht war er es auch leid. Ich weiß, dass dies nicht korrekt war, aber ich vermute Verjährung. So bekam ich mein Abiturzeugnis und konnte mit dem Studium beginnen.

Stalin stirbt

Am 6. März 1953 mussten wir in der Schule mit Trauerrand gucken. Der große Vater und Lehrer, Josef Wissarionowitsch Dschugaschwili, Stalin genannt, war am 5. März 1953 gestorben. An dem Tag machte meine Schwester in Westberlin Abitur. Wir feierten es im Reichensteiner Weg 24. Während wir feierten, hörten wir in den Nachrichten von Stalins Tod. In der Schule trug ab sofort das Stalinbild der Friedensecke einen Trauerflor. Es haben auch einige öffentlich geweint. „Arm des Proleten, Hirn des Gelehrten, Rock des Soldaten – Genosse Stalin." Das war er. Das hatten wir gelernt. „Den Namen Stalins tragen die Jünglinge und Mädchen des Landes des Sozialismus, die Pioniere und Pionierinnen in ihren Herzen. Es ist ihr sehnlichster Traum, wie Lenin, wie Stalin zu sein, Politiker vom leninschen-stalinschen Typus zu werden. Auf den Ruf der Partei, auf den Ruf des Genossen Stalin erbaute die Sowjetjugend Giganten der sozialistischen Industrie, Städte in der Taiga, baute und baut sie wundervolle Schiffe, bezwingt die Arktis, meistert die neue Technik in Industrie und Landwirtschaft, stärkt die Wehrfähigkeit unserer Heimat und leistet schöpferische Arbeit in Wissenschaft und Kunst." Übersehen wurde dabei die ökologische Katastrophe – Trockenlegung eines Teils des Aralsees – und Ereignisse, die bis heute ein ökologisches Desaster bedeuten, wie die tödlichen Überbleibsel der nuklearen Hochrüstung in der Sowjetunion.

Aber Genosse Stalin war Vater und Lehrer für alle. Die Sowjetunion – das war Moskau, der Rote Platz, das waren Lenin, Stalin und der Kreml. Uns wurde unterschlagen, dass es über 100 Völkerstämme und 150 Sprachen gab, dass Orthodoxe und Muslime, Katholiken und Lutheraner dort lebten und glaubten, dass es mehrere Klimazonen in der Weite dieses herrlichen Landes gab, dass es Links- und Rechtsgläubige gab. Die große Einheit der Sowjetunion wurde vorgelogen – und auf den Roten Platz in Moskau beschränkt. Die Überlegenheit auf allen Gebieten war Programm. Alte und neue Karten vom Aralsee zeigen zum Beispiel die ökologische Verkommenheit. Sie ist bis heute gefährlich und keineswegs beseitigt.

Stalin aber galt als der Größte, den es je gab. Wir erlebten, was er verkündete: die Freiheit. Im Nachrichtenblatt für die Deutsche Bevölkerung Nr. 19 vom 10. Mai 1945 war die Botschaft des Genossen Stalin an das Volk zu lesen: „Genossen! Landsleute! Von nun an wird über Europa das große Banner der Freiheit der Völker und des Friedens unter den Völkern wehen." Um das deutlich zu unterstützen, wurden Nationalhymnen für die gewerkschaftliche Kulturarbeit in den Betrieben und auf dem Land herausgegeben. Ich bekam diese Texte durch den Schulchor der Geschwister-Scholl-Oberschule in Bernau in die Hände. Nationalhymnen der demokratischen Völker vereinigen die politischen, religiösen und sozialen Anschauungen der Nation. Ein gültiges Bekenntnis, das von Zielen und Ideen spricht, die das ganze Volk bejaht. Wir gehörten ja zum Volk, aber wir fanden die Dinge zum Teil nur seltsam oder traurig.

Stalinhuldigungen wurden verlangt, waren alltäglich und trieben Blüten: Denkmäler, Namensgebungen von Straßen und Plätzen in vielen DDR-Orten waren nicht ungewöhnlich. Dazu zählte selbstverständlich in Berlin auch die Stalinallee, die – von Architekt Hermann Henselmann erbaut – in den 1950er Jahren ein deutlicher Versuch war, eine ästhetische Sowjetisierung Deutschlands durchzuführen. Das Vorbild der Ruhm- und Prachtstraße aus Moskau sollte nun auch in Ostdeutschland zu sehen sein. So wie Moskau sollte auch Berlin werden: Stalinismus als Gestaltungsrichtlinie für Neubauten.

Überfall auf Lobetal

Der Kurs wurde härter. Es gab lediglich Veränderungen nach der Veröffentlichung des Kommuniqué von Juni 1953. Wir bekamen mühelos Reisegenehmigungen zu Verwandten und Freunden. So konnte ich meinen Vater zum Kirchentag nach Hamburg fahren. Kurz zuvor aber, im Mai 1953, wurde die Anstalt Lobetal überfallen. Volkspolizei und FDJ-Trupps fielen ein. Der erste Sekretär der FDJ im Bezirk Frankfurt (Oder), Konrad Naumann, stand in Vaters Amtszimmer. Der Vorsitzende vom Rat des Kreises Bernau, Paul Wuttke, zeigte sich feindselig und aggressiv. Er hatte schon oft versucht, Lobetal zu schikanieren und zu diesem Zweck Mitarbeiter – und auch die Einrichtung – kontinuierlich observiert und war bemüht, hinter dem Rücken der Lobetaler Verantwortlichen negativen Einfluss zu nehmen.

Bei dem Überfall auf Lobetal gab sich Herr Naumann als Volkskammerabgeordneter aus. Er hatte offenbar das Bedürfnis, einen Schein volksdemokratischen Rechtes zu wahren. Den notwendigen Ausweis als Volkskammerabgeordneter konnte er aber nicht vorweisen. Eine Rückfrage unseres Vaters nach dieser Aktion beim Volkskammerpräsidenten Johannes Dieckmann ergab, dass Konrad Naumann kein Abgeordneter war.

Wuttke und Naumann sind als Rädelsführer dieser kriminellen, von der SED gesteuerten Aktion zu erinnern. Eine spätere angebliche Rücknahme von Fehlentscheidungen der SED, wie sie mit dem Kommuniqué vom 10. Juni 1953 behauptet wurde, fand nicht statt. Es gab auch keine personellen Konsequenzen.

Die im Mai 1953 mitgebrachten, angereisten Klassenkämpfer von Polizei und in Zivil haben in Wildwestmanier die Anstalt durchsucht. Sie haben Kartoffelschalen fotografiert, Bewohner eingeschüchtert und bedroht – und gegen Leitung und Mitarbeiter aufgehetzt. Sie haben darauf hingearbeitet, die Hoffnungstaler

Anstalten zu beschlagnahmen und in Besitz von FDJ und Partei zu bringen. In den folgenden Tagen stand in der „Jungen Welt", Zentralorgan der Freien Deutschen Jugend, dass die Verpflegung der christlichen Anstalt Kartoffelschalen seien. Die Bewohner würden unsachgemäß bezahlt. Eine Rufmordkampagne nahm ihren Fortgang. Mein Vater hatte im Zusammenhang dieser Aktion protestiert – sein Brief an Otto Nuschke und weitere Schreiben von kirchenleitenden Persönlichkeiten sind erhalten. Die damaligen Proteste verliefen im Sand. Die Karriere der Täter machte die Äußerungen der SED über Veränderungen oder Rücknahme von Fehlentscheidungen zum Geschwätz und blieb unglaubwürdig.

Als ich 1979 in die Stephanus-Stiftung kam, hieß der erste Sekretär der Bezirksleitung der SED Berlin Konrad Naumann.

DDR-Obere und SED haben zu keinem Zeitpunkt Kirche und Diakonie als Partner gesehen. Diese Haltung ist nie zurückgenommen worden. Sie blieb Bestand bis zum Ende der DDR; verbale Beteuerungen und pragmatische Regelungen, die meistens mit Westgeld zu tun hatten, konnten nicht täuschen. In solchen Fällen wurde bereitwillig der Klassenstandpunkt aufgegeben und durch den Kassenstandpunkt ersetzt.

Verkehrsunglück

Die Verkehrsverbindungen zwischen Lobetal und der Weltstadt Berlin waren dürftig. Man konnte von Lobetal den Bahnhof Rüdnitz gut zu Fuß erreichen. Das waren ungefähr 4 Kilometer. Dort aber fuhren selten Züge. Die S-Bahn fuhr von Bernau im 40-Minuten-Takt. Für ältere und körperlich Gebrechliche war es bis Bernau ein mühsamer Fußweg. Eine Buslinie war noch nicht eingerichtet.

Der anstaltseigene LKW transportierte Nötiges für die Einrichtung, durfte aber nur mit Ausnahmegenehmigung Personen befördern. So wurde für „Fußgänger" durch die Anstalt Lobetal der „Wüstenblitz" bereitgestellt. Er war ein gummibereifter Kastenwagen mit einigen Bänken darauf. Gezogen wurde er von zwei Pferden. Einmal am Tag fuhr er nach Bernau hin und am Abend zurück. Gegen schlechte Witterung gab es eine Plane. Die Fahrzeit war ungefähr eine Stunde von Lobetal nach Bernau und umgekehrt.

Am 15. September 1954 gab es mit diesem Fahrzeug einen schlimmen Unfall. Wir erfuhren es als erste, weil im Pfarrhaus die Nachtschaltung der Einrichtung Lobetal, Telefonnummer Bernau 451, ankam. An diesem Abend erreichte uns ein Anruf, den ich sofort an Pastor Johannes Engelke weiterleitete: Mein Vater lag im Krankenhaus Gilead in Bethel. So fuhr ich mit Pastor Engelke zur Unfallstelle auf der Landstraße. Gegen 21 Uhr waren wir dort. Zwischen Rüdnitz und Bernau auf einer langen Geraden war es passiert. Die Situation war gespenstisch. Verstörte Menschen begegneten uns. Autotrümmer waren durch die Luft geflogen. Ein totes Pferd lag an der Seite. Auf dem Acker erkannte man einen umgestürzten Militärjeep – und eine Menge Russen im Dunkeln. Irgendwann traf die Volkspolizei ein und versuchte, den Unfall aufzunehmen und den Verkehr zu regeln.

Ein Militärfahrzeug der Sowjetarmee war verunglückt. Von den sechs Insassen waren vier ums Leben gekommen. Auf dem Wüstenblitz und bei seinen Mitfahrern gab es keine Verletzten. Das Pferd Lottchen hatte den ersten Aufprall abgefangen und wahrscheinlich dadurch den Mitfahrenden das Leben gerettet. Eine Rekonstruktion ergab, dass die sowjetischen Soldaten mit überhöhter Geschwindigkeit frontal auf das Gespann aufgefahren waren, danach an einen Baum geschleudert wurden und sich überschlagen hatten. Das aber erfuhren wir erst viel später. Der Kutscher unseres Gefährtes wurde sofort festgenommen und als Unfallverursacher behandelt. Pastor Engelke bemühte sich bei der Volkspolizei und bei den Ärzten im Krankenhaus herauszubekommen, ob die Unfallursache mit Alkohol zu tun habe. Die verunglückten Russen rochen nach Alkohol, eine Blutprobe wurde nicht zugelassen. Offiziere aus Karlshorst nahmen sich der Sache an. Pastor Engelke kümmerte sich die ganze Nacht um die verschreckten Leute aus Lobetal, die sich für Polizei und Sowjetarmee zur Verfügung halten mussten. Die anderen waren inzwischen abgeholt und nach Hause gefahren worden. Die Letzten konnte ich am nächsten Morgen vom Volkspolizeikreisamt in der Weißenseer Straße mit dem Dienstauto nach Hause bringen. Anschließend fuhr ich selbst mit dem Fahrrad zur Schule.

Als ich an diesem Tag von der Schule zurückkam, war die Nachricht eingetroffen, dass mein Vater, der nun schon eine Weile im Krankenhaus in Bethel lag, bewusstlos war: ein zweiter Schlaganfall. Die Aussichten standen schlecht. Mit meinem Bruder Martin, der in Hermannswerder zur Ausbildung war, verabredete ich mich und wir fuhren sofort nach Bethel. Reisepapiere hatten wir in der Tasche. Das war im Jahr 1954 kaum ein Problem. Wir hatten beschlossen, unseren Vater aus dem Krankenhaus abzuholen und zurück nach Lobetal zu bringen. Dazu kam es aber nicht mehr.

Abschied

Am Sonntagabend, 19. September 1954, starb mein Vater. Meine Mutter, meine drei Geschwister und ich waren bei seinem letzten Atemzug dabei. An seinem Bett haben wir gesungen „Wer Gott vertraut, hat wohl gebaut im Himmel und auf Erden". Wir nahmen Abschied. Nach einer kurzen Zeit der Stille begann die Unruhe. Organisatorische Dinge traten in den Vordergrund. Benachrichtigungen an die Lobetaler Mitarbeiterschaft, eine Anzeige, Planung der Termine, Adressenliste für Benachrichtigungen und vieles andere. Unser Vater wurde auf dem Zionsfriedhof in Bethel beigesetzt. Zur Trauerfeier kam ein Bus aus Lobetal mit Mitarbeiterinnen und Mitarbeitern, die an dem Gottesdienst in der Zionskirche teilnehmen konnten.

Eine Abschiedsfeier für die Lobetaler Gemeinde fand einen Sonntag später statt. Im Lobetaler Speisesaal hatten sich viele Menschen versammelt. Es gab eine dritte Gedenkfeier, weil die Schar der Westberliner Freunde nicht nach Lobetal kommen konnte. So gab es auch in der Jesus-Christus-Kirche in Berlin-Dahlem einen Gedenkgottesdienst. Den sollte Theodor Wenzel halten sowie den Nachruf sprechen. Wenzel war aber am Tag der Trauerfeier zusammengebrochen, in das Martin-Luther-Krankenhaus eingeliefert worden und einige Tage später gestorben. Die Traueransprache hielt Pastor Engelke, langjähriger Weggefährte meines Vaters, in Lobetal.

*

Mit dem Tod meines Vaters war auch die Zeit in Lobetal für uns beendet. Meine Familie war zwar schon getrennt, denn meine

Schwester diente in der Schweiz beim Ökumenischen Institut als „Blauer Engel". Mein jüngster Bruder Paul war in Bethel in der Aufbauschule, mein ältester Bruder in Hermannswerder am Kirchlichen Oberseminar und ich in der Oberschule in Bernau.

Meine Mutter wollte nicht einfach aus der DDR „abhauen", sondern legal übersiedeln. So musste sie eine Genehmigung beantragen für den Umzug nach Westberlin. Die Beschaffung der Umzugsgenehmigung stieß auf Schwierigkeiten. Der Rat des Bezirks Frankfurt (Oder), zu dem Lobetal gehörte, lehnte ab – der Kreis Bernau schikanierte. Dies hing auch damit zusammen, dass zwei ihrer Kinder bereits im Westen waren. Alles wurde ziemlich kompliziert. Für den Umzug mussten Listen in sechsfacher Ausfertigung erstellt werden, in denen alle Bücher aufgeführt waren, die wir hatten: Sie sollten keinen faschistischen Inhalt haben und auch nicht aus dem Westen sein.

Februar 1955 durften wir offiziell umziehen. Ein Möbelwagen kam aus Ostberlin von der Firma Göbel in Weißensee. Die Firma durfte nicht von Weißensee einfach durch die Stadt nach Zehlendorf fahren. Nein, der Spediteur musste von Weißensee nach Lobetal zum Einladen, von dort aus um Berlin herumfahren Richtung Falkensee bis nach Staaken, auf die Fernstraße 5 – Hamburg- Berlin. Dort kam man an den Grenzkontrollpunkt, der nach Westberlin führte. Auf der Ostseite wurde gehalten, kontrolliert, überprüft – und ein wenig verzögert. Dann konnte auf dem Mittelstreifen ein Westberliner Spediteur das Umzugsgut aus dem Osttransporter in den Westtransporter umladen. Die Westberliner Firma übernahm nun die gesamte Ladung und fuhr weiter nach Berlin-Zehlendorf. Sie nahm für die Bezahlung selbstverständlich bereits die nun für meine Mutter gültige Währung, die D-Mark.

Der Abschied von Lobetal fiel allen schwer. Mein Mutter begann in Westberlin eine Arbeit mit Pfarrwitwen, gab Unterricht beim Diakonieverein in der Glockenstraße, kümmerte sich weiterhin um die Arbeit der Frauenhilfe und blieb bis zum 13. August 1961 Anlaufstelle für unsere Familie, für Freunde und Bekannte.

Studium

In Lobetal konnte ich mein Zimmer bis zum Ende des Studiums behalten. Das war wichtig, weil ich hier meinen Hauptwohnsitz hatte. Es war ein freundliches Entgegenkommen der Familie Pagel. Pastor Karl Pagel wurde Nachfolger meines Vaters in Lobetal.

Während meines Studiums bewohnte ich auch eine Studentenbude im Sprachenkonvikt in der Borsigstraße 5. Das musste ich, weil ich Vertrauensstudent der Evangelischen Studentengemeinde an der Humboldt-Universität wurde. Die täglichen Fahrten nach Lobetal wären dann zu zeitaufwändig geworden.

In der Studentengemeinde lernte ich Gottfried Forck kennen. Er war unser Studentenpfarrer, Nachfolger von Eberhard Bethge. Die Studentengemeinde war für die Ostberliner Studenten ein wichtiger Ort der Begegnung und ein Forum für Gespräche. Vor allem trafen sich dort unterschiedliche Fachrichtungen wie Medizin, Landwirtschaft, Veterinärmedizin und Theologie. Die Tagungsräume der Studentengemeinde lagen in der Bischofstraße 2, im Heinrich-Grüber-Haus. Der Studentenpfarrer hatte ein Büro – wir einen Saal für Bibelstunden, der ziemlich geräumig war, und weitere Räume für Arbeitsgruppen sowie eine kleine Küche. Jeweils eine Studentin oder ein Student bewohnte dort ein Zimmer, um den Dienst als Gemeindewart auszuführen. Gottfried Forck war neu und gerade zum Dr. theol. promoviert worden. Das Thema seiner Dissertation über die Königsherrschaft Jesu Christi kam immer wieder in den Bibelstunden zum Tragen. Es gab regelmäßige Sitzungen der Vertrauensstudenten mit dem Studentenpfarrer, die abwechselnd bei einem der Vertrauensstudenten und beim Studentenpfarrer stattfanden.

Mein Zimmer im Sprachenkonvikt war wohl nicht mehr als achteinhalb Quadratmeter groß. Als wir darin die erste Sitzung hielten, waren wir zu fünft: die vier Vertrauensstudenten Hildegard Schneider, Helga Meyer, Peter Domke, Gottfried Forck und ich. Damit war das Zimmer voll. Vor der Sitzung mussten sich drei auf dem Bett platzieren, dann wurde der Tisch herangerückt und die übrigen konnten sich mit zwei Stühlen, von denen einer geliehen war, an den Tisch setzen. Derjenige, dessen Stuhl beweglich war, bereitete den Tee zu. Die Enge bedeutete aber keinen ernsthaften

Nachteil. Im Gegenteil. Wenn zum Beispiel die Monatspläne für die Arbeit besprochen wurden, konnte aus diesem Raum niemand ohne Zustimmung aller Beteiligten entrinnen.

Im August 1955 wurde ich an der Humboldt-Universität immatrikuliert. Von da an begann der Ernst des Lebens. Ich machte Sprachkurse in Latein, Griechisch und Hebräisch. Die kulturellen Möglichkeiten waren groß und weit: Westberlin war noch offen, Kino, Theater, Konzerte konnte man ungehindert besuchen. Eine S-Bahn-Monatskarte für den Berliner Vollring kostete 5 Mark mit Studentenausweis. So konnte man zu jeder Tages- und Nachtzeit mit allen Bahnen innerhalb der Ringbahn in Ost- und Westberlin fahren. Von der Universität wurde es nicht gern gesehen – aber es war nicht zu verhindern, dass sich Studenten in beiden Teilen der Stadt bewegten.

Unsere ersten Aktivitäten als Studenten waren allerdings keine kulturellen Angelegenheiten, sondern Landeinsätze. 1955 wurden wir in die Neuruppiner Gegend geschickt, um dort bei der „Ernteschlacht" mitzuwirken. Im zweiten Jahr wurden wir zum Aufbau des volkseigenen Gutes Wollup im Oderbruch herangezogen. An beiden Stellen waren wir als Studentengruppe der Theologischen Fakultät ein fleißiges Arbeitsteam. Wir hatten Kontakt mit der Bevölkerung, haben Veranstaltungen organisiert und Gottesdienste gehalten. Auf jeden Fall wurde es politisch lästig, dass sich die Studenten mit der Bevölkerung so gut verstanden. Daher wurden in den darauffolgenden Jahren Theologiestudenten nicht mehr zum Landeinsatz zugelassen. Sie durften dafür am Berliner Ostbahnhof/ Wriezener Bahnhof Kartoffelsäcke entladen oder Kartoffeln aus Güterwagen in Säcke füllen und zur weiteren Verteilung vorbereiten.

In den ersten Jahren, als wir noch auf dem Land waren, gehörte ich als Führerscheininhaber zum Stab der Traktorfahrer und fuhr mit einem anderen Studenten Nachtschicht. Sie begann nachmittags um 17 Uhr – und endete morgens um 5 Uhr. Traktoristen wurden gut bezahlt.

Während meiner Studentenzeit bekam ich ein Stipendium von 145 Mark. Meine Studentenbude konnte ich davon bezahlen, die mit Heizung 40 Mark kostete. Das Stipendium kam mir eines Tages abhanden. Ich erfuhr es bei einem Gespräch, zu dem mich der Prorektor für Studienangelegenheiten, Herr Wolter, zitiert hatte. Herr Wolter erklärte mir, dass ich wegen unwürdigen Verhaltens als Student mein Stipendium verlöre. Man riet mir, da meine Mutter in Westberlin wohnte, monatlich 150 DM West an die Deutsche Notenbank zu senden. Von dort würde man mir umgehend 150 Mark Ost auszahlen. Ich wies darauf hin, dass ich Student sei und somit nicht völlig blöd. Meine Mutter sei Witwe mit einer mageren Westrente. Außerdem wüsste man ja laut Zeitung, wie Kapitalisten mit Rentnern umgingen. Ich würde gern darauf verzichten, ich sei gesund und würde eben arbeiten und mir so meinen Lebensunterhalt verdienen.

Das aber war der Arbeiter- und Bauernmacht überhaupt nicht recht, denn in der DDR wurden Studenten gefördert, koste es, was es wolle. Nach drei oder vier Monaten bekam ich mein Stipendium wieder – allerdings ohne Nachzahlung. Ich hatte inzwischen bei Stadtrundfahrten in West- und Ostberlin Berlingeschichte erzählt, bekam pro „Fuhre" mindestens 20 DM West, manchmal auch Trinkgeld. Diese Arbeit und das Kegelaufstellen auf einer Kegelbahn im Wedding sicherten meinen Lebensunterhalt. Mit dem von der (Ost-)Berliner Zeitung bezeichneten Schwindelkurs, der zwischen eins zu fünf und eins zu sechs lag, konnte man gut leben. Der Fortsetzungsroman in der Berliner Zeitung mit dem Titel: „Die Westmark fällt weiter" konnte mich nicht schrecken.

Bei der Lektüre der Stasi-Akten fand ich einen Teil dieser Geschichte wieder. Der Grund für den Entzug meines Stipendiums seinerzeit war, dass ich Mitverfasser und Erstunterzeichner eines Briefes an die Regierung der DDR war. Was in diesem Brief stand, weiß ich im Einzelnen nicht mehr. Er war ein Protest gegen die Relegierung von Studenten der landwirtschaftlichen Fakultät – auf jeden Fall aber kein staatstragender Beitrag.

Unruhen

Während der Verhaftung von Wolfgang Harich 1957 gab es außerordentlich unruhige Zeiten. Es wurde massiv versucht, Freizügigkeiten der Studenten einzuschränken beziehungsweise zu beenden. Viele Studenten hatten sich kritisch geäußert. Einige wurden exmatrikuliert, andere verhaftet, wieder andere flohen nach Westberlin. Robert Havemann war damals noch Prorektor. Er agierte als Stalinist, gab die Unterschrift für die Relegierung von Studenten, weil sie zur Evangelischen Studentengemeinde gingen. Seine Wandlung und kritische Grundhaltung gegenüber der SED-Politik kam erst später. Zu jener Zeit standen vor der Universität Wasserwerfer. Auf den Gängen patrouillierten mit Maschinenpistolen bewaffnete Soldaten.

Wir wurden zu einer Sondersitzung der Seminarsekretäre zum 16. Mai 1956 eingeladen. Diese Sondersitzung fand im Audimax statt. Der Prorektor für Studentenangelegenheiten hielt eine ausschweifende Rede, in der er sich auf einen offenen Brief vom Ministerium für Staatssicherheit, gerichtet an den Lehrkörper und die Studenten der Universität, bezog. In seinem Brief hat der Minister für Staatssicherheit darauf hingewiesen, dass es Versuche der Desorganisation unter den Studenten und dem Lehrkörper gegeben habe. Westdeutsche und Westberliner Störzentralen bildeten einen Komplott – gefördert vor allen Dingen von den Geheimdiensten in Westberlin. Das seien Organe zum Stören des Friedens. Bereits im November 1956 in Ungarn hätten Agenten angeworbene Studenten zu Demonstrationen und offenen Provokationen aufgefordert. Zum Beispiel hätten sie verlangt, Russisch und Gesellschaftswissenschaft abzuschaffen und die Bücher aus dem Fenster zu werfen. Solche ähnlichen Unruheherde seien auch im Studentenheim in Berlin-Biesdorf entstanden. Die Studentenwohnheime wurden errichtet, um der ideologischen Verwahrlosung sozialistischer Studenten durch Rias hörende Prenzlauer-Berg-Zimmerwirtinnen entgegenzuwirken. Dann wurden wieder Namen genannt: Rathke, Berger, Mahlke und Drews. Sie seien Ende April nach Westberlin geflohen, säßen dort im Aufnahmelager Marienfelde und würden weiter gegen Frieden und gegen sozialistische Errungenschaften kämpfen. Dies sei eine neue Methode der Geheimdienste, den Boden für Zersetzung und für spätere Provokationen zu bereiten. Es habe nichts mit der gesunden kritischen Einstellung der Studenten zu tun. Diese versuchte man nur zu missbrauchen. Es gebe weitere negative Beispiele: Dozenten, die Westsender hörten und von BBC angeworben werden.

Dann aber kam es deutlich – und die Schlüsse aus einzelnen Berichten lauteten: Reisen nach Westdeutschland kämen jetzt eindeutig unter die Kontrolle der Hochschulorgane. Reisen gebe es nur mit Gründen, denn wir fallen den westdeutschen Studenten in den Rücken, wenn wir nur Reisen zum Vergnügen machten.

Ich bekam diese Neuregelung zu spüren, als meine Großmutter starb. Bei der Antragstellung wurde ich von der Volkspolizei zur Universität geschickt, um vom Prorektor für Studienangelegenheiten eine Genehmigung zu bekommen. Da ein glaubhafter Nachweis über die verstorbene Großmutter vorlag, wurde mir diese Reise genehmigt.

*

Gottfried Forck hatte in jener Zeit geheiratet. Seine Frau, Renate Falkenroth, war aus dem Westen. Nun sollte eine festliche Veranstaltung mit der Studentengemeinde in Grünau stattfinden. Ein Lokal wurde bestellt und alles schien geregelt. Plötzlich hieß es, diese Veranstaltung bedürfe einer polizeilichen Genehmigung, die müsse man erst beschaffen. Die aber gebe es nicht in Köpenick, sondern beim Volkspolizeipräsidium in der Keibelstraße am Alexanderplatz. Als Beauftragter fuhr ich zu diesem Präsidium, trug das Anliegen vor und bekam die Genehmigung ohne Schwierigkeiten. Dann wendete sich das Blatt. Der Uniformträger wollte von mir neun Mark Gebühren. Als freier Mensch hatte ich es nicht nötig, mit so viel Geld herumzulaufen und war nicht in der Lage, diesen Betrag auszulegen. Ich würde es holen, ließ ich ihn wissen und machte mich auf den Weg. Als ich mit dem Geld zurückkam, wich man mir jedoch aus. Offenbar hatte man noch einmal überprüft, um was für eine Gruppe es sich handelte. Letztlich war die Evangelische Studentengemeinde nicht beliebt. Forck war Studentenpfarrer, seine Frau kam obendrein aus dem Westen. Ich bekam die Genehmigung zunächst doch nicht. Die Verhandlung zog sich in die Länge. Dann wurde ein Höhergestellter mit stärker geflochtenen Schulterstücken geholt, der mir nach einem sinnlosen Hin und Her das Papier übergab. Selbstverständlich erst nach Entrichtung der Gebühr und nicht ohne zu bemerken: „Na gut, machen wir eine Ausnahme, man heiratet ja nur einmal im Jahr."

Ich habe die Genehmigung an mich genommen und mich schleunigst davongemacht.

*

Zunächst arbeiteten wir in der Studentengemeinde. Es gab eine Menge Bewegungen und Unternehmungen. Treffen mit anderen Studentengemeinden, mit der Technischen Universität und mit der Freien Universität in Westberlin. Friedrich-Wilhelm Marquardt (FU) und Rudolf Weckerling (TU) waren Referenten und Gesprächspartner. Schon damals war zu spüren, dass diese Arbeit sorgfältig vom MfS observiert wurde. In Gesprächskreisen und Bibelstunden kam dies heraus. In mehreren Fällen hat sich der Studentenpfarrer um Studenten bemüht, die als Spitzel erpresst werden sollten.

Die „Firma" begleitete die Bibelstunden, die Kurrendereisen, observierte Feste und Bälle, versuchte Einfluss zu nehmen auf Entscheidungen und warb vor allen Dingen Menschen an. Mein Kommilitone Reinhard Schieferdecker, begabter Musiker, Flötist, wurde vom MfS besucht. Beim nächsten Besuch war ich in seiner Wohnung dabei. Da es nach einem längeren Landeinsatz geschah – und ich selbst zu jener Zeit einen Vollbart trug – war ich nicht kenntlich, dachte ich. Der Anwerber konnte nichts ausrichten. Reinhard Schieferdecker und ich sind daraufhin zu Propst Heinrich Grüber gegangen, der sein Büro im selben Haus in der Bischofstraße, unter uns, hatte. Wir haben ihm den Sachverhalt erklärt und ihn gebeten einzuwirken. Grüber wirkte ein – und Schieferdecker wurde in Ruhe gelassen. Propst Grüber war der Bevollmächtigte der EKD bei der Regierung der Deutschen Demokratischen Republik und versuchte immer wieder in solchen und auch anderen verfahrenen Situationen, Lösungen und Wege zu finden.

Kurrendereise mit Komplikationen

Zum Programm der Studentengemeindearbeit gehörten neben den Bibelstunden und den Fachvorträgen auch eine Kurrende und ein kleines Orchester. Einmal in der Woche hatten wir Chorprobe. Wir unternahmen Reisen in die nähere Umgebung und gestalteten an Wochenenden Gottesdienste in Kirchengemeinden mit oder halfen bei der Ausrichtung von Jubiläen und Gedenktagen.

Im Sommer fand eine große Kurrendereise statt. 1958 führte diese zehntägige Tour in die Sächsische Schweiz. Unser Standquartier war Rathewalde. Durch die sächsischen Studierenden wurde alles vorbereitet und Privatquartiere organisiert. Tagsüber gab es Proben, aber auch Zeit zum Wandern. Alles schien wie üblich. Die Gemeinden freuten sich und die Veranstaltungen waren gut besucht. Wir merkten aber bald, dass wir extrem beobachtet wurden. Es war nicht mehr zu übersehen, dass oft dieselben Leute an Veranstaltungsorten auftauchten. Inzwischen hatte der Rat des Kreises Sebnitz dem Rathewalder Pastor mitgeteilt, dass wir eine illegale Gruppe seien und das Dorf umgehend zu verlassen hätten. Es gab einiges Geplänkel, um das wir uns nicht kümmerten. Wir gestalteten unsere Abendmusiken weiterhin. Gemeindeglieder und Urlaubsgäste, die sich in der Sächsischen Schweiz aufhielten, nahmen teil. An einem Abend aber wurde nach Beendigung der Kirchenmusik im sächsischen Königsstein unser Chorleiter Reinhard Lange festgenommen. Im Chor wurde es unruhig. Wir zogen uns zurück nach Rathewalde.

Als Vertrauensstudent wurde ich von der Gruppe beauftragt, zusammen mit Inge Fuchs, Theologie-Studentin, beim Rat des Kreises Einspruch zu erheben. Wir wollten außerdem erwirken, dass wir bis zum Ende der Kurrendereise bleiben durften. So fuhren wir gegen Abend mit dem Zug nach Sebnitz zum Rat des Kreises. Dort wurden wir von Genosse Hans Harich empfangen. Er vollzog mit uns eine über zwei Stunden gehende gesprächsähnliche Runde, die etwa so ablief: Harich sagte, wir seien eine illegale, nicht existierende Gruppe und unsere Veranstaltung nicht gemeldet. Wir hätten daher umgehend den Kreis zu verlassen. Wir erwiderten: Das könne so nicht sein, denn im Zentralorgan der CDU, der „Neuen Zeit", wurde vor kurzem berichtet, dass in Berlin die Kurrende der Evangelischen Studentengemeinde Berlin zur Eröffnung des Bezirksparteitages der CDU gesungen habe. Folglich müsse es uns geben. Diese Reden drehten sich ergebnislos im Kreis. Beide Seiten wiederholten die Argumente mehrfach, inhaltlich kam nichts voran und ein positives Ergebnis gab es nicht. Kurz vor Mitternacht wurden wir hinauskomplimentiert. Nach einigen Mühen kamen wir bei Pfarrer Christian Schnerrer in Hohenstein an. Dort berichteten wir, was geschehen war. Pfarrer Schnerrer besorgte ein Auto für uns, das uns nach Rathewalde fuhr, und informierte den Superintendenten am nächsten Tag.

Die Kurrendesänger waren inzwischen aus den Privatquartieren vertrieben worden. Sie hatten sich in der Kirche versammelt, während sie auf uns warteten, schliefen zum Teil auf den Kirchenbänken und wurden durch Gemeindeglieder notdürftig versorgt. Als Inge Fuchs und ich gegen 1:30 Uhr am frühen Morgen zur Kirche kamen, war die Kirche von bewaffneten Uniformierten und Zivilisten umstellt. Sie hatten Hunde bei sich. Sie ließen zwar jeden in die Kirche hinein, aber keinen mehr heraus. Von „Kessel" hat damals niemals gesprochen. Der inzwischen informierte Superintendent Johannes Franke aus Pirna kam zu uns. Er hielt uns eine ermutigende Bibelarbeit. Es blieb aber dabei: Wir mussten weichen. Unter Protest verließen wir den Ort und schüttelten den Staub von unseren Füßen, wie es in der Bibel heißt. In Berlin informierten wir die Kirchenleitung und den Generalsuperintendenten. Wir hofften, dass die Nicht-Theologiestudenten dadurch geschützt werden könnten. Wir waren froh, dass der Chorleiter auf freiem Fuß war.

Es gab wegen dieser Veranstaltung abermals Akteneinträge in Unterlagen der Studenten.

Examen

In jener Zeit lohnte es sich, sozialistische Alltagsdichtkunst zu sammeln. In Gaststätten, in Lebensmittelgeschäften oder bei Dienstleistungen wurde stets der Personalausweis verlangt. Der Grund: Westberliner sollten nicht für Ostmark in Ostberlin einkaufen. Für sie war es verboten, denn sie konnten den Schwindelkurs eins zu fünf oder eins zu sechs schamlos ausnutzen und somit für Pfennigbeträge eine Dauerwelle bekommen. Folgender Reim fand sich deshalb in einer Zeitung: „Mutter kauf Butter – den Ausweis aufs Ladenbrett und gib gut acht, dass nicht der Schieber den Wanst sich fett und uns die Suppe mager macht!"

Den Ausweis zeigen galt für alle überall – und trieb Blüten. Selbst in unserer Stammkneipe, dem „Posthorn" in der Tucholsky-straße, verlangten Tante Anni und Tante Betty stets den Personal-ausweis von uns, obwohl sie uns seit Jahren kannten. Sie hatten Sorge, dass Fremdlinge sie denunzieren würden. Auch das ständige und übliche Abhören der Feindsender wurde dichterisch bekämpft: „Wer Rias hört, ist geistig schwer gestört." (Anschlag am Bahnhof Bornholmer Straße). Darunter am selben Bahnhof: „Und schalt' dein Nachbar Rias ein, so sag energisch, lass dies sein." Diese Appelle haben wenig Wirkung gezeigt.

Gelungen erschienen mir Wahlwerbungen, die am Bahnhof „Bör-se", später „Marx-Engels-Platz" – heute „Hackescher Markt" – an die Stützen der Stadtbahn geklebt waren. Sie lauteten: „Ob jung, ob alt, ob blond, ob kahl, wer helle ist, geht früh zur Wahl." Erin-nert sei, dass der Zeitpunkt des Wahlganges keinen Einfluss auf das Ergebnis hatte. Der zweite Beitrag: „Was für den Sünder Höllen-qualen, sind für Herrn Dulles unsere Wahlen." Der US-amerikani-sche Außenminister John Foster Dulles war häufiges Angriffsziel der DDR-Propaganda. Der nächste Beitrag: „Der dritte freut sich stets, mein Kind, wenn zweie sich nicht einig sind. Die Freude wird ihm diesmal fehlen, weil wir nach einer Liste wählen." Und noch einen für diejenigen, die den Blumenstrauß als erste erhofften: „Frühmorgens, wenn die Hähne krähen, ist gute Zeit zur Wahl zu gehen." Das beflügelte offenbar die Geister und ließ bis zum Mit-tag eine hohe Beteiligung beim Schaulaufen aufkommen. „Keine Ernte ohne Saat – Deine Stimme unser'm Staat!"

Die Erkundung von kulturellen Spitzenleistungen war aller-dings nicht unsere Hauptaufgabe. Zwischendurch galt es auch zu studieren und sich auf das Examen vorzubereiten. Indessen habe ich als Schutzhelfer in der Justizvollzugsanstalt Tegel mitgearbei-tet. Bei der Gefängnisfürsorgerin Gertrud Staewen habe ich viel gelernt und in Abständen Inhaftierte besucht. Eine Weile wirkte ich bei der Telefonseelsorge mit, die kurz zuvor von Dr. Thomas ins Leben gerufen worden war.

In der Jebensstraße neben dem Konsistorium war das Büro. Mehrfach übernahm ich den Nachtdienst. Die Büros mit den Tele-fonen waren eine Treppe höher als die Vereinigung für die Opfer des Stalinismus. Es war für mich immer ein absonderliches Gefühl, wenn man an dieser Tür, die eine Treppe unter uns war, vorüberschritt.

Inzwischen hatte ich meine Examensarbeit geschrieben mit dem Thema „Das Widerstandsrecht in der evangelischen Ethik der Gegenwart". Diese Arbeit entstand vor dem Bau der Mauer. Sie war geprägt durch die Diskussion in der Obrigkeitsfrage. Bischof Otto Dibelius hatte einen theologischen Beitrag zu der Bibelstelle Römer 13 herausgegeben. Es war eine Festschrift zum sechzigsten Geburtstag des Hannoverschen Landesbischof Hanns Lilje. Darin betonte er, dass die DDR-Regierung nicht legitimiert sei, denn sie sei nicht gewählt worden. Ich schrieb in meiner Examensarbeit: „Das Widerstandsrecht im geteilten Deutschland hat mit Schwierigkeiten ganz neuer Art zu tun. Wir haben es in einem Teil Deutschlands mit einem totalitären System zu tun. Es wäre jedoch eine törichte Vereinfachung, den Totalitarismus des Dritten Reiches mit dem der kommunistisch regierten Staaten gleichzusetzen. Totalitarismus bleibt aber in seinem Prinzip – Macht ohne Recht – immer gleich."

Meine Examensprüfung fand im damaligen Konsistorium statt. Oberkirchenrat Friedrich Schröter begann diesen harten Tag der Prüfung mit der Verlesung von Losung und Lehrtext der Herrnhuter Brüdergemeine, um uns aufzurichten und im Glauben zu stärken. An diesem Tag lautete sie: „Bis hierher sollst du kommen und nicht weiter. Hier sollen sich legen deine stolzen Wellen." (Buch Hiob, Kapitel 38, Vers 11). Das hat mich nicht sonderlich ermutigt. Mag sein, dass das auch der Grund war, weshalb ich durch die hebräische Prüfung fiel und sie wiederholen musste.

Die examinierten Theologiestudenten wollten meist ihre erste Pfarrstelle in der Nähe Berlins. Das führte zu dem geflügelten Wort: „Der Heilige Geist ist nicht an die S-Bahn gebunden."

Vikariat

Das Konsistorium verstreute die Kandidaten auf das Kirchenland. Ich wurde in die Prignitz geschickt. Bei Pfarrer Dietrich Bährens in Wutike, Kreis Kyritz, begann mein Vikariat. Am Anreisetag holte mich mein Vikariatsvater am Bahnhof Wutike mit dem Fahrrad ab. Ich reiste auch mit dem Fahrrad an. Der Bahnhof von Wutike lag in der Mitte zwischen den Ortschaften Wutike und Vehlow. Es wurde berichtet, dass man sich beim Bau der Eisenbahn nicht einigen konnte, in welchem Dorf er sein sollte. So befand er sich nun in der freien Natur zwischen Kühen und Weiden und blühenden Wiesen.

Zum Pfarrhaus gehörten zwei Morgen Ackerland, ein Bauerngarten und Kleinvieh. Die Superintendentur in Kyritz war vakant. Der langjährige Superintendent Fritz Leutke ging in den Ruhestand – ein Nachfolger war noch nicht in Sicht. Das heißt, es gab einen, der allerdings kurzfristig in den Westen gegangen war.

Mein Vikariatschef hatte die Superintendenturvertretung zu verantworten und musste wichtige Entscheidungen treffen. Wegen der dünnen Besetzung im Kirchenkreis durfte ich fast jeden Sonntag predigen. Ich tat dies im August und September 1960 mit immer derselben Predigt über den Pharisäer und den Zöllner. Dabei erlebte ich das, was einem künftigen Pfarrer alle Illusionen rauben konnte. Die Gottesdienste waren überwiegend dürftig besucht – die Kirchen in einem zum Teil sehr schlechten Zustand. Ein besonders deprimierendes Erlebnis war für mich der Weihnachtsgottesdienst in Wulkow, bei dem lediglich drei Leute in die Kirche kamen. Ich überlegte, ob das nun die Zukunft im Pfarrberuf ist oder ob ich vielleicht etwas anderes hätte tun sollen? Merkwürdigerweise entmutigte mich das nicht. Ich hatte genug zu tun – und es machte mir Freude. Zur Gemeindearbeit gehörte unter anderem Staubwischen, Konfirmandenunterricht halten, Harmonium spielen, das Moped reparieren, Kartoffeln in den Keller tragen, Leute besuchen oder den Taufengel herunterkurbeln, die Taufschale mit warmem Wasser füllen und Glocken läuten.

Im Nachbarort Vehlow gab es einen älteren Kollegen, Amtsbruder Schwebel. Er konnte gut Hebräisch und half mir, neben den beschriebenen Vikariatsaufgaben, meine Nachprüfung im Alten Testament vorzubereiten. So fuhr ich zweimal in der Woche in die dortige Gemeinde und übte mit ihm.

*

Im September 1960 starb der Staatspräsident der DDR, Wilhelm Pieck. Wir befürchteten, dass von der Kirche verlangt würde, deswegen die Glocken zu läuten. So wurde ich durch die Prignitzgemeinden des Kirchenkreises geschickt, um mitzuteilen, dass bei derartigem Begehren das Glockengeläut für den Staatspräsidenten abzulehnen sei. Soviel ich weiß, wurde aber nicht darum gebeten.

Ein Erfolgserlebnis während meiner Vikariatszeit war der Erntedankfestgottesdienst in der Gemeinde in Bork. Bork mit seinen damals 76 Einwohnern liegt am Ende des Kyritzer Sees. Zu diesem Gottesdienst kamen fast alle Gemeindeglieder. Vielleicht waren auch noch andere von außerhalb dabei. Die Kirche war geschmückt, die Orgel konnte gespielt werden, die Kinder sangen und brachten Erntegaben – es war ein schönes Gemeindefest.

*

Im Oktober bekam ich eine Erkältung, die ich nicht beachtet hatte. Die Folge war eine akute rheumatische Erkrankung. Ich musste deshalb fast zwei Monate im Krankenhaus liegen. Als Ursache für die Erkrankung wurden eitrige Mandeln diagnostiziert. Vor der Weiterbehandlung sollten sie herausgenommen werden. Wir saßen mit mehreren Patienten zusammen im Framo-Krankentransportwagen (ein Kleinlieferwagen, der auch als Krankentransport ausgestattet werden konnte), um zum HNO-Arzt gebracht zu werden. Dort wurden wir abgewiesen, weil es hieß, der HNO-Arzt sei gerade in den Westen gegangen. So blieben die Mandeln drin. Sie wurden mir erst 1969 im Bezirkskrankenhaus Cottbus entfernt. Von der dortigen Oberschwester wurde ich gefragt, ob ich einen besonderen Wunsch habe. Ich sagte ihr, ich sei dankbar, wenn ich nicht vom Pförtner oder vom Parteisekretär operiert würde. Die OP ging gut, sie wurde vom Chefarzt vorgenommen.

*

Im Januar 1961 wurde ich in das Vikariat nach Drehna, Kreis Luckau entsandt. Mein dortiger Chef war Pastor Rudolf Schulz. Es gab eine lebendige Gemeinde, eine gut kochende Pfarrfrau, eine Brauerei, die wüste Kirche und die Filialen Babben und Crinitz. Der Pfarrer, der Bevollmächtigte für Personenstandswesen und der Bürgermeister hießen Schulz. So wusste niemand genau, wenn jemand von Schulz unter die Erde gebracht war, ob er mit dem Wort Gottes zur letzten Ruhe geleitet wurde oder nicht. Außerdem gab es noch Schieber-Schulz. Von Schieber-Schulz hieß es: Was ist der Unterschied zwischen der Leipziger Messe und Schieber-Schulz? Antwort: Bei der Leipziger Messe sieht man alles und kriegt nichts, bei Schieber-Schulz ist es umgekehrt.

In jener Zeit erlebte ich, wie einzelne bäuerliche Familien in den Westen flüchten wollten, weil sie durch die Funktionäre vom Rat des Kreises bedrängt wurden. Die Repressalien der SED-Partei gegen die Bauern waren so groß, dass auch wir in der Kirchengemeinde oft um treue Leute, die in den Westen gegangen waren, getrauert haben. Das geschah jedes Mal plötzlich – und gab einen erheblichen Aufruhr in der Gemeinde.

*

Unsere zuständige Superintendentur mit Superintendent Wurms saß in Luckau. Fast immer fanden dort die Pfarrkonvente statt. Außerdem war Luckau Kreisstadt, in der man Notwendiges einkaufen konnte. Der zuständige Generalsuperintendent Günter Jacob hatte seinen Sitz in Cottbus in der Seminarstraße 26. Günter Jacob hatte eine Menge in Bewegung gebracht, vor allem Laienarbeit und Lektorenarbeit. Wir hatten überall in unseren Gemeinden Lektorinnen und Lektoren. Sie waren selbständig und durch entsprechende Schulung in die Gemeindearbeit hineingewachsen. Es war eine große Hilfe, dass es Menschen gab, die gelernt hatten, einen Gottesdienst zu halten, Veranstaltungen zu leiten und die Gemeinde einzuladen in den Zeiten, in denen die Pfarrstelle vakant war oder andere Probleme auftraten.

Meine Vikariatszeit in Drehna endete im März 1961. Im April des Jahres heiratete ich – und danach begann das Predigerseminar in Brandenburg an der Havel.

Predigerseminar

Bevor junge Theologen nach dem Studium und dem Vikariat auf die Gemeinde losgelassen werden, sollte man sie noch etwas „nachdunkeln". Zu diesem Zweck hat die Kirche das Predigerseminar eingerichtet. Dort werden die künftigen Geistlichen für ihre bevorstehende Aufgabe geschult.

Wir hörten und lernten Kirchenrecht, Finanzwesen, Katechetik und andere wichtige Dinge, die mit dem Anforderungsprofil eines Pfarrers zusammenhängen. Ein wesentlicher Teil dieser fortsetzenden Ausbildung waren Predigtlehre, Kirchenkunde, Ökumene, diakonische Arbeit, Kirchenmusik, Pfarramtspraxis, Kassenführung und Gemeindekirchenratsleitung.

Aber erst begann es mit den einfachen und prosaischen Dingen. Als wir zum festgesetzten Termin in Brandenburg/Havel angekommen waren, trank unser Predigerseminarsdirektor Albrecht Schönherr mit den „Neuen" Kaffee. Wir wurden dabei begrüßt und es begann mit einer Vorstellungsrunde. Dann wurden die Ämter verteilt. Es gab zum Beispiel den Andachtswart, den Bierwart, den Notenwart, den Bücherwart. Ich bekam das Amt des Bootswartes. Für jemanden, der im Schiff der Kirche mitrudern will, war das ein geeigneter Beginn. Meine Aufgabe bestand darin, zwei Schilder für die beiden neuen Kähne des Predigerseminars mit der Adresse des Eigentümers anfertigen zu lassen. Das habe ich auch in die Wege geleitet. Später sind sie durch Herrn Schiemann, den verdienstvollen Hausmeister, angeheftet worden. Zunächst ging es aber darum, den Booten geeignete Namen zu verleihen. Bruder Schönherr schlug vor, das eine Boot „Klosterfrau" zu nennen. Ich meinte, dann könne man das andere ja „Melittengeist" nennen. Dies bewirkte eine leichte Verstimmung bei der von uns hoch verehrten Hausdame Melitta Lang.

Bei Albrecht Schönherr hatten wir praktische Theologie und Predigtlehre. Die Arbeiten der Kandidaten – schriftliche und auch öffentlich gehaltene Predigten – wurden besprochen, kritisiert, ergänzt und hinterfragt. Damit außer dem schriftlichen Wirken der Kandidaten auch die Sprache nicht zu kurz kam, lernten wir bei Hildegard Schönherr richtig zu atmen.

Jürgen Henkys lehrte uns Katechetik, den Umgang mit Christenlehrekindern. Wolfgang Fischer, Domkantor, erwärmte uns für die Kirchenmusik, übte mit uns das liturgische Singen und veranlasste uns schon zu früher Morgenstunde, die Schola zu singen. Kurt Grünbaum, Konsistorialpräsident und EKU-Präsident im Ruhestand, gab Unterricht und Informationen zum Kirchenrecht. Er vermittelte politische und gesellschaftliche Einsichten, die in Lehrbüchern nicht vorkamen. Superintendent Helmut Passauer versuchte uns für die vielfältigen Verwaltungsaufgaben eines Pfarramtes willig und kundig zu machen.

Zu den Obliegenheiten der Predigerseminaristen gehörte auch die Gottesdienstgestaltung in den Brandenburger Kirchen – beziehungsweise in den umliegenden Ortsgemeinden. Ich durfte in der Gemeinde Hohenferchesar Gottesdienst halten. Wir waren zu dritt, einer war für die Musik zuständig, ein anderer für Predigt und Katechese und ein dritter, um die beiden Kollegen zu beobachten und zu ergänzen. In Hohenferchesar lebte Lothar Kreyssig. Kreyssig war in der Nazizeit bekannt geworden. Als Vormundschaftsrichter hat er am 8. Juli 1940 einen Brief an den Minister für Justiz geschrieben. In diesem mutigen Schreiben wies er auf Anzeichen für die Euthanasieaktion hin. Später wurde Kreyssig Konsistorialpräsident in Magdeburg, Präses der Synode der Evangelischen Kirche der Provinz Sachsen und Präses der Synode der Evangelischen Kirche der Union (EKU). Nach 1945 lehnte er es ab, als Jurist in einem totalitären System zu arbeiten. Ihm ist besonders zu danken, dass die Aktion Sühnezeichen gegründet wurde. Anfänge zum Umdenken und zur Versöhnung zwischen verfeindeten Völkern konnten wachsen.

Kreyssig, der in der Nazizeit für die Rechte Schwächerer eingetreten war, wurde nun von der SED verfolgt und als Faschist bezeichnet. Die SED-Ideologie und eine sozialistische Schule mit ihrem Programm wollten die Feindschaft nicht beenden – für Verzeihen und Sühne-Zeichen waren sie nicht zuständig.

In Hohenferchesar lebte Lothar Kreyssig auf seinem Bauernhof. Nach wie vor war er stark interessiert an aktuellen Entwicklungen und am Ergehen der Kirche. Nach mehr oder weniger gelungenen Gottesdiensten lud er die diensttuenden Kandidaten zu sich zum Essen ein. Das war jedes Mal ein Erlebnis, weil das Mahl gut und ausreichend war und weil bei den Tischgesprächen die Kirchengeschichte der Neuzeit eine bedeutende Rolle spielte. Durch seine Erzählungen wurde mancher Aspekt jüngster Zeitgeschichte deutlich.

Die täglichen Morgenandachten der Seminaristen hielten wir im Dom oder in der Petri-Kapelle. Wir durften auch mitwirken bei der Ernteschlacht auf den Domgütern Mötzow und Grabow. Sie waren mir von Jugend an vertraut, als sich mein Vater von Lobetal aus um die Wiederbelebung der dortigen Landwirtschaft kümmerte. Wohl wegen dieser wichtigen Aktivitäten hatte man ihn zum Brandenburger Domherrn gemacht.

Neben dem Alltäglichen war viel zu tun: Predigten vorbereiten und Seminararbeiten schreiben. Außerdem mussten wir uns noch am kulturellen Leben beteiligen und hin und wieder die gastronomischen Einrichtungen der Havelstadt unterstützen.

Als plötzlich die Mauer gebaut wurde, hatten wir nur geringe Verluste im Predigerseminar. Ein Mitglied unserer Gruppe blieb im Westen. Uns blieb nichts anderes übrig, als seine Bücher in einer würdevollen Wettspielrunde, einem „Skat-Turnier" zu verteilen. Nachsenden war unmöglich.

Im Frühjahr 1962 ging die Predigerseminarzeit zu Ende und wir wurden aufs Land verstreut. Eine alte Regel besagt: „Mit den Pastoren ist es wie mit einem Misthaufen. Wenn sie auf einem Haufen zusammen sind, dann stinkt es gen Himmel, aufs Land verstreut aber sind sie fruchtbar."

Pfarrstelle in Nieder Neuendorf

Das Konsistorium und die Predigerseminarsleitung beschlossen, wo der jeweilige Kandidat die Füße vor den Altar stellen sollte. Dabei tauchten Ortsnamen auf, von denen man kaum gehört hatte. Mitbestimmen durften wir nicht.

Ich wurde nach Nieder Neuendorf entsandt. Zum Johannesstift nach Westberlin sind es 20 Minuten. Aber damals ging das schon lange nicht mehr. Mein Vorgänger aus Nieder Neuendorf war kurz nach dem Bau der Mauer weggezogen. So war die Stelle seit Sommer 1961 vakant. Als ich mit meiner Frau im März 1962 das Pfarrhaus besichtigte, war es ziemlich verwohnt, feucht und zugewachsen. Der geschäftsführende Pfarrerkollege redete flüssig und versprach, binnen vier Wochen das Haus zu sanieren: „Dort oben kommen Tapeten mit Goldstreifen hin, und die Dusche muss nur noch vollendet werden."

Als wir dann einzogen, kurz vor Ostern 1962, war gerade ein Zimmer tapeziert. Goldstreifen brauchten wir nicht dringend. Die Tapete an der Wand war noch nass – die alte Tapete lag ebenfalls

Kirche in Nieder Neuendorf

feucht auf dem Fußboden. Fließendes Wasser gab es nicht, außer dem, was von den Wänden lief. Wir schoben den Müll an eine Seite und stellten unsere Möbel hin. Ein Schreibtisch, ein Schreibtischstuhl, ein Couchtisch, zwei Korbsessel und ein Teppich, den wir aus Bayern mitgebracht hatten. Wir waren froh, endlich ein eigenes Heim zu haben. Bis dahin hatten wir nirgendwo ein Zimmer, geschweige denn eine Wohnung für uns gehabt. So waren wir glücklich, jetzt sogar Haus und Garten zu bewohnen. Die Unzulänglichkeiten nahmen wir in Kauf – es blieb uns ja auch nichts anderes übrig.

Gegenüber vom Pfarrhaus war die Verkaufsstelle HO-Lebensmittel, der Friseur und ein Geschäft für Filzlatschen und Gartengeräte. In der HO (Handelsorganisation) funktionierte der Hühnereier-Kreislauf, was bedeutete: Individuelle Hühnerhalter erhielten von der HO einen ordentlichen Aufkaufpreis pro Stück Ei. Die Eier wurden staatlich gestützt und kamen dann billiger zum Verkauf. Der kundige Hühnerhalter konnte somit seine Eier zurückkaufen und sie dann der Aufkaufstelle wieder zum Verkauf anbieten. Bei diesem Verfahren empfahl es sich, wechselndes Personal einzusetzen. Dieser eigenartige Wirtschaftskreislauf funktionierte hervorragend als Handel und Wandel so lange, bis Verantwortliche bei Handel und Versorgung merkten, dass hier etwas faul war. Fortan begann man damit, den Eiern einen Stempel aufzudrücken. Das hieß nun für einfallreiche Menschen, etwas Neues zu ersinnen, den Stempel mit einem Pulverreiniger entfernen oder den Eiern eine Stallschmutzschicht überzustülpen.

*

Im Haus hatten wir immer noch kein fließend Wasser. Wir mussten es mit Eimern von Nachbar Reckin holen. Alsbald wurde eine Handpumpe, wie man sie im Garten hat, installiert. Etwas später konnten wir auch einen Motor mit einer Kolbenpumpe anschaffen. Zu diesem Zweck fuhr ich – getarnt als Mitarbeiter der Firma Brunnenbau Tietge – nach Berlin. In der Nähe vom Königstor gab es eine Firma, die solche Geräte verkaufte und sie an Betriebe oder fachkundige Handwerker abgab.

Wir bauten die Pumpe selbst ein. Von da an floss es aus den Hähnen. Die Abwasserregelung blieb jedoch offen. Es gab keine

Klärgrube und das Klo war über den Hof zu erreichen und benötigte kein Spülwasser. Unser Abwasser wurde auf dem Hof um die Ecke ausgegossen. Im Winter des Jahres fror es an – die Eisschicht wurde von Tag zu Tag höher. Als durch die DDR-Behörden eine zusätzliche Stärkung des Grenzregimes in die Wege geleitet wurde und im Juni 1963 das Sperrgebiet eingerichtet war, lag unser Klo ebenfalls im Sperrgebiet. Aber wir hatten ja als Bewohner dieses Sondergebietes einen Berechtigungsschein – beziehungsweise einen Stempel im Personalausweis, um diesen Ort zu erreichen.

In unserer Küche war ein Holzkohleherd, den wir zum Kochen und zum späteren Windeln waschen benutzten. Eine Waschmaschine gab es nicht. Einen geerbten älteren Küchenschrank haben wir uns blau angestrichen – er war die Zierde unserer Küche. Einen Kühlschrank gab es auch nicht, so wurden die Verfahren der Großmütter angewendet: Eier im Sommer gesammelt und in Steintöpfe eingelegt, damit zur Weihnachtsbäckerei welche vorhanden waren. Gewürzgurken wurden selbst geerntet und eingelegt, Bohnen und Obst kamen in Weckgläser. Ein Rezept zur Herstellung von Suppenwürze hatte uns die Nachbarin anvertraut. Mohrrüben, Petersilie, Sellerie und was sich sonst im Garten fand, wurden durch den Wolf gedreht und mit viel Salz im Steintopf aufgehoben. Apfelmus und Most konnten wir selbst herstellen – auch Eierlikör und Kirschlikör nach Geheimrezepten aus dem Dorf.

*

Unser Anfangsgehalt bestand für zwei Personen aus 270 Mark der DDR im Monat. Die Fleischerrechnung durfte pro Woche also 10 Mark nicht übersteigen. Gute Freunde, getreue Nachbarn und liebe Verwandte halfen mit Päckchen, auf denen zu lesen war „Geschenksendung – keine Handelsware". Die Dankesbriefe wurden in kontrollfreundlichen Kuverts geschickt. Der Klebstoff der Briefumschläge war so milde, dass ein solches Kuvert schon beim Anblick einer dampfenden Kaffeetasse von allein aufging. Durch diese Art Öffentlichkeit wussten wiederum alle Bescheid, ohne vorher mühsam Kopien anfertigen zu müssen.

Es gab auch großzügige Hilfe von unserer Kirche. Eine Summe von 1 000 Mark der DDR, damals noch MDN, wurde uns ausgehändigt. Diese Spende hieß: „Erstausstattung junger Amtsträger". Wir kauften dafür eine Nähmaschine, einen Kleiderschrank und einen Schraubstock für die Werkbank im Schuppen. Das waren alles wichtige Dinge für die Verkündigung des Evangeliums. Als es aber an die Abrechnung dieser Summe ging, wurde erst klar, dass dieses Geld eigentlich zur Anschaffung eines Schreibtisches im Amtszimmer gedacht sein sollte – oder für Gardinen, in deren Schatten man die Predigten vorbereiten konnte.

Ohne diese großzügige Geldspende von Seiten unserer Kirche wäre bei unserem damaligen Einkommen manches überhaupt nicht möglich gewesen. Das Kinderbett bekamen wir von den bereits erwähnten Reckins geschenkt. Mit dieser Familie hatten wir einen guten, freundschaftlichen Kontakt. Willi Reckin, der Altbauer, kam eines Abends wie Nikodemus zur Nacht. Er hatte eine Schubkarre dabei und zwei Säcke Kartoffeln. Wir sollten sie unterstellen und ein bisschen zudecken. Er erzählte nämlich, dass die Kontrolleure vom Rat des Kreises umgingen und überall Kartoffeln von den Bauern der LPG Typ 1 abholten, weil es kein Saatgut gebe. Bauern der LPG Typ 3 hatten sowieso nichts mehr. Unsere Nachbarn, Typ 1, hatten noch Kartoffeln, weil sie sorgfältig gewirtschaftet hatten. Zu jener Zeit gab es in Gaststätten zu sämtlichen Gerichten Risotto, Nudeln oder Erbsbrei. Kartoffeln waren rar. Willi Reckin rettete also seine Kartoffeln und wir hatten einen Bauern der LPG Typ 1 unterstützt. Seine Saatkartoffeln wurden in der Waschküche sichergestellt und Bretter darübergelegt. Wir erwarteten nicht, dass man uns kontrollierte.

Kirchenrenovierung und Ordination

Erst Anfang der 90er Jahre, nach Öffnung der Mauer, haben wir unsere erste Gemeinde von der Wasserseite aus kennen gelernt. Während wir dort wohnten, durften wir nicht an die Havel oder an den Nieder Neuendorfer See heran. Alles war Sperrgebiet, zugemauert und mit Stacheldraht versehen. Die Menschen, die dort schon lange wohnten, waren sehr unglücklich. Noch waren die Wunden vom Ende des Zweiten Weltkriegs nicht verheilt, da schlugen die neuen Machthaber frische. Mit der kurzsichtigen

Arroganz der Sieger nahmen sie den Leuten Teile ihrer Grundstücke weg, pro Quadratmeter beschlagnahmter Havelgrundstücke gab es 1,37 Mark der DDR. Es konnte sich niemand zur Wehr setzen. Nach der Einrichtung des Grenzgebietes am 21. Juni 1963 wurde es noch schärfer: Fluchtversuche sollten verhindert werden. Die einschränkende Verordnung: „Unbefugtes Betreten und unbefugter Aufenthalt". Dazu gehörte auch der unberechtigte Austausch von Nachrichten oder Gegenständen über die Grenze hinweg. Das hieß im Klartext: Wenn jemand aus Nieder Neuendorf seinen Freunden und Verwandten in Heiligensee (Westberlin) über die Havel zuwinkte, wurde es als unberechtigter Nachrichtenaustausch gewertet. Am nächsten Tag stand der Möbelwagen vor der Tür. Die Leute wurden zwangsausgesiedelt. Von einem Tag auf den anderen mussten sie Haus und Hof verlassen. Es zogen dann treue SED-Genossen ein oder Mitarbeiter der Staatssicherheit. Die Zahl der Selbsttötungen nahm zu.

*

Wir hatten das Pfarrhaus inzwischen komplett tapeziert und bewohnbar gemacht. Als Schlafzimmermöbel besaßen wir zwei Lattenroste, pro Stück 90 Mark. Zunächst lagerten sie auf Ziegelsteinen, später standen sie auf angeschraubten Holzfüßen. Wir konnten dort ruhig schlafen, weil wir wussten, dass im Abstand von ungefähr zwei Stunden Posten der Grenzsicherung hinter unserem Haus vorbeigingen. Das waren abwechselnd Sowjetmenschen und DDR-Grenzbrigaden.

Bei der Kirchenrenovierung, die wir alsbald in Angriff nahmen, halfen auch die jeweils Marschierenden bei kleinen Handgriffen, zum Beispiel beim Heraustragen des Altarpodestes. Die Kirche brauchte einen neuen Anstrich, der Fußboden war durchgebrochen, die Lagerhölzer verfault – vieles war lange nicht in Ordnung gebracht worden. So musste erst einmal der Kirchenboden entrümpelt und gesäubert werden. Frauen aus der Gemeinde und freiwillige Helfer arbeiteten intensiv. Die junge Gemeinde, die sich gesammelt hatte, engagierte sich, setzte den Zaun vor dem Friedhof neu und brachte verwilderte Gräber in Ordnung, für die niemand mehr zuständig war. Die Scheune wurde als Garage umgebaut, das Scheunentor in der Mitte durchgesägt, damit es leichter zu öffnen war. Beim Aufräumen fanden wir Kühlschlangen, offenbar vom illegalen Schnapsbrennen. Es war aber niemand mehr zuständig. Ob es einer der Vorgänger oder einer der Nachbarn war, ließ sich nicht mehr klären. Willi Reckin, dem ich dieses Gerät zeigte, war in keiner Weise verunsichert, aber ich meine mich an ein kurzes Aufblitzen in seinen Augen zu erinnern.

Für die Ausgestaltung bei der Kirchenrenovierung, bei der Farbgebung und für andere Ratschläge baten wir Kirchenbaurat Richter aus Berlin um Hilfe. Er beriet uns gut und gab wichtige Tipps. Vor allem meinte er, dass der Altar einen Anstrich brauche und auch die Vergoldungen erneuerungsbedürftig seien. Das klang sehr gut und einfach – aber die Beschaffung von Blattgold war schwierig. Auf verschiedenen und verschlungenen Wegen wurde Blattgold und auch französisches Anlegeöl beschafft. Schwierig war außerdem, einen Menschen zu finden, der die handwerkliche Kunst des Goldanlegens beherrschte. Wir erhielten die Empfehlung eines Malermeisters in Eichstedt, der bereits Rentner war. Ihn suchte ich auf und verhandelte mit ihm. Er übernahm die Arbeit gern. Wir freuten uns, dass wir ihn einige Tage lang jeden Morgen abholen konnten, um dann zu bewundern, wie er das Anlegeöl strich und später das Blattgold auflegte.

Am 1. Advent 1962 war die Kirche renoviert und konnte eingeweiht werden. An diesem Tag wurde ich durch Generalsuperintendent Fritz Führ in der Gemeinde Nieder Neuendorf zum Pfarrer ordiniert.

Weil wir die Kirche in der Winterzeit nutzen wollten, hatten wir einen Kachelofen angeschafft. Der kostete damals ungefähr 1 500 Mark. Da wir im Haushaltsplan der Gemeinde dafür keinen Etat hatten, sammelten wir in Gottesdiensten für dieses besondere Objekt. Der Ofen konnte zwar erst im neuen Jahr bezahlt werden, aber bei der Ordination heizte er schon. Die Kollektenabkündigung am Silvesterabend enthielt die Mitteilung, dass noch 400 Mark für die Bezahlung des Ofens fehlen. Am nächsten Morgen erhielt ich ein Kuvert mit dieser Summe für den Kirchenofen. Der Spender war unser Nachbar. Er war Mitglied der SED und Leiter der volkseigenen Gärtnerei.

Vom 1. Advent bis zur Epiphaniaszeit hing am Turm der Kirche ein wetterfester Herrnhuter Stern. Abends in der Dunkelheit wurde er eingeschaltet und leuchtete die ganze Nacht. Von weitem konnten ihn viele sehen und sich daran freuen. Wir bekamen sogar Post aus Westberlin, denn bei günstigem Wetter war der leuchtende Stern aus dem Sperrgebiet auch in Heiligensee wahrzunehmen. In der vorweihnachtlichen Zeit übte meine Frau bereits ein Krippenspiel für den Heiligen Abend ein. Kinder und Jugendliche spielten die Hirten auf dem Felde, Könige und Engel. Die entsprechenden Gewänder hatte meine Frau besorgt. Wunderbare Kaffeebüchsen galten als Geschenke der Könige für das Christuskind. Ein schöner Christbaum schmückte die renovierte Kirche. Die Gemeinde war vom Krippenspiel und der Orgelmusik begeistert – die Kirche war rappelvoll.

Am zweiten Weihnachtsfeiertag orientierte sich der Gottesdienstbesuch an Matthäus 18, Vers 20: „Wo zwei oder drei in meinem Namen versammelt sind …" An solchen zweiten Feiertagen kamen die Treuen und Beständigen, ebenfalls solche, die noch keine Zeit hatten, einen Gottesdienst während der Feiertage zu besuchen, weil sie selbst arbeiten mussten. Und es kamen Kontrolleure, die prüften, ob der Pastor die Predigt für den zweiten Feiertag auch noch ordentlich vorbereitet hatte.

Sperrgebiet

Im Juni 1963 standen eines Morgens vor unserem Haus Betonpfähle. An ihnen war ein Schild befestigt: „Sperrgebiet". Die Mauer selbst war schon schlimm genug, nun kam dies noch dazu. Die Angst vor weiteren Abwanderungen war groß. Die Leute sollten schon vor der Grenze abgefangen werden. Obwohl bereits auf der Brücke über dem Nieder Neuendorfer Kanal Kontrollierende standen, wurde hier noch einmal doppelt gesichert. Es gab Anlass dazu. Aus unserer Jungen Gemeinde verschwanden zwei junge Männer übers Eis. In einer kalten Januar-Nacht 1963 gingen sie über die Havel. Das klingt so einfach, war aber eine lebensgefährliche Aktion. Im Zwei-Stunden-Rhythmus fuhr der Eisbrecher, um solche Fluchtaktionen zu verhindern. Die Kälte aber war so groß, dass sie ausreichte, Schollen schnell wieder aneinander gefrieren zu lassen. Die Flüchtenden hatten sich gut vorbereitet.

Vom Lehrlingsheim der LEW „Hans Beimler" (Lokomotiv und Elektrowerk) wurden die Gardinen aufgezogen – und die patrouillierenden Posten von außen geradezu gezwungen, das Fernsehen mitzuerleben. Das war damals noch etwas Seltenes. Die Grenzwächter wachten mit einem Auge klassenkämpferisch, mit dem anderen blickten sie ins Fernsehen. Das bedeutete einen Verlust der Aufmerksamkeit. Die beiden Flüchtenden hatten sich Leitern besorgt, sie über den mehrfach gezogenen Draht gelegt und sind darüber gestiegen. Dann sind sie in langen weißen Unterhosen und weißer Oberbekleidung über die Havel nach Westberlin gekommen. Gott sei Dank unerkannt und unverletzt. Es gab eine Menge Aufregung, eine Menge Besuche von Zivilisten; Beauftragte des MfS verlangten, dass nun alle Leitern angeschlossen werden. Das wurde dann konsequent durchgeführt und kontrolliert. So konnte man seither keine Glühbirnen an den Straßenlaternen auswechseln, denn die Leitern waren so gesichert, dass die Schlüssel zentral und hoch verantwortlich aufbewahrt wurden, wo sie niemand fand.

Als plötzlich im Sommer 1963 die Pfosten mit der Kennzeichnung des Sperrgebietes vor unserem Haus standen, eilte ich ungesäumt zum Evangelischen Konsistorium in die Neue Grünstraße 19 in Berlin. Von dort erwartete ich Hilfe und Rat. Aber man wusste nichts davon, empfahl mir, mich zu kümmern. So begab ich mich zu meinem katholischen Kollegen, einem jungen Kaplan. Wir zogen uns schwarz an und gingen beide zum Grenzkommando nach Papenberge. Mit einem müden Lächeln und unübersehbarer Verächtlichkeit wurde uns dort im besten Sächsisch erklärt, dass das Sperrgebiet eine notwendige Maßnahme sei und dass man nichts ändern würde. Wir wiesen darauf hin, dass unsere Gottesdienste nun gestört würden. Die Genossen hat das nicht beeindruckt. Ich bot daher an, zum Beispiel Beerdigungsgespräche auf dem Bürgersteig stattfinden zu lassen. Wir würden einen Tisch mit einem Sonnenschirm aufstellen und dort die Trauernden empfangen. Wir wiesen darauf hin, dass wir die Sperrung als einen antikirchlichen Akt verstehen würden. Das fand man zunächst befremdlich und belustigend, aber wir insistierten konsequent, sodass schließlich ein Besuch für die kommende Woche zugesagt wurde. Man werde unser Anliegen prüfen. Um 15 Uhr werde jemand zu uns ins Pfarrhaus kommen.

Tatsächlich stand eine Woche später um 15 Uhr ein Mann in Uniform mit Tellermütze vor mir und sagte: „Guten Tag, Hauptmann Köhler, hier kommt keiner mehr rein!" Ich habe ihm gesagt, dass wir das schon wüssten, bat ihn trotzdem in die Stube, um den Sachverhalt zu erörtern. Dabei rauchten wir HB, was damals fast ein Straftatbestand war, denn es waren ja West-Zigaretten. Ich wiederholte unseren Protest, wies darauf hin, dass die Gemeinde kein Verständnis zeigen würde. Wir sprachen lang. Ohne Ergebnis. Lediglich die Zusage, die Angelegenheit abermals zu prüfen.

Eine Woche später war Hauptmann Köhler wieder im Pfarrhaus und sagte, es werde geregelt. Kirche und Pfarrhaus mit Gemeinderaum wurden nun ausgegliedert. Nur noch das Klo war im Sperrgebiet. Die Genossen von der Grenzbrigade mussten kurze Zeit später den Betonpfahl wieder ausgraben und umsetzen. Da er für die Ewigkeit eingesetzt worden war, machte das einige Mühe. So wurden wir Schrittmacher in der Gemeinde und beauflagt, diesen Sachverhalt der Sperrgebietsveränderung nicht weiterzuerzählen. Die Arbeiten vor dem Pfarrhaus aber waren so eindeutig, dass andere dies auch merkten. In zeitlich versetzter Folge wurden die Poststelle, die Säuglingsberatung und andere Einrichtungen, die auf dieser Straßenseite lagen, aus dem Sperrgebiet ausgegliedert.

Außer den Predigtstätten in Hennigsdorf und Nieder Neuendorf hatten wir Gottesdienst in Stolpe-Süd. Das lag an der Staatsgrenze West. Der Zaun war nicht mehr durchlässig. Aber zu dieser Zeit gab es an dieser Stelle noch keine Mauer. Man konnte winken und rüberschauen, wenn man sich nicht erwischen ließ. Wenn in Stolpe-Süd Gottesdienst angesagt war, schrieb man rechtzeitig nach Westberlin. Dies geschah auf einer offenen Postkarte, weil diese als Kontrollobjekt offenbar nicht ernst genommen wurden. Zu den Gottesdiensten läuteten Westberliner Glocken. Der Klang ließ sich durch die Grenze nicht aufhalten. Das Glockengeläut war schon damals eine eindeutige Verbindung zwischen den Christen – auf beiden Seiten des Stacheldrahtes und der Mauer.

Jugendweihe contra Konfirmation

Zum Dienst des Pastors gehörten Gottesdienst, Unterricht, Predigt, Andacht, Junge Gemeinde und Frauenhilfe, Mitwirkung im Kirchenchor, Gemeindeausflüge und die Überwachung des Haushaltsplanes. Die Geschäftsführung des Pfarramtes war in Hennigsdorf und lag beim Kollegen Ernst-Otto Breithaupt. Der Haushalt unserer kleinen Gemeinde Nieder Neuendorf betrug 16 000 Mark der DDR im Jahr. Da wir uns die Gemeindearbeit teilten, hielt ich auch Konfirmandenunterricht in Hennigsdorf. Es gab dort eine Gruppe von ungefähr 40 Kindern. Das Thema Jugendweihe und Konfirmation bewegte die Gemüter, beschäftigte Kirchenleitung, Gemeindekirchenräte, Eltern, Kinder und Pastoren. Es wurde empfohlen, ein Jahr Zwischenzeit einzuplanen. Wenn also jemand zur Jugendweihe ging, sollte er bis zur Konfirmation ein Jahr warten. Es war üblich, dass die Schule die Kinder zur Jugendweihe nötigte. Eltern, die aus unterschiedlichen Gründen besorgt waren, sich zurückhielten oder Angst hatten, ließen ihre Kinder zur Jugendweihe gehen. Sie wollten sie aber dennoch gern konfirmieren lassen. Wir wollten nicht, dass an einem Sonntag die Jugendweihe war und am nächsten Sonntag die Konfirmation. Es war klar, dass der Streit zum großen Teil auf dem Rücken der Kinder ausgetragen wurde.

Im Pfarrkonvent war die Mehrheit für das empfohlene Wartejahr – mit gleichzeitiger Einladung der Konfirmanden in die Junge Gemeinde und der Hoffnung, dass ihre Teilnahme am gemeinsamen Leben auch ihr Interesse am kirchlichen Zusammenhalt zeigte. Der Nachbarkollege sah das anders. Er konfirmierte alles, was ihm vor die Agende lief. Das gab ziemlich schnell Streit und Auseinandersetzungen.

Ob es je eine Ideallösung in dieser Frage gegeben hätte? Ich weiß es bis heute nicht. Glauben lernen hat aber auch mit Zumutungen und Entscheidungen zu tun. Insofern war es ein Modell, auch dazu geeignet, Geister zu scheiden, beziehungsweise zu überlegen, ob es doch etwas mit Halt und Haltung zu tun haben sollte oder ob letztlich alles „gleich gültig" war.

*

Der Gottesdienstbesuch in den Gemeinden war gut. Vielleicht war auch die Situation im Sperrgebiet ein Grund, weshalb immer öfter Menschen zu uns kamen, die im Gottesdienst Trost suchten oder in den Gemeindekreisen Zuflucht und Geborgenheit erwarteten.

Bei der Gottesdienstgestaltung spielte die Kirchenmusik eine wichtige Rolle. In Nieder Neuendorf war Bärbel Fischer Organistin und Chorleiterin. Die Orgelbegleitung war bei ihr in guten Händen. Mit dem Chor übte sie immer wieder neue Werke ein – an hohen Feiertagen sang er im Gottesdienst. Einen hauptamtlichen Kirchenmusiker konnte sich die Gemeinde schon damals nicht leisten und so waren in der Martin-Luther-Pfarrkirche in Hennigsdorf und bei uns unterschiedliche Organisten in wechselnder Qualität am Werk. Einer von ihnen spielte nach dem biblischen Prinzip: „Lass die Linke nicht wissen, was die Rechte tut" und hatte trotzdem eine erhebliche Trefferquote.

*

Im Februar 1963 in Nieder Neuendorf wurde unsere Tochter geboren. Am Abend danach traf ich beim Wasserausschütten den Nachbarn von der LEW-Gärtnerei. Er fragte, ob denn nun der Sohn geboren sei. Meine Auskunft, dass wir eine Tochter hätten, freute ihn auch. Er meinte, dass dies ein angemessener Anlass wäre, einen auszugeben. So standen wir bei ungefähr minus 10 Grad am Mäuerchen zum Kohlenschuppen. Die Gläser standen auf dem Sockel. Wir redeten von Gott und der Welt, hörten von der Havel her die Eisbrecher fahren und auf der Straße die Tritte der bewaffneten Wachposten.

Eine der ersten Gratulationen erhielten wir von unserer Zahnarztfamilie, Dr. Fritz Seffert. Sie hatten Wohnhaus und Praxis in Hennigsdorf gegenüber der Kirche. Frau Seffert schickte einen Blumenstrauß ins Krankenhaus. Dieser Blumenstrauß überwältigte Schwestern, Ärzte und Mütter – wahrscheinlich auch die anderen Säuglinge. Es war nämlich Februar und der Strauß bestand aus Schnittblumen. Unter anderem waren Maiglöckchen darin. Das gab es im sozialistischen Realismus nicht, nur für Staatsempfänge, bei denen gleichzeitig auch Bananen auf dem Tisch liegend im Fernsehen zu sehen waren. So war dieser Strauß etwas Besonderes.

Nachwuchs am Steuer

Im Dorf nahm man regen Anteil an unserer Tochter. Nachbarn schenkten uns Eier. Emil, der Postbote, brachte eine rosa Strampelhose, Frau Günther vom Gertrudenhof, die aktuelle Schwiegermutter von Otto Nuschke, ein Hühnchen für die Wöchnerin. Übrigens erzählten die Leute im Dorf, dass die neue Betonstraße von Hohen Neuendorf nach Hennigsdorf, die durch den Wald führte und mit einem Westberlin vermeidenden Verlauf entstanden war, allein für Otto Nuschke gebaut worden sei. Am 17. Juni 1953 hätten ihm empörte Werktätige bei der Fahrt durch Westberlin nach Nieder Neuendorf den Hut weggenommen. Das sollte sich nicht wiederholen und so wurde diese Straße gebaut. Davor war sein Gut Gertrudenhof nur durch Reinickendorf zu erreichen. Das mit dem Hut konnten wir nicht mehr prüfen. Die Betonpiste blieb in der Zeit der Mauer die Straßenverbindung von Hennigsdorf nach Berlin – über Stolpe, Hohen Neuendorf, Birkenwerder, Schönfließ und Pankow. Nach dem Bau der Mauer ging es sowieso immer nur um die Stadt herum. Deshalb war auch diese Straße im Prinzip ein trostloses Zeichen. In Schildow an der Stadtgrenze musste man den Ausweis zeigen und manchmal auch den Kofferraum öffnen. Dies galt bis in die 80er Jahre hinein, wurde später fast nur noch bei der Ausfahrt praktiziert und zum Schluss nur für Fahrzeuge mit „ausländischem Kennzeichen" wie zum Beispiel aus Bielefeld oder Westberlin.

Pfarrstelle in Lautawerk

1963 wurde Gottfried Forck als Direktor des Predigerseminars nach Brandenburg/Havel gerufen. Er wurde Nachfolger von Albrecht Schönherr. Schönherr wurde Generalsuperintendent in Eberswalde. Forck hatte man zugestanden, sich seinen Nachfolger selbst auszusuchen. So entstand die Idee, dass ich die bisherige Gemeindearbeit Forcks in Lautawerk übernehmen sollte. Egon Rössler, Superintendent in Senftenberg, der auch für Lautawerk zuständig war, besuchte uns in Nieder Neuendorf. Bei diesem Besuch wirkten wir offenbar kreativ und fleißig. Wir waren nämlich gerade mit einer Schar der Jungen Gemeinde dabei, den Friedhof in Ordnung zu bringen und einen Zaun zu setzen. Nun wurde die Frage nach einem Wechsel an uns herangetragen. Da wir noch versetzt werden konnten und im Prädikantenstand waren, haben wir uns dem Diktat unserer Kirche gebeugt – und zogen nach Lautawerk.

Der Wechsel war im November 1963. Familie Forck und wir benutzten denselben Möbelwagen der Firma „Knochenhauer" aus Bad Liebenwerda. Die neue Wohnung in Lautawerk konnten wir nur einmal flüchtig besichtigen. Am Tag des Einzugs in Lautawerk kamen wir früh zwischen 5 und 6 Uhr an. Es war Dienstag vor dem Bußtag. Damals war Bußtag sogar noch in der DDR Feiertag. Die Gegend war trist und dreckig. Das Novembergrau und die Dunkelheit verstärkten den Eindruck. Auf den Straßen lagen Kohlenhaufen. Man hatte es nicht geschafft, sie abends hineinzuschippen, so wurde zur Kenntlichmachung eine Lausitzer Rundschau, Organ der Bezirksleitung der SED, auf den Kohlenhaufen am Straßenrand gelegt und mit einem Stück Kohle beschwert. Eine CDU-Zeitung wäre auch nicht leuchtender gewesen. Als wir

Pfarrhaus in Lautawerk

damals einzogen, konnten wir noch über Senftenberg-West fahren. Inzwischen wurde diese Straße genauso abgebaggert wie die über Großräschen-Süd und viele andere Flächen mit Orten, in denen Menschen wohnten. Niemand wurde ernsthaft befragt, ob es ihm recht sei. Gegen eine Ausweisung zum Zwecke der Braunkohlengewinnung wurde nicht protestiert. War das Verhalten zu auffällig, gab es Strafen für diejenigen, die sich dem Begehren des Staates verweigerten. Viele haben sich nicht klar gemacht, dass die Gewinnung der Braunkohle mit einem so großen Flächenbedarf Identität und Heimat der Menschen ein für alle Mal vernichtete. Wer nach 1945 in das ehemalige deutsche Gebiet nach Polen fahren konnte, fand dort Häuser, auch Ruinen, einen Findling, eine Straße, vieles verfallen, verändert und zugewachsen – aber das Gebiet gab es noch. Dort, wo die Erde 100 oder 200 Meter tief umgegraben ist, gibt es nichts mehr, was an Geschichte und Tradition erinnert. Das bedeutete Unumkehrbares für die dort wohnenden Menschen. Sie alle gaben ein Stück ihrer persönlichen Geschichte auf, die nie wieder auftauchen würde. Einziges Überbleibsel sind Fotos – und die Erinnerungen der Älteren.

*

Lautawerk war eine Stadt mit 10 000 Einwohnern. Unser Pfarrgarten schloss direkt an den Park an. Irgendwann sollte er verschönert werden. Dazu wurde öffentlich in der Gemeinde aufgerufen. Man suchte Freiwillige. Es kamen drei Personen: der Bürgermeister, ein Lehrer und ich. Wir haben an jenem Tag nicht den ganzen Park geschafft. Hacken, Spaten und Harken kamen aus dem Bestand des Pfarrhauses. Hinter dem Park war ein stillgelegter Tagebau, der inzwischen voll Wasser gelaufen war. In der Nähe gab es ein Haus, in dem Fleischer Knochen lagerten – ein Paradies für Ratten und nichts für empfindliche Nasen. In der Gegend stank es aber sowieso. Entweder kam der Wind von Laubusch und brachte Kohle – oder er kam von Schwarzheide, wohin der „Synthesebus" zum Synthesewerk fuhr und es roch tatsächlich „synthetisch" über viele Kilometer. Viel Schmutz wurde aus den hohen Schornsteinen des Kraftwerkes Lauta in die Luft gejagt. Es gab einen ständigen Kampf mit der Reinlichkeit unserer Kinder. Neben unseren eigenen spielten auch andere Kinder bei uns. Bevor es abends wieder nach Hause ging, mussten erst alle flüchtig gewaschen werden, damit wir die eigenen erkannten. Es schien, dass dieser Schmutz nicht so schädlich war wie der von Bitterfeld oder Leuna. Er zog aber durch alle Ritzen und war überall als feiner Niederschlag zu finden.

Zur Gemeinde Lautawerk gehörten zwei Predigtstätten: die Kirche in Nord und das „Emil-Frommel-Heim" im Ortsteil Süd. Das Frommel-Heim war eine dürftige Holzbaracke; sie war stets gut besucht. Außer uns hielt dort die Landeskirchliche Gemeinschaft ihre Bibelstunden.

Es war üblich, dass Kollegen an den Festtagen miteinander tauschten. So kam der Amtsbruder aus Lauta-Dorf zu uns und ich vertrat ihn in seiner Gemeinde: Lauta-Dorf, Koschen, Tornow und Leippe. Diese Vertretung wurde auch im Sommer praktiziert, wenn Beerdigungsvertretungen wegen Urlaub erforderlich waren oder wir uns gegenseitig helfen wollten. Pfarramtlich war in Lautawerk einiges zu tun: zwischen fünfzig und siebzig Begräbnisse im Jahr,

Kirche Lautawerk

Unterricht, Junge Gemeinde, Einzelunterricht mit Erwachsenen, Veranstaltungen vom Chor und Erwachsenenkreis. Man musste Mitarbeiterinnen und Mitarbeiter finden, die Opfergroschen sammelten und Kirchensteuer einzogen. Und schließlich: viele Hausbesuche.

Wenn wir Weihnachten ein Dankeschönfest für die Helfer vorbereiteten, kamen 30 bis 40 Ehrenamtliche der Kirchengemeinde. Das Dankesfest für die Mitarbeitenden feierten wir in unserer Wohnung. Mein Amtszimmer und das Wohnzimmer, durch eine Schiebetür getrennt, wurden zu einem großen Raum vereint. So konnten alle an Tischen sitzen, Weihnachtslieder singen, Plätzchen essen und miteinander reden.

In Lautawerk gab es eine Menge baulicher Probleme. Die Kirche in Nord hatte einen Dachschaden. Ziegel waren herabgefallen und es regnete durch. Aber nicht nur dort, sondern auch im Pfarrhaus kam bei heftigen Regengüssen das Wasser durch zwei Etagen hinunter ins Pfarrbüro. Die Orgel war pneumatisch – und kaputt. Sie war so „pneumatisch", dass sie nach Meinung unserer Organistin Susanne Brinkmann nicht mehr zu reparieren war, die mit ihr den Gedanken an schnulzige Kirchenmusik, Rollschweller und Komponisten der milden Sorte verband. Aber die waren durch das Evangelische Kirchengesangbuch zurückgedrängt worden, meinten die Hoffnungsvollen. Der Kampf um halbe Töne und dorische Tonarten war in der Gemeinde entbrannt. Bei dem Lied „Wer nur den lieben Gott lässt walten" schauten sich musikalische Fanatiker zuweilen grimmig an, wenn von einem großen Teil der Gemeinde der gewünschte Halbton nicht richtig getroffen wurde. Die Gemeindeglieder selbst sahen das nicht so verbissen. Man sang gern „Herz und Herz vereint zusammen", auch „Stille Nacht", und schätzte die einfachen Tonarten. Im Übrigen hatte im Gemeindekirchenrat ein Mitglied gefragt, ob man dann bei einer so teuren Orgel, wie sie jetzt zu erwarten wäre und die die Firma Eule aus Bautzen liefern sollte, auch noch mit den Füßen spielen müsse?

Um die Finanzierung der Orgel zu sichern, hatten wir Abendmusiken mit dem vorhandenen Kirchenchor, Streichern und „selbst gezüchteten" Solisten veranstaltet. Um die Qualität der Musik zu erhöhen, nahm ich Gesangsstunden. Auf Empfehlung gelangte ich in Dresden-Radebeul zu Marianne Böhme in der

Einführung Braunes als Pastor in Lautawerk am 12. April 1964

Soermusstraße und erhielt dort guten Unterricht. Ich lernte zum zweiten Mal richtig atmen – und damit auch einigermaßen singen. Wir konnten unsere Konzerte in gehobener Qualität anbieten. Nicht nur zur Ehre Gottes, sondern zum Teil auch musikalisch anspruchsvoll. Die Gesangsstunden nahm ich auch noch in Schwerin, denn Marianne Böhme arbeitete dort fürs Mecklenburger Staatstheater. So traf ich mich mit ihr in Schwerin in der Wohnung des Dirigenten Klaus Tennstedt. Bald musste ich es aufgeben, die Aufgaben eines Landespastors für Diakonie, die ich 1970 übernahm, kollidierten mit den Gesangswünschen.

*

Die Kirche in Lautawerk war schwer zu heizen und im Winter kaum zu nutzen. Daher hatte Amtsvorgänger Gottfried Forck die „Katakombe" ins Leben gerufen. Es handelte sich um einen

Kellerraum im Pfarrhaus, der ungefähr 30 Personen fasste. So wirkte an „normalen" Sonntagen der Gottesdienst immer ausgezeichnet besucht. Wenn man den Blick zum Himmel suchte, fielen die Augen auf die Schornsteine des Kraftwerkes Lauta und auf die Schuhe der Vorübergehenden. Die Gemeinde musste zum Gottesdienst eine steile Treppe hinunter, durch unsere Waschküche in den Keller. Nebenan lag der Kohlenkeller. Das bedeutete: Die Waschküche musste immer sauber und aufgeräumt sein. So kam es, dass wir in der Advents- und Weihnachtszeit nur am Heiligen Abend und am ersten Feiertag die Kirche benutzten. Sie wurde dann leidlich erwärmt und war mit Rauch und Nebel erfüllt, was zwar einen weihevollen Charakter vermittelte, aber gleichzeitig Hustenreiz auslöste.

*

Die kulturellen Angebote in Lauta hielten sich in Grenzen. Ein Highlight war die Filmaufführung des „Hund von Baskerville" (Verfilmung des gleichnamigen Romans von Sir Arthur Conan Doyle aus dem Jahr 1939) im ortseigenen Kino. Auch „Pension Schöller" (deutsche Kinoproduktion aus dem Jahr 1960) wurde gern besucht – zumal es zuvor die Kino-Wochenvorschau, den Augenzeugen, zu sehen gab, der schon etwas angestaubte „neue Nachrichten" brachte. Im Kino traf man Honoratioren, Parteimitglieder, ältere und jüngere Leute und den Abschnittsbevollmächtigten der Volkspolizei (ABV). Wir hatten zu jener Zeit noch keinen Fernseher, wurden aber von freundlichen Nachbarn zu wichtigen Veranstaltungen eingeladen. Wir konnten zu Winges gehen, die am Anger wohnten, wenn es Eiskunstlauf zu sehen gab und unsere Gaby Seifert von Sieg zu Sieg eilte. Zu Hause hatten wir Radio und Plattenspieler – das erschien uns ausreichend.

Im Pfarrhaus war viel Bewegung, offizielle Besucher klingelten an der Haustür, denn wochentags war das Pfarrbüro zeitweilig besetzt; wenn aber niemand dort saß, waren meine Frau und ich dran. Die Leute kamen zu allen Tageszeiten. Schließlich lebten wir in einer Gemeinde, in der Schichtarbeit dominierte. So klingelte öfters jemand kurz nach 6 Uhr in der Frühe, weil er von der Nachtschicht kam – oder am späten Abend, kurz vor Arbeitsantritt um 22 Uhr.

Lautawerk, Blick aus dem Kinderzimmer des Pfarrhauses

Gemeindeglieder und Nachbarn kamen durch Garten und Küche ins Haus – und waren einfach da. Wir hatten den Unterricht der Christenlehre zum Teil im Turmzimmer der Kirche, aber aus Gründen besserer Beheizbarkeit oft auch in der Katakombe in unserem Keller. Gemeindekirchenratsitzungen fanden in der Wohnung statt. Weihnachten haben wir Alleinstehende zum Gänsebraten eingeladen. Während der Gespräche wurde erörtert, auf welchem Friedhof es sich am besten liegen würde. Der Friedhof von Lautawerk kam dabei nicht so gut weg. Er lag mitten im Verkehrsgewühl und außerdem führte die Eisenbahnstrecke dicht vorbei. Der Friedhof von Lauta-Dorf war besser: Er bot den Blick zur Kirche. Da konnte man sich richtig wohl fühlen. Für uns junge Leute war es erstaunlich, mit welcher Selbstverständlichkeit und Offenheit die Tischgemeinschaft über Sterben und Tod und über die Liegeplätze auf den Friedhöfen urteilte. Irgendwann würde es ja sowieso Realität für uns alle. Die sich damals beim Abwasch gestritten haben und beim Kaffeetrinken vereint waren, liegen nun auf demselben Friedhof.

Gemeindekirchenrat und Pfarrkonvent

Ein wichtiger Teil des Pfarrdienstes war die Zusammenarbeit mit dem Gemeindekirchenrat. In dessen Sitzungen ging es um tiefsinnige und prosaische Dinge, um die Dachreparatur der Kirche, das Zaunstreichen, die Glockenläuteanlage. Zum Beispiel wurde die Erneuerung des Fußbodens im „Emil-Frommel-Heim" besprochen. Ihretwegen gab es Ärger, weil einige Kirchenälteste und Glieder der Jungen Gemeinde zur Beschaffung der Lagerhölzer des Fußbodens eine Sonntagsschicht in Laubusch eingelegt hatten.

Heftig wurde diskutiert, ob man beim Abendmahl knien sollte: „Hier liegt vor deiner Majestät im Staub die Christenschar", erinnerte ein Kirchenältester. Demütige Haltung vor Gott erhöhe die innere Sammlung. Frau Rieger, die gehbehindert war, meinte, wenn sie beim Abendmahl kniend die ganze Zeit überlegen würde, ob sie aus dem Kniefall wieder herauskäme, sei die ganze Sammlung dahin. Die nächsten Male standen wir im Kreis – das hat sich als Zeichen des Gemeinschaftsmahles bewährt.

Im Gemeindekirchenrat wurde außerdem über die EKD-Ostdenkschrift gesprochen. Diese Denkschrift der Evangelischen Kirche in Deutschland befasste sich mit den Fragen der Oder-Neiße-Grenze und mit dem Verhältnis zu den polnischen Nachbarn. Von offizieller DDR-Seite wurde diese Diskussion missbilligt, zumal die Texte auf Umwegen importiert werden mussten. Die Diskussion war aber lebensnah, gab es doch viele schlesische Flüchtlinge in Lautawerk: Flüchtlingselend, Vertreibung, Verlust der Heimat. Kollektive Haftung hatten sie am eigenen Leibe erfahren. Von Kollektivschuld hielten sie nichts. Die DDR war sich offiziell darüber im Klaren, dass sie mit dem „Dritten Reich" nichts zu tun habe, folglich auch keine Nachfolgeverantwortung wahrnehmen würde. Für Vergebung war sie sowieso nicht zuständig.

Eine große Rolle spielten stets die Finanzfragen. Da ging es um die Kirchensteuer, sie war inzwischen eine Bringschuld der Gemeindeglieder, weil sie über das Finanzamt nicht mehr eingezogen werden konnte und die Kirche keinerlei Rechte hatte, diese Kosten bei den Gemeindegliedern einzufordern. Die Praxis war anders. Wir hatten Kirchensteuererheber, die von Haus zu Haus gingen, um das Geld einzukassieren. Sie waren auch Boten der Gemeinde, die Informationen brachten oder Gesprächsvermittlung anboten. Allerdings war es so, dass jeder, der nicht zahlen wollte, dazu nicht gezwungen werden konnte. So gab es bei störrischen Fällen von Gemeindegliedern „Kirchenzuchtmaßnahmen". Die waren schon damals umstritten, weil Kirchenzucht eigentlich Abendmahlszucht sein sollte. Problematisch erschien es, beim Geld anzusetzen und zum Beispiel Beerdigungen oder andere Amtshandlungen zu verweigern. Ohne Ordnung aber ging es nicht. Auch wir hatten als Kirchengemeinde eine kleine Wirtschaft, hatten unsere Kosten, mussten Aufgaben und Leistungen erbringen – und brauchten das Geld. Die Handhabung blieb trotzdem problematisch.

Die Stolgebühren hatten wir auf Eis gelegt. Stolgebühren sind die Berechtigung, für Amtshandlungen Kosten zu erheben – zum Beispiel für Taufen, Trauungen und Beerdigungen. Die kosteten damals 15 Mark und waren per Quittung zu belegen. Als junger und forscher pastoraler Revolutionär wollte ich die Stolgebühren abschaffen. Ich fand sie unpassend für das hehre Anliegen der Wortverkündigung. Im Konsistorium aber riet mir ein wohlmeinender Bruder: „Lassen Sie sie doch stehen, abgeschafft ist es leicht, aber sie können nie wieder eingeführt werden. Sie haben dann keine Rechte mehr, sie zu verlangen." Wir verzichteten dennoch auf die Stolgebühren – und baten Gemeindeglieder in bestimmten Fällen um eine freiwillige Gabe für die Kirchengemeinde. Am Ende unserer Amtszeit konnten wir feststellen, dass durch diese freiwilligen Spenden die dreifache Menge Geld für die Gemeinde zusammengekommen war.

*

Am Totensonntag, Ewigkeitssonntag, war eine Friedhofsandacht vorgesehen, die wir polizeilich anmelden mussten, weil sie in einem öffentlichen Bereich, der nicht der Kirche gehörte, abgehalten wurde. Wir mussten ebenfalls die Weihnachtsfeier der Frauenhilfe im „Café Schöne", die in der Adventszeit stattfand, polizeilich anmelden. Susanne Brinkmann, die auch das Pfarrbüro versah, sagte mir, was dort verlangt wurde. Auf dem Fragebogen müsse man das Thema für die Veranstaltung angeben. So wählte ich bei der Volkspolizei für die Friedhofsandacht das Thema „Tod und Ewigkeit" – für die adventliche Feier im „Café Schöne" den Titel „Nun jauchzet all ihr Frommen".

*

Der Pfarrkonvent tagte in Senftenberg. Die Gemeinden waren in verschiedenen politischen Kreisen angesiedelt. So gehörte unsere Gemeinde zum Kreis Hoyerswerda. Lautawerk liegt zwischen Hoyerswerda und Senftenberg. Je nach Lage der Dinge war Senftenberg oder Hoyerswerda für uns zuständig. Der „rote Seelsorger" für Lauta und Lauta-Dorf kam jedenfalls aus Hoyerswerda. Offiziell war es der Sektorenleiter Kirchenfragen beim Rat des Kreises Hoyerswerda. Er wohnte im Gemeindebezirk Lauta-Süd. Im Kirchenkreis Senftenberg wurden wir zum ersten Mal vom Rat des Kreises ein-, beziehungsweise vorgeladen. Der Pfarrkonvent sollte sich mit den Vertretern vom Rat des Kreises und den „Friedenskräften" austauschen. In Wirklichkeit wurde die Veranstaltung zu einer Belehrung und zu einem energischen Ordnungsruf durch die Genossen. Uns wurde mangelnde Einstellung zum aufstrebenden Sozialismus vorgeworfen. Zum Beispiel hatten die meisten in ihren Gemeinden eine lebhafte Jugendarbeit. Die FDJ war zwar sozialistisch, aber verschlafen. Zu unseren Jugendgottesdiensten kamen viel mehr Leute, als wir selbst vermutet hatten. Das Echo dieser Gottesdienste erreichte auch die Betriebspartei-Leitungen. So gab es immer wieder Ärger, von dem wir auf Umwegen erfuhren.

Spannungen gab es zudem bei Beerdigungen oder Trauerfeiern. Es geschah hin und wieder, dass beim Zug von der Trauerhalle zum Grab rote Socken in schwarzen Anzügen versuchten, sich mit Fahnen vor dem Leichenzug zu formieren. In unserer Gemeinde in Lautawerk funktionierte das nicht: Mein Vorgänger Gottfried Forck hatte einen Kreuzträger bestellt, der bei jeder Beerdigung ein Kruzifix vorantrug. Er war mit einem Kurrendemäntelchen umhüllt. Für diesen geistlichen Dienst bekam er drei Mark. So gingen der Kreuzträger und der Pfarrer vor dem Sarg. Davor gab es nichts. Dies wurde durchgehalten. Und die roten Fahnen kamen an den Schluss des Zuges – dahin gehörten sie unserer Ansicht nach. Es gab oftmals Ärger, blieb aber eine klare Regelung.

Schwierigkeiten gab es aber auch aus anderen Gründen: Wir waren im Blick auf Zulässiges im Gottesdienst und bei Amtshandlungen ziemlich konsequent. Es konnte nicht alles irgendwie „gleich gültig" sein. Dabei tat sich ein Problem auf. In Lautawerk waren viele Flüchtlinge aus Schlesien hängen geblieben. So wurde bei Beerdigungen der Wunsch geäußert, das „Feierabendlied" zu spielen oder vorzutragen. Ordentliche Theologen hatten dabei Skrupel. Feierabend war nicht, denn Ausgang und Eingang, gemäß Psalm 121, beziehungsweise neutestamentliche Auferstehungshoffnung, sind mehr als Feierabend. Da passte das Lied nicht. Aber irgendwann merkten wir – und andere Kollegen mit uns –, dass für viele Menschen dieses Lied Heimatverbundenheit bedeutete. Sie wollten es beim Abschied von einem lieben Menschen gern hören. Es wurde zwar nicht in den liturgischen Teil aufgenommen, aber am Grab vorgetragen. Wichtig war für uns, dass der kirchliche Dienst klar zu erkennen war. Gerade bei Amtshandlungen sollten sich Wort und Schrift der biblischen Verkündigung gegenüber dem Gerede des „Berufstraurigen", wie wir die Parteibestattungsredner nannten, absetzen können.

Die Ausgestaltung der Trauerhalle in Lauta war mäßig. Die Kapelle gehörte der Stadt und war in deren Verantwortung. Als Kirchengemeinde hatten wir dort lediglich das Kurrendemäntelchen des Kreuzträgers und das Kruzifix deponiert. Der Umkleideraum für die Diensthabenden war allerdings eine seltsame, stets unaufgeräumte Kammer. Es gab darin Kleiderhaken, Spiegel und ein Bord mit dem Bestattungsbuch sowie ein Stuhl und Gegenstände für den Gebrauch wie etwa einen Hocker, schwarze Tücher, Ersatzkerzen, Spiritus für die lodernde Flamme, die zuweilen gewünscht wurde. Fast immer standen in der Ecke kleine Pappkartons gestapelt oder übereinander geworfen. Diese Pappkartons waren durch grüne Aufkleber als „Wirtschaftsdrucksache" kenntlich gemacht. Darin waren Oma Krause oder Großvater Behnke auf dem Postwege zur Bestattung angereist. In diesen Pappkartons war die DDR-übliche Plaste-Urne in schwarzem Bakelit mit Aluminiumaufschrift und dem Datum des teuren Verstorbenen.

Das Wunder von Sauo

Im Blick auf liturgische Ordnung und eindeutiges Verhalten gab es im Pfarrkonvent immer wieder Diskussionen. Dazu gehörte etwa die Frage, ob man das Lied „Stille Nacht" am Heiligen Abend singen müsse oder dürfe. Die Meinungen waren verschieden – und irgendwann ereignete sich in einem Jahr „das Wunder von Sauo". Der Ort Sauo ist inzwischen abgebaggert, dem Braunkohlentagebau zum Opfer gefallen. Die Kapelle, die dort war, ist ebenfalls verschwunden. Sauo lag nahe Freienhufen und gehörte zu einem Gemeindebezirk von Senftenberg. Damals hielt Amtsbruder Reinhold Asse die Christvesper. Bei der Vorbereitung hatte er die Organistin unter Androhung von Kirchenstrafen veranlasst, das Lied „Stille Nacht" nicht zu spielen. Man hatte andere schöne Weihnachtslieder ausgesucht und hielt sich am 24. Dezember an die Abmachung. Der Gottesdienst war gut besucht. Die Christvesper fand in der Gemeinde Anklang. Eigentlich fehlte nichts. Am Ende der Christvesper leerte sich die Kirche. Es waren nur noch wenige in der Kirche – die meisten waren bereits draußen, Hände schüttelnd, sich auf dem Heimweg gesegnete Weihnachten wünschend. Da intonierte die Organistin am Harmonium ganz leise, eigentlich nur zum Nachhausegehen gedacht, „Stille Nacht, heilige Nacht". Es gab Füßescharren. Die schon draußen waren, strömten zurück in die kleine Kirche. Selbst einige, die schon ein Stück weit weg waren, kamen zurück. Stehend sang nun die Gemeinde alle drei Strophen dieses Weihnachtsliedes und ging erst dann zufrieden nach Hause. Die Macht des Liedes und der Wille der Gemeinde hatten sich durchgesetzt: „Das Wunder von Sauo"!

Irgendwann Ende der sechziger Jahre hatten wir festgestellt, dass es im kirchlichen Unterricht keine Kinder mehr gab, die aus eigener Anschauung Westberlin kannten. Nach dem Bau der Mauer war es nicht mehr möglich, dass sich Familien mit ihren Kindern persönlich einen Eindruck vom Niedergang der kapitalistischen Wirtschaft verschaffen konnten. Die politischen Fanatiker in der Schule bekamen höheren Einfluss. In der Pionierorganisation, in Arbeitsgemeinschaften und an vielen anderen Plätzen wurde ungehindert eine Politik verkündet, die keine Vergleichsmöglichkeiten hatte. Westfernsehen war damals so gut wie gar nicht erreichbar. Auf der

Mattscheibe war nur Gries zu erkennen. Das führte zu Kuriositäten. So gab es zum Beispiel hohen Bedarf, die Fußballweltmeisterschaft 1966 in Bild und Ton zu erleben. Wir waren an einem Tag bei Jürgen Berger, Sohn unseres Kirchenältesten, und konnten uns dort ein wichtiges Spiel ansehen. Vom DDR-Fernsehen wurde ein ausgezeichnetes Bild geliefert, der Ton war abgeschaltet. Unter dem Fernseher stand ein Rundfunkgerät, aus dem heraus ein westdeutscher Radiomoderator das Spiel kommentierte. So hatten wir Bild und Ton in guter Qualität.

*

Die mangelhafte Informationspolitik führte zu einer Absonderlichkeit. Viele Kinder unterschieden zwischen BRD und Westen. BRD, das war NATO, das waren Imperialisten, Ausbeuter, Arbeiterfeinde, Kriegshetzer, Spekulanten – also im Prinzip nur Schlimmes. Aber Westen, das war völlig in Ordnung. Das war Gutes, denn es bedeutete für sie Matchboxautos, Kaugummi und Südfrüchte, echte Jeans und Nutella. Großeltern, die in den Westen reisen durften, brachten von dort gute Dinge mit. Der Transitzug mit den Rentnern wurde abfällig „Mumienexpress" genannt – konnte aber nicht darüber hinwegtäuschen, dass es viele rüstige Rentner gab, die aus den Möglichkeiten des Reisens auch die Chancen ergriffen. Später, als wir in Berlin waren, konnte man hören: „Wenn du im Rahmen des sozialistischen Binnenhandels nicht alles kaufen kannst und es auch nicht mal in der Hauptstadt der DDR bekommst, dann schickst du die Oma über die Dörfer: Schmargendorf, Wilmersdorf, Zehlendorf, Reinickendorf." Denn die Oma durfte mit einem Mehrfachvisum insgesamt für 60 Tage im Jahr den real existierenden Sozialismus verlassen.

Reise in die ČSSR

Im November 1964 durfte ich als Vertreter des Kreisjugendpfarrers Walter Delbrück aus dem Kirchenkreis Senftenberg in die ČSSR reisen. Wir hatten für vier Personen und meinen Pkw Anträge gestellt. Einem Mitreisenden wurde der Antrag abgelehnt. So blieben Friedel Gröll, Karin Kaiser und ich. Wir tauschten pro Tag 30 Mark der

DDR in tschechoslowakische Kronen um. Der Kurs stand eins zu drei. Wir trafen uns früh in Senftenberg und fuhren über Dresden, Schmilka nach Děčín, wo die Kontrolle war. Es war für mich als DDR-Bürger die erste Auslandsreise, wenn ich von der illegalen Tour nach Österreich im Anschluss an unsere Hochzeit absehe. Ordentliche Grenzkontrollen an jedes angrenzende Land zeichneten die DDR aus. Schließlich gelangten wir über die Grenze – und fuhren weiter Richtung Prag. Plötzlich kamen wir auf der Straße durch ein Gräberfeld. An dem Ortsschild stand „Terezín": Theresienstadt. Bei der Planung des Wegs hatte ich es nicht wahrgenommen. Ich erinnere mich, dass mich das beschäftigte – und erschreckte. Mit unseren Freunden haben wir damals ausführlich darüber gesprochen. In der Gemeinde war einer, der den Todesmarsch nach Auschwitz mitgemacht und überlebt hatte. Zu unserem bekannten Pfarrer hat er gesagt, mit einem Deutschen würde er nie wieder reden. Das hat uns tief getroffen. Es war darum eine besondere Freude und eine beglückende Erfahrung, dass bei einem Besuch einige Jahre später mit ihm ein gutes und versöhnendes Gespräch zustande kam.

In Třebíč machten wir erste ökumenische Erfahrungen. Wir wurden gastfreundlich empfangen, es gab eine gute Küche, das Benzin war billiger als bei uns in der DDR, die Butter viel teurer. Es gab mehr als zwei Bananen pro Person, Orangensaft in Büchsen und echte Coca-Cola. Zu den Wochenendtreffen nach Třebíč kamen aus dem Umkreis von ungefähr 40 Kilometern viele junge Leute: 50, 70, 80 waren es – auch beim Gottesdienst. Erstaunlich auch deshalb, weil der überwiegende Teil der Gemeinde katholisch und realsozialistische Antikirchlichkeit in der ČSSR üblich und bekannt war. Wir boten Gesprächsabende an, Bibelarbeiten, Themen- und Spielabende, besuchten in Kralice das Museum der Druckerei der Böhmischen Brüder und die Basilika in Třebíč. Wir erlebten, wie sich die kleine evangelische Gemeinde über die Kontakte freute.

Ilja Burian, der evangelische Pfarrer aus Třebíč, kam immer wieder zu uns nach Lautawerk, später auch nach Berlin – mal mit Kirchenältesten oder mit seiner Familie. Er hielt Vorträge und war bei geselligen Gesprächen des Abends ein unermüdlicher Geschichtenerzähler. Für uns war der Kontakt einfach und mit keinerlei

Sprachschwierigkeiten verbunden, weil Ilja Burian und seine Frau sehr gut Deutsch sprachen. Ab 1964 reisten wir jedes Jahr in die ČSSR.

*

1968 erlebten wir den Prager Frühling, die großen Hoffnungen und Erwartungen der Tschechen. Wir haben in den siebziger Jahren mitbekommen, als die Charta 77 wirksam wurde, dass unsere Bekannten daran beteiligt waren und sich dort engagierten. Es hatte sehr lange gedauert, bis man über solche politisch riskanten Feinheiten im kleinen Kreis offen sprechen konnte. Nach der Zerschlagung des Prager Frühlings durch die sowjetischen Panzer und dem öffentlichen Freitod des Studenten Jan Pallach wurden die Verbindungen stiller – aber auch tiefer und vertrauter.

*

1992 wurde in der Nikolaikirche in Berlin eine Kunstausstellung mit Werken von Menschen mit Behinderungen aus Stetten im Remstal eröffnet. Dieses gemeinsame Unternehmen zwischen der Einrichtung Stetten, die Pfarrer Klaus-Dieter Kottnik leitete, und der Stephanus-Stiftung war mit einem Symposion verbunden, bei dem auch ein Referent aus der ČSSR mitwirkte. Die mit uns befreundete Pfarrfrau, Ludmilla Burianova, hatte vermittelt.

*

Frau Burian aus Třebíč war von Beruf Lehrerin mit sonderpädagogischer Ausbildung. Während der Zeit des Sozialismus durfte sie in ihrem Beruf nicht arbeiten. Für eine Lehrerin, die gleichzeitig Pfarrfrau war, kam dies nicht in Frage. Sie konnte sich aber einige tschechische Kronen als Hilfsarbeiterin in einer Schuhfabrik dazu verdienen. Erst später, als vietnamesische Arbeiter auch in der ČSSR Einzug hielten, durfte sie sich als Sprachlehrerin einbringen. Im Übrigen war die sozialistische Kirchenbehörde gegenüber den Protestanten äußerst rigide. Predigtgenehmigungen wurden vom Rat des Kreises erteilt – oder untersagt. Aber die Kirche der Böhmischen Brüder war aus ihrer Geschichte einiges an schlechter Behandlung gewöhnt. Ilja Burian hielt es in seinen kirchengeschichtlichen Forschungen fest.

Burians zogen von Třebič nach Horni Vilémovice. Dort machten wir 1975 Sommerurlaub. Wir konnten den während der Ferienzeit nicht benötigten Gemeinderaum als Quartier nutzen. Vor dem Zimmer gab es einen Wasserhahn und eine Toilette. Die Gegend war schön, die Landschaft wunderbar, das Wetter brütend heiß. Einmal in der Woche versorgte uns der Jednota-Bus, der fahrbare Konsumbus der ČSSR. Er lieferte alles, was man brauchte: Seife, Brot, Bier und Butter. Am 1. August 1975 erlebten wir dort die Übertragung der Unterzeichnung der Schlussakte von Helsinki. Wir erfuhren, dass sich Helmut Schmidt und Erich Honecker einen „Guten Morgen" gewünscht haben. Da gab es einen Hoffnungsschimmer für uns Eingemauerte und von manchen wurde nun erwartet, dass politisch etwas in Bewegung kommen würde. Das erwies sich jedoch bis zum Fall der Mauer 1989 als eine trügerische Hoffnung. Wir hatten inzwischen gemerkt, dass uns auch in der ČSSR die „ewige Fürsorge" des Freundeslandes umgab. Offenbar wurden Kontakte mit der Staatssicherheit gepflegt und Aufträge der Observation von dort erledigt. Unsere Auslandsreisen in die Freundesländer sind in Akten aufgeführt. Was wir dort Schlimmes getan haben, weiß ich bis heute nicht.

Landespfarrer für Diakonie in Schwerin

Im Januar 1970 bekamen wir einen Brief aus Mecklenburg. Absender war der Oberkirchenrat der Evangelisch-Lutherischen Landeskirche Mecklenburg. Landesbischof Niklot Beste fragte, ob ich bereit sei, über eine Berufung in die Stelle des Landespfarrers für Diakonie nachzudenken. Dienstbeginn sei der 1. August 1970.

Im März tagte die Diakonische Konferenz in Schwerin und ich wurde zum Landespastor für Diakonie berufen. Nach der Sitzung wurden meiner Frau und mir das Büro und die Dienstwohnung in der Körnerstraße 19 gezeigt. In der unteren Etage war die Dienststelle des Diakonischen Werkes eingerichtet. Ein Schild im Hausflur lud „Zum Atelier" ein. Hier hatte Gustav Adolf Kettler sein fotografisches Atelier und seine Werkstatt. Inzwischen war er neunzig Jahre alt und hatte das Geschäft aufgegeben. Während wir dort wohnten, ging vor allem unser jüngster Sohn gern zu Kettlers. Frau

1971: Kinder Braune vor dem Schloss in Schwerin

Kettler war eine hilfsbereite und geduldige Person. Unser Sohn konnte bei ihr auf der Briefwaage das Gewicht von Häuschenschnecken oder Radiergummis ermitteln und erfuhr auf entsprechende Anfrage, was ein Elefant am Tag für Proviant benötigt.

Im Sommer 1970 zogen wir nach Schwerin mit dem VEB (Volkseigener Betrieb) Kraftverkehr aus Cottbus. Umzugskartons gab es nicht. Wir konnten aber erreichen, dass eine Woche vor dem Umzug zehn Holzkisten mit erheblichem Eigengewicht in die Wohnung gebracht wurden. Nach Auskunft der Anlieferer war es Pflicht, am Ankunftsort diese Kisten sofort zu entleeren.

Als wir die Treppe zur neuen Wohnung hinaufgingen, wurde klar, dass außer der Arbeit auch die Lebensumstände ganz anders sein würden. In Lautawerk hatten die Kinder einen Garten, Sandkasten, Tiere, Pflanzen und vor allen Dingen viel Platz gehabt. Hier gab es einen winzigen, verdreckten Hof mit Mülltonnen und es wuchs weder Strauch noch Gras. Auch war kein Platz für unseren

Wohnung und Dienstsitz in Schwerin in der Körnerstraße

Hund. Die Schildkröten konnten wir nur auf dem Balkon unterbringen. Ein Sandkasten fehlte. Dafür gab es Wäscheleinen und eine graue Holzwand mit angelehnten Fahrrädern zu besichtigen. Aus den Wohnungsfenstern sah man auf Häuserwände. Lediglich aus einem Erkerfenster konnte man einen Blick auf den Pfaffenteich werfen. Aber bald erfuhren wir, dass der Landespastor geradezu pompös wohnte. Eine Etage höher waren aus der gleichen Fläche, die wir bewohnten, zwei Wohnungen gemacht worden. Für eine der Wohnungen war die Toilette auf der halben Treppe. Ofenheizung gab es im ganzen Haus. Wir hatten ein Bad mit Kohleofen und die Toilette in der Wohnung.

Die schlimmste Wohnung im Haus ganz unten hatten Bernitts. Ein Zimmer, dazu eine kleine Küche, das Klo eine halbe Treppe tiefer. Die Schlafkammer mit lichter Höhe 1,70 Meter, nicht heizbar, über dem Hauseingang. Wenn Frau Bernitt Brateringe bei offener Küchentür fertigte, wussten wir sicher, dass sie zu Hause war.

Es kamen oft Hilfesuchende, auch Betrunkene oder Bettler zu uns. Frau Bernitt ließ sie nicht nach oben, wenn sie wusste, dass wir nicht im Haus waren. Sie war SED-Genossin und Straßenvertrauensfrau. Somit hatte sie auch Auskünfte über ideologisch richtiges und gefährliches Verhalten weiterzuleiten und wurde bei Antragstellung zu Besuchsreisen von der „Firma" befragt.

*

Bevor wir umzogen, hatte ich mich umgehört, was man als Landespastor zu tun hatte. Unter anderem besuchte ich Kirchenrat Gerhard Burkhard in der Schönhauser Allee 141. Er war dort Direktor und zuständig für Innere Mission und Hilfswerk in Berlin. Lange Jahre war er Präses der Berlin-Brandenburgischen Synode. Diakonische Einrichtungen waren meiner Frau und mir von Hause aus bekannt, aber das Amt des Landespastors war ein neues Terrain. Gerhard Burkhard erläuterte mir die Aufgaben und Zuständigkeiten. Er wusste, dass wir in Zukunft in der Geschäftsführerkonferenz des Diakonischen Werkes der Evangelischen Kirchen in der DDR zusammenarbeiten würden. So nannte er Probleme, Chancen und Schwierigkeiten und schloss mit dem außerordentlich mutmachenden Satz: „Bruder Braune, vom Nachttopf bis zur Kathedrale bist du für alles zuständig."

Im Laufe der nächsten Zeit räumten wir ein und versuchten uns einzugewöhnen. Da wir in der Dienststelle wohnten, war auch während der Tage unseres Umzuges einiges los. Es waren noch zwei Büros in der Wohnung und die Toilette wurde auch dienstlich genutzt.

*

Als ich am zweiten Tag unseres Dortseins früh im Schlafanzug durch den Flur kam, erhob sich eine ältere Dame, Frau Zerk, vom Linoleumboden, kniete sich senkrecht hin und sagte: „Guten Morgen, Herr Landespastor." Das hat mich in meinem neuen Amt außerordentlich beflügelt, im Schlafanzug mit Titel und Ehrung gewürdigt zu werden.

Die Wohnung in der Dienststelle Körnerstraße 19 war allerdings auch eine Belastung für die darunter wirkenden Mitarbeiter. Unsere Kinder trampelten dem Verwaltungsleiter Gerhard Schmidtke auf dem Kopf herum – aber er nahm es hin. Als Junggeselle mochte er die lieben Kleinen, er fütterte während unseres Urlaubs den Goldhamster, falls der nicht gerade gestorben war. War dies der Fall, wurde ein neuer herbeigeschafft, erhielt den Namen Pius und die fortlaufende Nummerierung.

Durch Landesbischof Niklot Beste wurde ich in meine neue Stelle eingeführt. Der Gottesdienst fand im Schweriner Dom statt. Viele Mitarbeitende aus der mecklenburgischen Diakonie waren dabei, auch Freunde aus der früheren Arbeit und Kollegen aus den gleichen Ämtern. Es war ein interessanter Anfang mit mancherlei Unsicherheiten. In den folgenden Grußworten wurde ich theoretisch ermutigt. Am Abend des Einführungstages waren wir beim Landesbischof im Schleifmühlenweg eingeladen, um uns noch näher kennenzulernen. In seiner Wohnung gab es Rehrücken mit Rotkohl.

Für einen kirchlichen Mitarbeiter erschienen die Voraussetzungen in Schwerin günstig: Der Landesbischof hieß Beste, die Sekretärin des Bischofs Engel, wir wohnten am Pfaffenteich, der Mensch, der die Gardinen aufhängte, hieß Gott – was wollten wir mehr?

*

Im Dezember 1970 wurde ein neuer Bischof gewählt. Es gab drei Kandidaten: Landessuperintendent Otto Schröder, Pastor Horst Gienke, Leiter des Predigerseminars in Schwerin, und Pastor Dr. Heinrich Rathke. Letzterer wurde gewählt. Mit ihm gab es stets eine vertrauensvolle Zusammenarbeit.

*

Die Schelfgemeinde war für uns zuständig. Wir hielten uns bald zur Domgemeinde, denn unsere Kinder sahen dort Schulkameraden oder Kindergartenmitstreiter. Die Domprediger Pastor Günter Pilgrim und Pastor Jürgen Hebert prägten das Gemeindeleben. Unsere beiden größeren Kinder gingen dort zum Konfirmandenunterricht. In der Domgemeinde fühlten wir uns bald heimisch. Zur Winterzeit gingen wir gern zum Gottesdienst in die Thomas-Kapelle, die warm beheizt und gut besucht war.

Häufig musste ich Gottesdienste in der Landeskirche bei Gemeinden oder in diakonischen Einrichtungen halten. So konnten wir nicht oft als vollständige Familie an Gottesdiensten teilnehmen.

*

In unserer Nähe lag der Matthias-Claudius-Kindergarten. Er gehörte zu den fünf Kindergärten des Diakonischen Werkes Mecklenburg. Die Leiterin Edeltraud Grahl war gleichzeitig verantwortlich für die Kindergartenarbeit in der Landeskirche. Evangelische Kindergärten gab es in Ludwigslust, in Eldena, in Wismar und in Waren/Müritz. Der Kindergarten in Ludwigslust war einer der ältesten Deutschlands.

Als wir in Güstrow einen Kindergarten neu errichten wollten und einen Tausch zwischen Eldena und Güstrow beantragten, scheiterten wir. Das Diakonische Werk war in Güstrow mit vielen Arbeitsfeldern intensiv vertreten. Es gab dort Einrichtungen der Altenhilfe und Behindertenhilfe, das Haus der Kirche und den inzwischen erbauten Wichernhof. Die Kindergartenplätze wurden dringend für die Kinder von Mitarbeitenden benötigt. Unsere Bemühungen wurden vom Rat des Kreises Güstrow und vom Rat des Bezirkes sabotiert. Es gab keine Chance, den Kindergarten in Eldena zu schließen und dafür einen in Güstrow zu eröffnen. Hintergrund für die Ablehnung war, dass Erich Honecker am 2. Februar 1978 geschrieben hatte: „Die unterbreiteten Vorschläge zum Bau von Kindergärten … sind durch die Vorsitzenden der Räte der Bezirke prinzipiell abzulehnen." (Dieses Schreiben Honeckers erging vier Wochen vor dem als konstruktiv gepriesenen Gespräch vom 6. März 1978.) Evangelische Kindergärten gewährten nicht, dass Kinder auch zu „allseitig sozialistischen Persönlichkeiten" erzogen wurden.

*

Im Herbst 1978 sprach ich mit der Schweriner Katechetin Frau Zühlsdorf. Lange Zeit hatte sie sich vergeblich für ihren Sohn um eine Sprachheilmöglichkeit bemüht. Der zuständige Schuldirektor hatte die Unterstützung verweigert, „weil ihr Kind in den evangelischen Kindergarten gehe". Von dem Gespräch mit Frau Zühlsdorf habe ich einen Aktenvermerk an den Oberkirchenrat und den Landesbischof geschickt. In ähnlicher Sache wandte ich mich schriftlich an die mecklenburgische Kirchenzeitung und widersprach dem sinnentstellenden Optimismus einer Berichterstattung, in der von der Gleichbehandlung zwischen staatlichen und diakonischen Mitarbeitern berichtet wurde. Daran war überhaupt nicht zu denken. Schon deshalb nicht, weil selbst Rentner, die in kirchlichen Heimen lebten, einen deutlich höheren Betrag für ihre Unterbringung zahlen mussten als in staatlichen Einrichtungen.

„Das Gespräch bedeutet keine Wende in der Kirchenpolitik." So hieß es in dem Material einer Beratung des Zentralkomitees der SED mit leitenden Genossen der Räte und Bezirke.

*

Wir waren dabei, uns einzuleben. Zum Jahreswechsel bekamen zwei unserer Kinder Hepatitis. Sie mussten lange im Evangelischen Kinderkrankenhaus Annahospital liegen und erholten sich nur mühsam. Wegen dieser Krankheit bekamen wir ein Rezept für ein Pfund Bananen pro Woche. Die konnten wir in einem Gemüsegeschäft der OGS (Obst-Gemüse-Speisekartoffeln) in der Nähe des Obotritenrings kaufen. In unserer Straße, 50 Meter weiter, gab es auch ein Gemüsegeschäft, das aber als bedeutendste „Südfrüchte" lediglich Rotkohl und Weißkohl hatte.

Reparaturen

Während wir uns mit der neuen Arbeit vertraut machten, die dazugehörigen Einrichtungen und Arbeitsfelder kennenlernten, mussten in unserer Wohnung Reparaturen durchgeführt werden. Vor dem Einzug war wenig renoviert worden. Die Öfen waren beschädigt. Wir brauchten neue Kachelöfen. Die alten wurden abgerissen. Das klingt für heutige Verhältnisse einfach. Aber hier kam zunächst eine Grundbrigade von 1,5 VbE (Vollbeschäftigteneinheiten), die während der gesamten Arbeitszeit anwesend war. Beim Frühstück waren allerdings sieben Bauschaffende in unserer Wohnung. Die Werktätigen hatten in der Straße eine „Ofenerzeugnislinie" eingerichtet und arbeiteten in mehreren Wohnungen. Das Frühstück fand zeitgleich für alle statt. Offenbar war es bei uns am besten.

Die Sache mit der stärkeren Personalbesetzung während des Frühstücks hatte neben einem höheren Lebensmittelaufwand für uns auch Vorteile. Man ließ sich nämlich erweichen, einen alten Kachelofen umzusetzen. Die schönen alten Kacheln blieben erhalten, wurden gereinigt und wiederverwendet. Es gab sonst zu jener Zeit nur das scheußliche Veltener Kackfarbengelb. Kenner konnten dieses Gelb beim Betreten einer Wohnung deuten. Wo immer sie hinkamen, wussten sie, in welchem Jahrzehnt dieser Ofen entstanden war.

Irgendwann brach meine Frau durch den Badfußboden und entdeckte dabei einen tellergroßen Hausschwamm. Das rief den Schwammbekämpfer auf den Plan. Über die Größe und Einzigartigkeit dieses Hausschwammes war er verzückt. Wir nicht. So musste eine Decke neu eingezogen werden. Dazu musste Frau Bernitts Küche geschlossen und gleichzeitig Doppel-T-Träger und verschiedene Mauersteine eingesetzt werden. Eigentlich durfte man die Doppel-T-Träger nicht verwenden. Wir hatten aber Beziehungen. Ein gläubiger Maurer und einer, der glaubte, mauern zu können. So lebten wir während der Bauzeit im Oben und Unten, im Hier und Jetzt. Die Badewanne stand auf dem Flur unter der Garderobe – das Waschbecken blieb an der Wand im Bad hängen. Das Klo war eine Treppe tiefer. Zwischendurch gab es eine Elektrohavarie und einmal im Monat mindestens Wasserspiele durch Haarrisse in den Bleirohren. Aber der gegenüber wohnende Klempnermeister Lang kam immer wieder geduldig und lötete.

*

Im Frühjahr 1975 starb ganz plötzlich unsere Mitbewohnerin Frau Bernitt. Nach ihrem Tod hatten wir diese „Wohnung", die wahrlich dürftig und eigentlich nicht zumutbar war, an die Wohnraumwirtschaft freizumelden. Wir konnten jedoch zuvor eine Tür entfernen, die Öffnung zumauern, ordentlich verputzen und mit dem gleichen Anstrich versehen, wie ihn die übrige Wandfläche zeigte. Als dann eine Familie mit Einweisungsschein für eben diese Wohnung kam, wiesen wir die beiden nicht beheizbaren Kammern über dem Eingangsflur vor. Die Wohnung wurde von den Bewerbern nicht akzeptiert. Deshalb konnten wir die Räume für das Diakonische Werk nutzen – Raumnot gab es nämlich immer. Wir lagerten darin Akten für ein Büro der Treuhandstelle und hatten eine zusätzliche Toilette. Aus der ehemaligen Küche wurde eine Teeküche für sämtliche Mitarbeitende unserer Dienststelle.

*

Als Landespastor war ich Geschäftsführer des Diakonischen Werkes und hatte die Verantwortung für die Treuhandstelle in der Evangelisch-Lutherischen Landeskirche Mecklenburgs und die Leitung der Dienststelle in der der Körnerstraße 19. Dazu kam die Begleitung, Betreuung und Förderung von Heimen und Einrichtungen – es gab davon 45, die zur Diakonie in Mecklenburg gehörten. Die Häuser waren unterschiedlich groß und mit schlichten Standards ausgestattet. Die Einrichtungen waren über die gesamte Landeskirche verstreut. Mecklenburgs Größe bedeutete viel Reisen.

Es gab auch einen Kreis von Mitarbeitenden für die offene Arbeit. Dazu gehörte die Rostocker Stadtmission mit Sitz im Friedhofsweg 11, das Kreisdiakonische Amt in Güstrow, das Kreisdiakonische Amt in Feldberg, die Blinden- und Gehörlosenarbeit und viele Veranstaltungen und Rüstzeiten, zu denen Eltern mit ihren geistig behinderten Kindern eingeladen wurden. All dies waren wichtige Aufgaben.

Die Blindenarbeit wurde von Diakon Martin Prelwitz verantwortet. Er reiste durch die Lande, besuchte Einzelne, organisierte Rüstzeiten für Blinde, die meistens in den Erholungsheimen des Diakonischen Werkes in Kühlungsborn stattfanden. An verschiedenen Sonntagen im Jahr gab es spezielle Blindentage in den Regionen Rostock, Schwerin und Neubrandenburg, bei denen sich immer eine große Schar von Blinden und deren Betreuer versammelten.

Wenn es um die Beschaffung, Vermittlung oder Bezahlung ging, war das Diakonische Werk gefordert. Das galt bei der Ausbildung im Predigerseminar, das seine Arbeits- und Unterkunftsräume in der Apothekerstraße hatte, genauso wie für das katechetische Seminar in der Graf-Schack-Allee am Burgsee.

Wir bekamen alsbald auch näheren Kontakt mit dem Vorseminar für den kirchlichen Dienst in Kirch Mummendorf bei Grevesmühlen, das im dortigen Pfarrhaus untergebracht war. Die

Voraussetzungen für späteren kirchlichen Dienst wurden dort vermittelt wie etwa Katechetik, Kirchenmusik und Hauswirtschaft. Unterrichtet wurde Allgemeinbildung, Altes und Neues Testament, Kirchengeschichte, Bibelkunde und vieles, was im Rahmen der sozialistischen Schulentwicklung untergegangen oder abgeschafft worden war. Die äußeren Standards in diesem Hause waren schlicht. Margot Kell leitete das Vorseminar von 1954 bis 1974. Von der Tätigkeit als Lehrerin wurde sie ausgeschlossen – und von der Volksbildung hinausgeworfen. Elise Thielmann, Witwe, verantwortete und leistete die Hauswirtschaft. Sie kam als Flüchtling mit ihrer schwerkranken Tochter und ihren Eltern aus den Ostgebieten dorthin.

In der Ferienzeit wurden in diesem Seminar Erholungsdurchgänge für Familien angeboten. Es kamen Gäste aus Thüringen, Sachsen und Mecklenburg. Das Haus war ruhig, die Verpflegung ausgezeichnet, die Ostsee war nicht weit – und auch die nähere Umgebung lud zu Spaziergängen ein. Unser Jüngster konnte dort ab und an einen Besuch machen. Von Frau Thielmann erhielt er Auskünfte über das Verhältnis zwischen Polen und Deutschland, die durch ihre Erfahrungen geprägt waren.

Nur durch den unermüdlichen Einsatz von Frau Thielmann und mithelfenden Seminaristinnen konnte das Seminar durchgehalten werden. Der Tagessatz von fünf Mark der DDR erlaubte keine großen Sprünge – weder bei Wirtschaft, Anschaffungen, noch bei der Verpflegung. Haus und Garten mussten herhalten, um eine gedeihliche Versorgung zu gewähren.

Abwehr der Suchtgefahr

1971 bekam das Diakonische Werk ein neues Arbeitsgebiet. Die Probleme des Alkoholmissbrauchs waren in der Region Schwerin, Neubrandenburg und Rostock erheblich. Zwar war die Arbeit des „Blauen Kreuzes" in der DDR verboten, die Evangelische Arbeitsgemeinschaft zur Abwehr der Suchtgefahren (AGAS) konnte aber unter dem Dach des Diakonischen Werkes notwendige Angebote machen. Zusammen mit dem Arbeitsausschuss der Diakonischen Konferenz beriefen wir einen Mitarbeiter als Verantwortlichen. Die

Gespräche darüber fanden im Mai 1971 im Stift Bethlehem, im Amtszimmer des Stiftspropstes Hermann Eichler, statt. Wir beriefen Heinz Nitzsche, der von der Dresdner Zentrale der AGAS empfohlen war. Heinz Nitzsche war von Beruf Autoschlosser, hatte in der Bibelschule Falkenberg bei Pastor Uwe Holmer eine Ausbildung durchlaufen, sprach fließend sächsisch, trug Bürstenhaarschnitt und war ledig. Sein erster Einsatzort war Lüdershagen. Da dort das Pfarrhaus leer stand, waren der Oberkirchenrat und der Landessuperintendent froh, dass es nun Nitzsche bewohnte. Er hatte ein Bett, einen Stuhl und einen Trabi. Seine Aufgabe bestand unter anderem darin, Öffentlichkeitsarbeit zu leisten, Kontakte zu knüpfen und sich um Einzelne zu kümmern. Die AGAS-Arbeit wurde vom Staat äußerst misstrauisch beobachtet, weil es unverständlich blieb, dass wir einen so schönen Sozialismus haben und trotzdem so viel getrunken wurde.

Bald wurde Heinz Nitzsche vom Oberkirchenrat gebeten, in Serrahn am Krakower See Heim und Pfarrhaus provisorisch zu übernehmen. Der dort amtierende Pfarrer Fritzsche war zum Landesposaunenwart berufen worden und musste nach Malchow umziehen. So zog Heinz Nitzsche nach Serrahn. Außer dem Pfarrhaus gehörte zu Serrahn auch ein umgebauter Kuhstall. Dort wurden Konfirmanden-, Jugend- und Familienrüsten organisiert. Beim Rat des Kreises war diese Arbeit nicht beliebt. Eine erweiterte Nutzung wurde beschlossen. Rollstuhlfahrer und andere Menschen mit Behinderung konnten dorthin kommen. Sigrid Nippkow, Stadtmission Rostock, bot Begegnungszeiten an. Das Interesse war groß und es gab einigermaßen brauchbare Rahmenbedingungen. Der See war nahe, eine Badegelegenheit also gegeben sowie Gemeinschaft unter dem Lindenbaum für gemeinsames Singen.

Der Zugang zum See war morastig, für Rollstuhlfahrer nicht geeignet. So kam man auf die Idee, das Autobahnbaukombinat, das in der Nähe die Autobahn Berlin – Rostock bauen sollte, um Hilfe zu bitten. Es gab diese sonderbaren Entwicklungen in der DDR, dass mit Planung nur schwer etwas erreichbar war – aber auf ganz kurzen Wegen das eine oder andere schnell erreicht wurde. Das Autobahnbaukombinat half: Eine rollstuhlgerechte Bahn bis zur Badestelle an den Krakower See wurde gelegt.

Beschaffungen

Zu meinen Aufgaben als Landespastor gehörten Weiterbildungen für Heimleiter und Mitarbeiter sowie Dienstbesprechungen. Es ging um die Beschaffung von Engpassmaterialien, Finanzangelegenheiten und die Vermittlung von Partnerschaftsbeziehungen mit Bayern und Hamburg. Dazu gehörten Verabredungen zu gemeinsamen Treffen, zu denen Pastorinnen und Pastoren sowie Mitarbeitende aus den Kirchen beider Teile Deutschlands kamen. Meine diensthabenden Kollegen, Landespastor Dr. Karl Leipziger aus Nürnberg und Landespastor Reinhard Pioch aus Hamburg, waren jeder Zeit zu Gespräch und Hilfe bereit. Aus naheliegenden Gründen konnten wir uns in Mecklenburg nur selten treffen. Zu den Partnerschaftsbegegnungen reisten die Westpartner mit Tagesvisum in die Hauptstadt der DDR. Dort traf man sich in Tagungsräumen der Stephanus-Stiftung.

Ein besonderes Kapitel war die Beschaffung von bestimmten Medikamenten, die man in der DDR nicht bekam – nicht rechtzeitig oder nicht in ausreichender Menge. Aludrinspray für Asthmapatienten gehörte dazu, auch verschiedene Diabetikermittel und Endoprothesen. Meine Frau beschaffte die Rezepte und verteilte die Medikamente, nachdem sie geliefert wurden, nicht per Post, sondern zu Fuß. Ihre Erfahrung als Krankenschwester kam ihr dabei zugute. Ein Teil der Medikamente wurde auf dem Einfuhrwege beschafft, was offiziell über das Diakonische Werk lief. Aber manch eilige Sache musste auf „kurzem Weg" beschafft werden und kam als Eigenbedarf in der Hosentasche oder durch Diplomatenwagen in die DDR.

Besonders delikat war die Beschaffung der Kraftfahrzeuge für kirchliche Mitarbeiterinnen und Mitarbeiter. In der weitläufigen Landeskirche mussten die meisten Pastoren erhebliche Wege zurücklegen, um Gottesdienste, Unterricht oder Beerdigungen zu halten. Die Besoldung der Pastoren war so gestaltet, dass sich niemand aus privaten Mitteln ein Kraftfahrzeug zum DDR-Preis kaufen konnte. In einer großzügigen Weise wurden jahrelang durch die Partnerschaftshilfe Fahrzeuge vom Typ Trabant oder Wartburg vermittelt. Die Realisierung geschah durch die Firma GENEX, eine Interzonen-Handels-Einrichtung wie auch der Intershop oder andere Firmen, die dies unter dem Titel „Export ins Inland" abwickeln konnten. Manchmal gab es Murren, weil der eine oder andere Mitarbeiter lieber einen Wartburg gefahren hätte als einen Trabant. Aber die zur Verfügung gestellten Mittel der Partnerkirche hätten nicht für die notwendige Versorgung aller gereicht.

Die Ausführung über die Firma GENEX-Geschenkdienst musste von privat zu privat erfolgen. Die Gaben, die die Kirchen vermittelten, konnten nur zwischen Personen eingesetzt werden. Es gab einen privaten Spender im Westen und es gab einen privaten Empfänger in der DDR, der mit Namen und Anschrift bekannt war. Das Fahrzeug konnte nach entsprechender Lieferzeit in Berlin oder Neubrandenburg abgeholt werden. Die übliche Bestellung in der DDR wurde nach einer Lieferzeit von 12 bis 17 Jahren realisiert – über GENEX dauerte es sechs Monate. Das gab auch allerhand Unruhe und Sozialneid innerhalb der werktätigen Bevölkerung.

Da die finanziellen Mittel für diese Kraftfahrzeuge den Gemeinden zustanden, holten wir im Diakonischen Werk Verpflichtungserklärungen von den Empfängern ein. Jeder, der von privat zu privat ein Kraftfahrzeug für den Dienst bekommen hatte, musste schriftlich erklären, dass etwa bei Veräußerung dieses Fahrzeuges der Verkaufserlös an das Diakonische Werk abzuführen sei.

Die Partnerkirchen haben mit einer unglaublichen Treue und Geduld die Arbeitsfelder in den Landeskirchen unterstützt. Was in dieser Hinsicht während der Trennungszeit zwischen Deutschland und Deutschland positiv gelungen ist, darf nicht vergessen werden.

*

Mit der Übernahme vom Amt des Landespastors für Diakonie gehörte ich zur Geschäftsführerkonferenz von Innerer Mission und Hilfswerk – Diakonisches Werk der Evangelischen Kirchen in der DDR. Die Geschäftsführerkonferenz tagte einmal im Monat. Meistens traf man sich zu den Sitzungen in der Berliner Stephanus-Stiftung in Weißensee. Im ersten Jahr meiner Mitwirkung als Landespastor fand außerdem eine Diakonische Tagung statt, zu der wir uns in der Hoffbauer-Stiftung in Potsdam-Hermannswerder trafen. Auf dieser Tagung gab es Fachvorträge, Bibelarbeiten, bischöfliche Grußworte, Kontakte mit Schwestern und Brüdern von Caritas und Ökumene sowie Gespräche und Begegnungen mit anderen, die sich für die Arbeit der Diakonie interessierten. Diese Tagung hatte den Charakter einer Informations- und Fortbildungsveranstaltung. So gehörte neben dem Bericht zur Lage auch eine Begegnung mit einem Vertreter des Staatssekretärs für Kirchenfragen.

Wir saßen abends beisammen. Es entwickelte sich ein offenes Gespräch und lebhafter Austausch über wichtige Dinge, Probleme, Banalitäten, über Wünschenswertes und Notwendiges. In Zusammenhang mit ihrer Arbeit erwähnte Charlotte Grahner, Geschäftsführerin aus Görlitz, dass „im Gebiet der schlesischen Kirche aufgrund der Grenznähe zu Polen besondere Probleme auftreten" würden. Ähnliches betonte Landespastor Siegfried Hildebrand aus Greifswald. Er erinnerte, dass es auch in der Pommerschen Kirche ähnliche Fragen gegeben hätte. Aggressive Töne waren dabei nicht zu hören, es ging lediglich um die Mitteilung, dass aufgrund der ziemlich offenen Grenze nach Polen einzelne Engpässe bei der Versorgung entstanden. Es hieß, dass Besucher aus dem polnischen Bruderland zum Beispiel fünf Paar Strümpfe auf einmal kaufen würden, um sie mit in ihr Heimatland zu nehmen. Das war nur Mitteilung zur Kenntnisnahme, so glaubten wir. Der „Genosse" F., er war eigentlich Mitglied der CDU, setzte sich allerdings gerade hin und erteilte der Versammlung einen Anschiss. Anders lässt sich die Art und Weise seiner Zurechtweisung nicht ausdrücken. Er sprach von historischen Entwicklungen und falschen Rückblicken, die auf Meinungen schließen ließen, die nicht mehr tragbar seien. Es handle sich um die Gebiete der Görlitzer Kirche und des Greifswalder Kirchengebietes, es ginge nicht um Schlesien und Pommern. Alle anderen Benennungen seien Revanchismus. Auch die Mitarbeiter in der Diakonie der DDR müssten sich endlich angewöhnen, eine geschichts- und zeitentsprechende Formulierung in solchen Fragen zu finden. Der Referent war aggressiv und somit unbelehrbar. Ab dem Zeitpunkt störte er die Gemütlichkeit der Runde. Dennoch widersprach ihm niemand. Es hätte ja keinen Zweck gehabt. Diese Einlassung verdeutlichte eine ganze Menge anderes, zum Beispiel die Abhängigkeit der Ost-CDU von der SED. Vielleicht auch die Angst des CDU-Mitglieds, dass einer aus der Runde weitergeben könnte, dass solchen Äußerungen nicht Einhalt geboten wurde. Da neun Zehntel der schlesischen Kirche in Polen waren, konnte man sich auch aufgrund der Quadratkilometer für die Formulierung „Görlitzer Kirchengebiet" entscheiden, für Pommern galt ähnliches.

*

Im Herbst 1970 verschwand Pfarrer R. aus Schwerin. Im Sprachgebrauch der DDR hieß es, er sei republikflüchtig geworden. Wie und auf welchem Weg das geschehen war, wusste keiner. Wir hatten die Angelegenheit mitbekommen, weil er in einem Haus wohnte, das zum Diakonischen Werk gehörte. Die Behörden bemühten sich, Einzelheiten herauszubekommen und eventuell beteiligte Mitwisser aufzutreiben, um sie zu bestrafen. Wir wurden eine Zeit lang observiert, bekamen das mit, konnten es damals aber nicht einordnen, weil wir es nicht in Zusammenhang mit der Republikflucht des Schweriner Pfarrers brachten.

Unerwünschte Begleitung

An einem kalten Dezembertag fuhr ich mit Ulrich Buck, dem Kraftfahrer des Diakonischen Werkes, nach Berlin. Die Autobahn gab es damals noch nicht. Wir fuhren zunächst bis Ludwigslust auf der F106 – und dann auf der F5 Hamburg-Berlin. Das war die Transitstrecke. Wir merkten bald, dass uns ständig ein Fahrzeug folgte. Kurz vor Schildow wurde es ausgewechselt. Es fuhr rechts heran – stattdessen folgte uns ein anderes Fahrzeug. Es war eindeutig. Warum, wussten wir nicht.

Abends rief ich meine Frau von Berlin aus an und sagte ihr, dass wir uns am nächsten Tag zur Weihnachtsfeier in Berlin treffen würden. Das muss für die unbefugten Mithörer eine Art konspirativer Verabredung gewesen sein. Denn als meine Frau in Berlin angekommen war, berichtete sie, dass sie von Schwerin aus bis Berlin zunächst im Zug und später in den Berliner öffentlichen Verkehrsmitteln sowie zu Fuß bis ins Gelände vom Königin-Elisabeth-Hospital in Lichtenberg von einer Person verfolgt worden sei. Es war offensichtlich ein auffälliger Mitarbeiter des MfS. Gegen solche Belästigungen konnten wir uns nicht wehren.

Einen Tag später fuhr ich gegen Abend mit Herrn Buck wieder heimwärts – meine Frau war bereits mit dem Zug zurückgekehrt.

Wir hatten Termine und mussten Umwege fahren. Diesmal hatte der unglückliche „Schatten", den wir alsbald bemerkten, alles mitzumachen. Wir fuhren nach Velten. Dort besuchten wir Tante Ella aus Nieder Neuendorf, die inzwischen in ein Altersheim gezogen war. Von Velten fuhren wir nach Neubrandenburg zu einem Besuch. Des Nachts ging es heimwärts Richtung Schwerin über Teterow, Güstrow und Brühl. Für den „begleitenden Dienst" war dies außerordentlich aufwändig. Wie jetzt aktenkundig wurde, haben sich die Genossen dabei sehr viel Mühe gegeben. Sie versuchten, sich nichts entgehen zu lassen.

Solche Dinge waren unangenehm und manchmal beängstigend. Es gab auch sonderbare Erfahrungen, die der Komik nicht entbehrten. Meine Frau ging zum Postamt in der Bischofstraße, um ein Päckchen abzugeben. Es war kurz vor Weihnachten. Die Paketannahme war voll. Eine lange Schlange stand an, um „Geschenksendung – keine Handelsware" loszuwerden. Auch wir schickten den Westverwandten etwas. Manchmal waren es Dinge, die sie schon hatten oder die sie nicht dringend brauchten. Denn das, was wir ihnen gern geschenkt hätten, gab es nicht oder war zur Ausfuhr verboten. In dieser Absenderschlange stand den ganzen Tag derselbe Mensch mit ein und demselben Paket. Jedes Mal, wenn der vor ihm Wartende am Schalter dran war, scherte er aus der Schlange aus. Vermutlich ein Mitarbeiter der Stasi. Er hatte offenbar die Aufgabe, die Gespräche der Leute mitzuhören. Diese Art der unerwünschten Begleitung verließ uns bis zum Ende der DDR nicht.

Neubau Wichernhof

In diakonischen Einrichtungen unterzukommen, war schwierig. Es fehlten Plätze für Betreuung und Pflege. So waren wir besonders dankbar, als über das Diakonische Werk der Evangelischen Kirche in Deutschland in der DDR Neubauten für Menschen mit Behinderungen realisiert werden konnten: In der Mecklenburgischen Landeskirche im Michaelshof in Rostock-Gehlsdorf entstand ein Neubau. Ein weiterer wurde in der Nähe von Güstrow auf dem Domgut Dehmen errichtet. Die Hilfen der westdeutschen Kirchen gehörten zum „Psychiatriebauprogramm". Im weiteren Verlauf dieses Programms wurden auch in anderen diakonischen Einrichtungen der DDR Wohnmöglichkeiten geschaffen. Sie haben geholfen, unsägliche Verhältnisse zu verbessern.

Beim Bau des Wichernhofes in Dehmen bei Güstrow gab es einige Schwierigkeiten. Nachdem der Bauplatz feststand, sollte begonnen werden. Die Pläne lagen vor. Der Neubau basierte auf einem „Wiederverwendungsprojekt", das örtlich angeglichen werden konnte. Unser Diakonisches Werk Mecklenburg kam in dieses Programm. Wir mussten einen vorgegebenen Zeitplan einhalten. Der VEB(K) Bau Güstrow hatte die Generalauftragnehmerschaft übernommen. Aber wie so manche Baubetriebe in der DDR lebte er auch gern von Baubehinderungsanzeigen. Wenn also wegen unpassierbarer Wege oder unpünktlicher Lieferung Materialfahrzeuge nicht durchkamen oder wenn eine verabredete Energiebereitstellung nicht klappte, war es die Aufgabe des Bauherren – in diesem Fall des Diakonischen Werkes Mecklenburg –, die Probleme zu lösen. Baubehinderungsanzeigen nützten den VE-Betrieben und der Baubetrieb konnte seine Hände in Unschuld waschen. Wir mussten zusehen, wie wir weiterkamen. Sämtliche Verzögerungen gingen zu Lasten der Bedürftigen. Es gab dabei undurchsichtige Verhältnisse und nicht alles konnte überprüft werden. Wir als kirchliche Einrichtung konnten nicht über das Vertragsgesetz der DDR mit Betrieben streiten. Das Zivilgesetzbuch gab es erst ab 1977. Wir aber schrieben 1972 und hatten die große Not der schlecht versorgten Menschen mit geistiger Behinderung vor Augen. Wir wollten auf jeden Fall bauen. Das Angebot der Partnerkirchen war die einzige Chance.

In Dehmen war es besonders kompliziert, denn es gab keine feste Straße. Auch die Brücke über den Bach war zu instabil, um schwere Lastkraftwagen auszuhalten. Und die Elektrizität im Ort reichte nicht aus, weder für den Baustrom, noch zum Aufrichten des Montagekranes. Im VEB(K) Bau Güstrow wurden Wohnungsbauelemente montiert. Ein Kran war daher unbedingt erforderlich. Beim Planen haben uns die Verantwortlichen unter der Hand wissen lassen, dass auf der Materialliste des Baubetriebes drei Viertel aller Positionen nicht lieferbar wären. Das hieß, dass es für ein Fertigbetonteil-Haus lediglich die 0,8 mp-Bauplatten gab. Alle anderen Dinge waren Sonderanfertigungen. Die vorproduzierten

1972: Der Wichernhof entsteht ...

Treppenteile hatten zum Teil unterschiedliche Steigungen. Es war zum Verzweifeln – aber wir schafften es. Das Haus wurde fertig. Von außen besaß es den tristen Charme sozialistischer Plattenbauten. Diese Einrichtung war für viele Jahre eine große Hilfe. Sie stellte für behinderte Menschen gegenüber dem Clara-Dieckhoff-Haus Güstrow in der Grünen Straße eine wesentliche Verbesserung dar. Dort arbeiteten die Hauseltern Karin und Eckard Sturz viele Jahre unter schwierigen Bedingungen weiter.

Vor Baubeginn in Dehmen hatten wir einen Antrag an das Energiekombinat Nord gerichtet mit der Bitte, für das Haus eine neue Trafostation zu errichten. Man war 1971 so freundlich, uns für 1974 vorzusehen – möglicherweise wären wir dann sogar bilanziert worden. Das war aber eindeutig zu spät, weil das Heim 1973 bezugsfertig sein sollte. Wir hatten auch das Autobahnbaukombinat mit Sitz in Potsdam angefragt, eine Straße nach Dehmen zu bauen. Sie wurde für den Transport der Materialien ebenso wie für den späteren Betrieb dringend benötigt. Von dort erhielten wir die freundliche Aufforderung, in einem Jahr nochmals wegen einer

Bilanzierung nachzufragen. Daher lösten wir das Problem anders. Gerhard Schmidtke, unser Verwaltungsleiter, und ich fuhren zur Firma Kammeyer nach Meyenburg, um wegen der Trafostation zu verhandeln. Die Angelegenheit wurde sorgfältig erörtert. Eine geringfügige Vorauszahlung machte die Damen und Herren willig, uns zu helfen. Ruhm und Ehre den kleinen Privatbetrieben! Nach sechs Wochen stand die Trafostation. Wir konnten termingerecht Vollzug melden. Der Baustrom in Höhe von 35 kW stand zur Verfügung. So konnte uns der Baubetrieb in dieser Sache mit keiner Baubehinderungsanzeige belästigen. Nun fehlte nur noch die Straße. Zuerst schien es nicht möglich, dies rechtzeitig zu klären.

Wir machten abermals einen Besuch bei einer im Plan des Autobahnkombinates nicht vorgesehenen Arbeitsstelle. Zu der Zeit wurde die Autobahn Berlin – Rostock gebaut. Dieser nicht offiziell geplante Arbeitsplatz der Baubrigade war Glasewitz. Dort wurde der Dorfplatz geteert. Der Besuch bei dem Brigadier hatte Erfolg – er meinte nämlich: „Wenn Sie gestern gekommen wären, hätten wir es nächste Woche für Sie gemacht. Jetzt können wir erst in drei Wochen anfangen." Es dauerte daraufhin immer noch sechs Wochen, aber die Straße war pünktlich fertig. Auch hier gab es keinen Anlass für eine Baubehinderungsanzeige.

Inzwischen tat sich Neues und Gewaltiges auf. Eines Morgens, kurz nach sieben, kamen vier Menschen zu uns nach Schwerin in die Wohnung. Hans Koch, Vorsitzender der CDU-Bezirksleitung in Schwerin und ein Vertreter vom Kreis Güstrow, dessen Name mir entfallen ist. Dazu kamen zwei Herren, die anonym bleiben möchten. Sie sagten, da wir nun eine so schöne Trafostation hätten, müssten wir jetzt auch das Dorf Dehmen anschließen, es mit Strom versorgen. Diese Kooperation sei dringend – wir könnten uns dem auf keinen Fall verschließen. Ich habe den Herren freundlich mitgeteilt, dass sie sich sofort an unsere Station anhängen könnten, wenn sie erstens den Baustrom in den Spitzenzeiten garantieren würden und zweitens uns die gesamte Anlage umgehend vom Energiekombinat Nord abgekauft würde. Zurzeit seien wir Eigentümer, weil das EKN uns erst für 1974 zum Bau ermutigt habe. Wenn das EKN die Anlage kaufen würde, seien wir fast zu allem bereit. Das Gespräch wurde lebendiger, weil man unsere Bedingungen nicht akzeptieren wollte. Zuvor aber hatten wir

Spannungsmessungen vornehmen lassen. Dabei wurden statt der versprochenen 220 Volt nur 170 bis 180 Volt geliefert. So wiesen wir darauf hin, dass mögliche Defekte in den Geräten unserer Einrichtungen durch Unterspannung entstanden sein könnten. Wir behielten uns Schritte vor, eventuell Schadenersatz zu fordern.

Zunächst hätten wir allerdings die Pflicht, den wichtigen Bauinlandsexport zu realisieren und zu vollenden. Das alles brachte keine Lösung – und plötzlich kam von der anderen Seite ein äußerst schlagkräftiges Argument: „Herr Pfarrer, wenn Sie das Dorf nicht anschließen lassen, gehen die Bürger nicht zur Wahl." Wir lagen wieder einmal im „Wahlkampf" und es gab viele Veranstaltungen zur Vorbereitung des Faltens. So war dieses Argument tief beeindruckend. Ich fragte: „Haben Sie denn Sorge, dass unsere Kandidaten dann nicht gewinnen?" Diese Frage wurde nicht beantwortet, aber das Energiekombinat Nord kaufte die Anlage. Das Dorf wurde angeschlossen. Und wenn ich mich recht erinnere, haben damals die Kandidaten der Nationalen Front einen eindeutigen „Wahlsieg" davon getragen. Es ging auch hier wie so oft. Bei langfristigen Planungen wurden entscheidende Termine im Eilverfahren festgelegt. Erst ging jahrelang gar nichts – und dann musste alles in zehn Tagen erledigt sein.

So ging es uns auch mit der Grundsteinlegung für diesen Neubau. Der Termin wurde extrem kurzfristig mitgeteilt. Wir wollten aber viele dabei haben, die mit uns feiern sollten – wir wollten die Öffentlichkeit für die betroffenen Menschen und die diakonische Arbeit erreichen. Kommen sollten der Landesbischof, das Außenhandelsunternehmen der DDR, VEB(K) Bau, die Mitarbeiter, die Kirchengemeinden, der Landessuperintendent, die Mecklenburgische Kirchenzeitung und vor allem die Vermittlerinnen und Vermittler aus der Schönhauser Allee 59. Der Grundstein musste also kurzfristig besorgt werden. Als Geheimtipp wurde uns in diesem Fall „Renata" genannt. Renata kam aus Polen, war Restauratorin und arbeitete zu jener Zeit am Güstrower Schloss.

Ich fuhr also nach Güstrow, fragte nach Renata und kletterte auf ein Gerüst. Dort fand ich eine charmante, mit Gips bekleckerte Dame unter einer Stuckdecke liegen. Mein Anliegen wurde ich los. Wir bräuchten einen schönen Grundstein mit Jahreszahl, es sei dringend – und alles in vier Tagen bitte. Renata murrte und sagte:

Grundstein und Dokumentenhülse Wichernhof

„Du spinnst." Aber sie sagte zu. Der Stein war pünktlich fertig. Er wurde von den Bauschaffenden abgeholt und eingebaut.

Zum Bezahlen ging ich wieder zu Renata aufs Gerüst. Ich hatte mit 200 bis 300 Mark der DDR gerechnet. Renata sagte: „Es kostet 70 Mark." Mein fragender Blick ließ sie erklären: „20 Mark für die Arbeit und 50 Mark fürs Klauen." Ich gab zwei Mähdrescher (das sind zwei Fünfzigmarkscheine, die damals in der DDR im Umlauf waren. Auf dem rückseitigen Bild des Geldscheines war das Bild einer „Ernteschlacht" zu besichtigen mit einem Mähdrescher darauf.) Die vermauerten Anteile vom Güstrower Schloss in unserem Hause verleihen damit dem Dienst für Menschen mit Behinderungen fürstliche Züge.

✳

Der Wichernhof nahm die Arbeit auf. Viele Neue kamen zu uns.

Klaus Weckwerth und seine Familie kamen aus Sachsen. Wir baten ihn um die Leitung des Wichernhofes und hatten ihn deshalb schon gegen Ende der Neubauphase angestellt. So konnte er das Geschehen begleiten und die Entwicklung fördern. In der Küche und für die Wirtschaft arbeiteten meist Leute aus der näheren Umgebung, die sich als treu und zuverlässig erwiesen. Diakonin Eva Wossidlow kam aus einer diakonischen Einrichtung in Ludwigslust.

Beim Neubeginn des Wichernhofs konnten wir nicht mehr wie frühere Arbeitsfelder der Diakonie mit der Entsendung von Diakonissen, Diakonieschwestern oder Diakonen rechnen. Alle Mitarbeiter mussten geworben und für die Aufgaben motiviert werden. Dr. Störck, Chefarzt vom Sachsenberg, engagierte sich besonders für die Arbeitstherapie. Heimarzt wurde Dr. Pfiffner aus Güstrow.

Der Neubau „Wichernhof" veränderte die Wohnbedingungen vieler – vor allem derjenigen, die vom alten Schulhaus in den Neubau umzogen. In dem ehemaligen Schulhaus des Dorfes hatte mein Amtsvorgänger, Landespastor Helmut Kuessner, mit der Arbeit für Menschen mit Behinderungen begonnen.

*

Zur Vollendung des Baues stellten wir eine Betonplastik der Künstlerin Ingrid Vormelker auf. Sie trug den Titel „Geborgenheit" und „Wachet auf". „Geborgenheit" – ein Bild für Nähe und Wärme – und „Wachet auf" gaben die trommelnde Kattrin aus Bert Brechts Drama „Mutter Courage und ihre Kinder" wieder: Die Frau mit Behinderung weckt die schlafende Gesellschaft auf und rettet so Leben, damals das der Bürger der Stadt Halle.

Die Einrichtung war innerhalb kurzer Zeit voll belegt. Abgesehen von den alltäglichen Schwierigkeiten mit Lebensmittelversorgung, Kleinreparaturen, Ausfall der Wasseranlage, Abwasserbeseitigung, war es ein wichtiger und großer Schritt nach vorn.

*

Unsere Kinder waren integriert: Schule, Judo, Fußball und Rudern auf dem Schweriner See. Sie informierten sich, wo immer es ging, über Kultur und Gesellschaft und nutzten die schöne Gegend um Schwerin. Ein Diktat des Erstklässlers brachte für uns ideologische Klarheit: Das Diktat Nr. 8 vom 28. April lautete: „Am 1. Mai. Arbeiter und Bauern kommen mit Fahnen. Die Pioniere singen frohe Lieder. Alle feiern den 1. Mai. Fehler: 0, Schrift: 1, Bewertung: 1."

1973: Schlüsselübergabe Wichernhof. Leiter VEB Bau, Vertreter von Bergbau/Handel, Werner Braune, Kirchenrat Hans-Dietrich Schneider (Diakonisches Werk) (von links)

Klare Aussage, wie es uns ging, sonst war – außer den Pionieren – die Partei immer da, allgegenwärtig, allwissend und allmächtig. Im Schulheft des Kindes stand die „Einladung zur Elternversammlung: Am Dienstag um 19:30 Uhr: Genossen kommen schon um 19:00 Uhr." Letztere Zeile sollte vermutlich von den S-Kindern nicht mitgeschrieben werden. (A, I und S waren die Kurzbezeichnungen für Arbeiter, Intelligenz und Sonstige. Wir waren immer Sonstige.) Die Partei aber brauchte diese 30 Minuten Vorsprung, um die Wahlergebnisse für die nachfolgenden Elternbeiratswahlen festzulegen. Dass die Kinder auch ziemlich früh Zusammenhänge begriffen, entnahmen wir aus dem Dialog zwischen Acht- und Neunjährigen: „Also, ich lese hier in der Zeitung, wenn du jetzt dein Kind Max oder Karl oder Paul oder Konrad nennst, kriegste 20 Mark." Dazu der zeitungslesende Bruder: „Wenn du es Wladimir Iljitsch nennst, kriegste 50." Wichtige Erkenntnisse in einer Zeit, in der Namen wie Jacqueline, Mike und Yvonne häufiger gewählt wurden.

Bei den Erstklässlern gab es Bienchen für gute Leistungen. Ein Stempel mit der Gestalt einer fleißigen Biene zierte die Schreibarbeiten der Siebenjährigen. Im Schulheft unseres Jüngsten entdeckten wir eines Tages, dass für gute Leistung ein roter Sowjetstern eingestempelt war. Offensichtlich hatte eine ideologisch frühreife sozialistische Pädagogin klassenbewusstere Zeichen gesetzt, als es ein Bienchen hergeben konnte. Meine Frau und ich waren ein wenig verärgert. Unser Sohn kommentierte es mit den Worten: „Beim Bienchen denkt man an Gestochenwerden und beim Stern denke ich immer an Weihnachten."

Also wieder kein Erfolg, Genosse Stalin. „Der Mensch denkt und Gott lenkt." Aber es ging auch anders: Einmal schickte die Lehrerin unseren Sohn mit einem Tadel nach Hause. Ungebührliches Verhalten, so ähnlich lautete die Begründung. Die Kinder hatten aus Papier Mai-Nelken basteln sollen und die sahen tatsächlich äußerst unterschiedlich aus. Unser Sohn bemerkte zu einem besonderen Exemplar: „Das sieht aus wie ein Staubwedel." Das ergab also einen Tadel, weil Mai-Nelken Klassenkampfelemente sind und eine Diffamierung solcher heiligen Güter nicht geduldet werden konnte.

Stephanus-Stiftung

Für unsere Berufung in die Stephanus-Stiftung mag es mehrere Gründe gegeben haben. Ausschlaggebend für das „Ja" zur Stephanus-Stiftung war ein Brief meines früheren Predigerseminardirektors und späteren Bischofs Albrecht Schönherr. Handgeschrieben bat er um meine Rückkehr in die Berlin-Brandenburgische Kirche und um die Übernahme der Leitung der Stiftung. Da ich als Brandenburger Pfarrer ordiniert und dort zu Hause war, folgten wir diesem Ruf. Der Abschied von Schwerin fiel uns nicht leicht. Neun Jahre waren wir dort – und lebten gern in Mecklenburg. Nun würden wir uns auf eine neue Herausforderung einlassen. Die geteilte Stadt Berlin ließ einiges an Problemen und Absonderlichkeiten erwarten.

Es wohnt sich gut in Berlin-Weißensee inmitten von Wiesen, Bäumen und Sträuchern. Blühende Landschaften gab es in der Stephanus-Stiftung schon vor der Wende. Besonders im Frühjahr, wenn die ersten Schneeglöckchen und Krokusse hervorkamen, war es eine Freude, durch die Einrichtung zu gehen. Wir wohnten in der Albertinenstraße. Die Haltestelle der Straßenbahn ist Smetana/Albertinenstraße. Der Weiße See liegt mitten in einem schönen Park. Auf dem Gelände zwischen Albertinen- und Parkstraße steht das Ernst-Berendt-Haus, ein Feierabend- und Pflegeheim. Außerdem gibt es eine zentrale Küche und einen Speisesaal für Bewohner, Mitarbeiter und Gäste. Darüber eine Wohngruppe – zunächst als Teil des Alters- und Pflegeheimes, später für Menschen mit Behinderungen.

Die Friedenskirche ist Zentrum. Im Obergeschoss des Hauses befinden sich der große und der kleine Saal für Tagungen, Weiterbildungen, Geschäftsführerkonferenzen und Treffen der Evangelischen Akademie. Darüber in kleinen Mansardenstuben war die gesamte Finanz- und Personalabteilung untergebracht. Als Kinder- und Jugendwohnheim diente ein formschöner Barackenbau, teils mit Knöterich bewachsen. Unser dänischer Freund Bischof Karsten Nissen betrachtete das Haus mit nachdenklichen Blicken und sagte zu dem Bewuchs: „Bei uns nennt man das Architektentrost."

Im Paul-Braune-Haus, ebenfalls auf dem Gelände befindlich, wohnten seit 1952 Ilse und Jochen König mit Familie. Sie waren

Glockenstuhl der Stephanus-Stiftung und Kinderheim

das Heimleiterehepaar der Stiftung. Über ihnen waren Gästezimmer – neben ihnen wohnten Mitarbeiter und im Erdgeschoss befand sich die Tagesstätte für behinderte Kinder und Jugendliche. Daneben lag das Brüderhaus für die Ausbildung von Diakonen – darunter die Anlernwerkstatt, ein Trainingsbereich für künftige Tätigkeit in einer geschützten Abteilung von Betrieben mit Tonwerkstatt, Textilgestaltung und Montagearbeiten.

In der danebenstehenden Baracke war die Krabbelstube für Kinder von Mitarbeitern der Stephanus-Stiftung. Zwei Räume dienten für die Bibelwochen und Ausbildung. Außer uns und dem Heimleiterehepaar wohnten auf dem Gelände die Hauseltern der Diakonenausbildung Christine und Manfred Schmidt. Im Kinderheim lebten die Hausleiter Inge und Heinz Scholz und im Dorotheahaus, Wohnhaus für geistig behinderte Jugendliche, Elfriede und Wilhelm Pawlowski. Kirchenrat Federlein zog in seinem Ruhestand in den hinteren Teil des Geländes, in die Parkstraße. Es gab viele Anlässe, sich zu begegnen. Besonders eindrücklich war das Osterritual im Kinderheim. In dunkler Nacht zündeten wir Kerzen an und sangen beim Hellwerden auf den Wohnetagen der Kinder und Jugendlichen. Anschließend frühstückten wir gemeinsam.

Nicht weit vom Gelände der Stiftung war die „Allee". Offiziell hieß sie Klement-Gottwald-Allee, wurde aber „KGA" abgekürzt. Durch Abkürzungen kann man auch Aussagen treffen, denn die KGA war Protokollstrecke. An Werktagen und bei hohen Festlichkeiten fuhren Erich Honecker und jene Genossen, die in Wandlitz wohnten, zur Arbeit oder zum Empfang mit verordnetem Jubel. In Limousinen, die nicht etwa aus dem Freundes- und Paradiesland, sondern aus den NSW, dem nicht sozialistischen Wirtschaftsgebiet, stammten. Die Ampeln waren stillgelegt, dafür gab es eine aktuelle Verkehrsregelung durch uniformierte Posten. Morgens und abends wurden die ordnenden Genossen an die entsprechenden Stellen gebracht und von einem Sammelfahrzeug heruntergelassen. Sie mussten ausschließlich den Verkehr in einer Richtung liniengetreu regeln. Das Rathaus Weißensee, früher Askania-Haus, war Zentrale für die Mitarbeiter des MfS, die die Protokollstrecke versorgen mussten. Die Geschäfte der Allee waren in Volvoblickhöhe renoviert. Das bedeutete, dass die Gebäude bis zur ersten Etage gestrichen waren – weiter oben nicht mehr. Wenn es in diesen

Geschäften Engpasswaren gab, durfte bis nach der Vorbeifahrt von Honecker nicht Schlange gestanden werden. Die Patrouillierenden, mit Einkaufsbeuteln getarnt, waren vom MfS. Ein Hinweis auf schlechte Versorgung oder Bückware (Mangelware, die unter dem Ladentisch lagerte) wurde in diesem Fall durch ordnendes Eingreifen der stets unerkannten „bekannten" Zivilisten verhindert.

Wenn alle bei der Arbeit waren oder im ZK angekommen oder zurück in der Waldsiedlung, wurde der Autoverkehr wieder mit Ampeln geregelt.

Aber es gab auch ärgerliche und die Arbeit gefährdende Anteile. Bei Parteitagen oder bei besonderen Vorkommnissen anderer Art wurden zum Beispiel der Stephanus-Stiftung alle Amtsleitungen bis auf eine einzige für das Telefonieren entzogen. Besprochen hatte das niemand mit uns – die Leitungen waren einfach weg. Statt unserer notwendigen fünf Amtsleitungen hatten wir an solchen Tagen mit Mühe nur eine. Es gab im Fernmeldewesen der DDR keinerlei Probleme, wenn man mal von den zehn bis fünfzehn Jahren Wartezeit auf einen privaten Telefonanschluss absah. Weiterhin kam, wenn „besonders Großes" angesagt war, ein Vertreter des Ministeriums und versuchte uns anzuweisen, dass wir Menschen mit Behinderungen während dieser Zeit nicht frei herum laufen lassen dürften.

Derartiges ereignete sich auch, als Bundeskanzler Helmut Schmidt zu Besuch in der DDR angekündigt war. Ein parkender Eisenbahnzug, der den Bundeskanzler abholen sollte, wartete in Milmersdorf bei Templin. Von dort ist es nur ein kurzer Weg zum Honecker-Treffpunkt in die Schorfheide. Damals wurde der Waldhof, unsere Einrichtung in Templin, vom MfS besucht. Es gab Anweisung, Menschen mit Behinderung zu Hause zu halten. Von Einsperren hat natürlich niemand gesprochen. In diesen Fällen folgten wir den Anweisungen nicht.

Kaffee für Aze

Aze ist handwerkliche Abkürzung für „Azetylen" – abgefüllt in druckfesten Stahlflaschen mit gelbem Schraubverschluss. Aze ist nötig zum autogenen Schweißen. Aze war Mangelware. Selbstverständlich wurde es dringend gebraucht, denn es war unverzichtbar für unsere Metallwerkstatt, für Reparaturen und Neuanfertigungen, Bauschlosseraufgaben und Kfz-Reparaturen. Ab und an, nicht nur zum heiligen Christfest, bekamen jene Mitarbeiter bei der zuständigen Stelle (VEB-Flüssiggase und technische Gase) ein Päckchen Kaffee. Nicht etwa Mona, Rondo oder andere heimische Sorten, sondern den guten Jacobs oder eine andere Sorte aus dem Westen. Den Kaffee schickten uns Freunde oder er wurde im Intershop gekauft. Er diente dazu, entweder eine Kaffeetafel im Altenheim zu verschönern oder aber den Werktätigen im sozialistischen Binnenhandel die Freude am Handel zu erhöhen. Das wiederum führte zum Aze und half dem stürmischen Aufbau des Sozialismus zu beachtlichen Teilerfolgen. „Ohne Aze", sagte unser Mitarbeiter Norbert Seifert, „geht gar nichts und mit Karbid wollten wir ja nicht wieder anfangen."

Im Übrigen war die Mehrzweckwerkstatt, in der Herr Seifert regierte, ein interessanter Ort. Nur kleine Geister halten Ordnung, ein Genie überblickt das Chaos. Ein nach und nach vergrößertes Schleppdach wurde ausgebaut, mit Fenstern und Türen versehen – irgendwann war auch eine Heizung drin und Elektrizität. Unter demselben Schleppdach fanden sich Holz- und Malerwerkstatt sowie die Materialien des Elektrikers. Alles Nötige wurde besorgt zu den damals möglichen Gegebenheiten. Dichtungen, Flansche, Schrauben, Kunststoffe, Halbfertigteile, Farbtöpfe und Tapeten waren wichtig. Der Kundige fand immer alles zur rechten Zeit: Material, Werkzeug und Schmierstoff. Ohne Betriebshandwerker, ohne vielfältige Fachkenntnis, ohne Bereitschaft zu Bastlertätigkeit wäre eine Einrichtung, wie wir sie waren, nicht handlungsfähig geblieben. Irgendetwas war immer defekt. Entweder Stühle, Tische, Betten, Lichtschalter oder der Warmwasserbereiter. Oder es musste frisch tapeziert werden. Es war damals nicht möglich, einfach eine Firma anzurufen, die ungesäumt kam, um endlich einen Auftrag zu bekommen. Für plötzlich auftretende Mängel – undichte Leitung, schadhafte Abwasserrohre – waren wir selbst zuständig und mussten oftmals schnelle und qualitätsgesicherte Lösungen finden. So war es besonders wichtig, Schweißarbeiten durchführen zu können. Der verantwortliche Handwerker Norbert

Seifert war ein interessierter Mensch. Eines Tages fragte er mich: „Sagen Sie mal, Pastor, mein Sohn hat mich gefragt, was der Unterschied ist zwischen Heimatkunde und Geografie? Hab' ich ihm gesagt, das weiß ich auch nicht genau. Aber Heimatkunde, det is so Pankow, Bernau und Birkenwerder und Geografie is, wo du nicht hin darfst." Das war wohl richtig beobachtet und ich konnte dem nicht widersprechen. Es war tatsächlich so. Mit geballter Faust konnten die Leute die Internationale singen – aber hinreisen durfte keiner.

*

Die Zusammenarbeit mit Staat und Gesellschaft war interessant und vielschichtig. Es gab zuweilen spürbare Dankbarkeit bei Staatsvertretern für die geleistete Arbeit der Diakonie, denn sie brachte eine deutliche Entlastung bei Problemen. Bei dringenden Bitten um Heimaufnahmen von Betagten oder von Menschen mit Behinderungen konnten wir helfen. In den Akten der Stasi wurde solche „hohe Wertschätzung" nicht entdeckt. So hieß es stattdessen, dass ich während meiner Verantwortungszeit in der Stephanus-Stiftung ein Sammelbecken für feindlich negative Kräfte geschaffen hätte. Die immer wieder hörbare These von konstruktiver Zusammenarbeit und hoher Wertschätzung sowie die öffentliche Würdigung diakonischer Arbeit verloren ihren Wert dadurch, dass unsere Mitarbeiter bespitzelt und teilweise erpresst wurden. Das wussten wir – konnten es aber nicht belegen. Die Lektüre nach 1992 in den Akten der Gauck-Behörde erinnert daran, dass sogenannte konstruktive Gespräche von dem MfS beobachtet wurden.

Es gab aber auch normale Beziehungen. Zum Beispiel mit der CDU-Kreisorganisation Weißensee, die mit ihren Mitgliedern in stattlicher Anzahl mit Putzzeug und Schürzen erschien. Sie reinigten die Fenster im Altenheim und unterhielten sich dabei mit Heimbewohnern. Andere aus der Gruppe strichen den rostigen Gartenzaun oder das Fasanengehege, in dem es inzwischen nur noch Kaninchen gab. Wir informierten über die Arbeit der Stephanus-Stiftung, über die Entwicklungen in der Diakonie, hielten eine Andacht in der Friedenskirche und bereiteten anschließend einen Imbiss. Die Unionsfreunde hatten ein abrechenbares gutes Werk geleistet und uns geholfen. Diese Aktion wurde meist von Wolfgang

Ministerium für Staatssicherheit   Berlin, 24. Mai 1985
Hauptabteilung III   vo-eb/III/1/120 /85
Leiter

Bezirksverwaltung
für Staatssicherheit
Stellvertreter Operativ
Genossen Oberst Ehrhardt

B e r l i n

Als Anlage übergebe ich Ihnen mit der Bitte um Kenntnisnahme
und weitere Verwendung einen Sachstandsbericht zur

Stephanusstiftung.
Berlin

sowie ein Kurzdossier zum Leiter der Einrichtung

BRAUNE, Werner
(in der Abteilung XII des MfS für die Abteilung XX
der BV Berlin erfaßt).

Die vorliegenden Hinweise wurden im Zeitraum von Januar bis
April 1985 erarbeitet und verdeutlichen, daß sich die
Stephanusstiftung. zu einem Sammelbecken für Personen mit
einer feindlich-negativen Einstellung gegenüber der Staats- und
Gesellschaftsordnung der DDR entwickelt hat. Darüber hinaus ent-
halten der Bericht und das Kurzdossier Informationen zur Struktur,
zu personellen Problemen, Aufgabenstellungen und Kontakten, die
für die operative Arbeit bedeutsam sind.

Anlage   Männchen
                       Generalmajor

Aktenbefund

Eckstein vermittelt. Es gab von keiner Seite tiefes Misstrauen oder Unterstellung böser Absichten. Aber wir hielten uns zurück. Die CDU war immerhin Blockpartei und von der SED dominiert, und es gab immer wieder solche, die allzu dienstwillig den Kurs der Partei stützten oder mit der Staatsicherheit zusammenarbeiteten. Man wusste schließlich nicht genau, welche Unionsfreunde lediglich in die CDU gegangen waren, um bei der Werbung für die SED sagen zu können: „Danke, ich habe schon eine Partei."

Das Jahr des Geschädigten

1981 war in der DDR das Jahr des Geschädigten. In der BRD hieß es „Das Jahr des Behinderten". In dem Jahr sollte in der Hochburg der CDU „Burg Scheidungen" ein Vortrag von der Stephanus-Stiftung gehalten werden. Diesen Auftrag übernahm meine Amtsschwester, Pastorin Ursula Bertog, die im Ulmenhof wohnte. Als Hauptverantwortlicher der Stephanus-Stiftung wollte ich dort nicht selbst auftreten, da wir außerdem zur Eröffnung des CDU-Parteitages eingeladen wurden.

Die Stephanus-Stiftung übernahm Veranstaltungen zum Jahr des Geschädigten – und nahm fast regelmäßig an der Messe der Meister von Morgen (MMM), einer Aktion der FDJ, teil. Diese Messe fand in Berlin in der Werner-Seelenbinder-Halle statt. Die Stephanus-Stiftung bekam einen Stand, der die ganze Zeit von Mitarbeitenden unseres Hauses betreut wurde. Allerdings dauerte es nicht lange, bis es Ärger gab wegen unserer Öffentlichkeitsarbeit. Wir hatten Prospekte ausgelegt mit Informationen über diakonische Einrichtungen und kirchliche Dienste in der DDR. Das Material wurden wir reißend schnell los. Unser Logo, der Glockenstuhl der Stiftung, ließ eindeutig eine kirchliche Einrichtung erkennen. Das passte dem Veranstalter nicht.

*

Wichtig war die Zusammenarbeit mit den Verantwortlichen im Roten Rathaus in der Spandauer Straße. Akute Probleme besprachen wir meist persönlich. Es gab dort noch „gestandene" Stalinisten, die uns das Leben schwer machten. Sie versuchten uns in unserer Arbeit zu behindern – natürlich nicht offiziell. Überwiegend aber war die Atmosphäre sachlich und blieb selbst in kritischen Fragen inhaltlich orientiert. Zum Teil spürte man Hilfsbereitschaft.

Dass auch diese Begegnungen zur Information an die Staatssicherheit gingen, ist mehr als ein Schönheitsfehler der Zusammenarbeit. Meist ging es um trockene Dinge, die wir in Aktenvermerken niederlegten, zum Beispiel um eine Busbestellung für einen Ausflug unseres Altenheimes. An die Verkehrsbetriebe brauchte man sich nicht zu wenden, die hatten nicht die Befugnis, einen Bus zu stellen. Das ging allein über den Sektorenleiter Kirchenfragen oder über den Stellvertreter „Inneres" in Berlin. Auch wurde die Einfuhrgenehmigung für notwendige Teile unserer Küche, die Beschaffung eines LKW, die Versorgung mit Baumaterial besprochen. Der Ärger mit Diakonenschülern, die Gestaltung des 2. Behindertensportfestes in der DDR, die Beantragung von Baubilanzen und Kohlevorrat wurden ebenso thematisiert wie die Einreise von Mitarbeitern einer befreundeten Einrichtung aus der Bundesrepublik, Beschwerden über die Behandlung von Mitarbeitern im Rahmen von unerwünschten Demonstrationen, die Umsetzung der Martin Luther-Statue, die Beschaffung eines Telefonanschlusses für Mitarbeiter, Ausreisebegehren und – Ende 1988 – die Situation der Ossietzky-Schüler.

Bei vielen Gesprächen ging es damals um Dinge, die man heute mit den Gelben Seiten oder im Internet erledigt. Wir mussten im Einvernehmen mit den politisch Verantwortlichen Problemlösungen finden. Diese Methode – Gespräche statt Verträge – war ein Grund, immer wieder Staatsvertreter einzuladen. Sie sollten in die Einrichtungen kommen, um die Lebensverhältnisse älter gewordener Menschen oder von Menschen mit Behinderungen in kirchlichen Einrichtungen kennenzulernen.

Die Zusammenarbeit in Stadtbezirken und Kreisen war weder partnerschaftlich noch demokratisch. Sie blieb pragmatisch. Einiges wurde geregelt, manches wurde übersehen – wieder anderes geduldet. Rechtssicherheit gab es nicht, was die Zusammenarbeit erheblich erschwerte. Die scheinbare Zustimmung der Verfassung der DDR von 1949 regelte dies im Artikel 41: „Jeder Bürger genießt volle Glaubens- und Gewissensfreiheit, die ungestörte Religionsausübung steht unter dem Schutz der Republik. Einrichtungen von Religionsgemeinschaften, religiöse Handlungen und Religionsunterricht dürfen nicht für verfassungswidrige oder parteipolitische Zwecke missbraucht werden. Jedoch bleibt das Recht der Religionsgemeinschaften zu den Lebensfragen des Volkes, von ihrem Standpunkt aus Stellung zu nehmen, unbestritten."

Auch die Verfassung von 1968 brachte nicht mehr Rechtssicherheit. Viele hatten zunächst gutwillig versucht und manchmal naiv geglaubt, dass politische Aussagen verbindlich wären. Bald wurde aber deutlich, dass die Verfassung in keiner Weise half, Dinge zu regeln. Man bediente sich perfider Methoden und versuchte, die Verantwortlichen in der Kirche in Arbeit und Tätigkeit zu spalten. So wurde zwischen feindlich negativen Kräften und den fortschrittlich gesonnenen Friedensfreunden unterschieden. Die DDR war eben eine Diktatur – und sie war sogar stolz darauf, denn immer wieder wurde betont, dass hier die Diktatur des Proletariates die Herrschaft habe. Viele Proletarier sahen das allerdings anders. Aber die Möglichkeit zur stetigen Einflussnahme durch die SED im Verhältnis zur Kirche blieb. Alles sollte zu überschauen und kontrollieren sein.

Spontane Spende

Manchmal gab es auch Aktionen, die für die andere Seite schwierig einzuordnen blieben, zum Beispiel die Geldübergabe anlässlich einer Spendensammlung für die Erdbebenopfer in Armenien. Am 7. Dezember 1988 gab es ein heftiges Erdbeben im Kaukasus, fünfundzwanzigtausend Tote wurden gemeldet. Armenien, eine Sowjetrepublik, war besonders schlimm durch die Naturkatastrophe betroffen. In unseren Kirchen hielten wir Fürbitte. Die Aktion „Brot für die Welt" engagierte sich. In den Sonntagsgottesdiensten der Stephanus-Stiftung wurde Geld gesammelt. Bei einer adventlichen Zusammenkunft unserer Anlernwerkstatt kamen diejenigen, die nach einigen Jahren Mitarbeit bei uns eine Berufstätigkeit ergriffen hatten. Sie kamen gern, um mit uns zu feiern. Die Anwesenden sammelten spontan über 700 Mark. Nun überlegten wir, diesen Betrag nicht nur anonym weiterzuleiten, zum Beispiel über ein Konto

„Brot für die Welt" oder direkt an die Adresse der Botschaft der UdSSR zu schicken. Wir planten, die Summe in der Botschaft Unter den Linden abzugeben. Die Realisierung dauerte etwa acht Wochen. Offensichtlich mussten erst sämtliche Personen überprüft werden, die an einem noch zu bestimmenden Tag in die Botschaft der Sowjetunion Eintritt bekommen sollten. Es wurde außerdem die Abteilung „Inneres" im Roten Rathaus, Stadtrat Günter Hoffmann, eingeschaltet, der bei der Vermittlung half.

Irgendwann zu Beginn des Folgejahres wurde ein Termin zum Besuch angeboten. Um das Geld zu übergeben, fuhren die Leiterin der Anlernwerkstatt, Heide Kern, und Diakon Wolfgang Reichwald zusammen mit einigen Damen und Herren aus der Werkstatt in die Botschaft Unter den Linden. Sie waren angekündigt, wurden freundlich empfangen und über rote Läufer unter Kristall-Lüster geführt. Es gab lange Wege bis hin zu einem noch längeren Tisch, an dessen Ende der Botschaftsrat saß – am anderen wurden die Besucher der Stephanus-Stiftung platziert. Auf diesem Tisch hätte man leicht eine Spielzeugeisenbahn zum Transport von Tee und Plätzchen einsetzen können. Aber es gab Personal. So wurde Tee aus dem Samowar ausgeschenkt und die Kekse von Hand herumgereicht. Der Botschaftsrat begrüßte die Gruppe. Er war erfreut, dass Menschen an die Notleidenden gedacht haben. Manuela, eine junge Frau, die nach DDR-Verständnis nicht schulbildungsfähig war, erhob sich und begann ihre Rede. Sie erklärte, sie hätte aus Funk und Fernsehen und aus der Zeitung erfahren, dass es eine große Notlage in dem Erdbebengebiet gebe. Sie hätten nun Geld gesammelt und wollten dabei helfen, dass die Kinder in der Sowjetunion nicht mehr auf der Straße schlafen müssten. Daraufhin setzte sich der Botschaftsrat gerade hin, bedankte sich und betonte, dass in der Sowjetunion keine Kinder auf der Straße schlafen würden.

Winterbereitschaft

Jedes Jahr im Juli fand die Woche der Winterbereitschaft statt – und jedes Jahr kam der Winter plötzlich und unerwartet. Die Situation gebot, alle verfügbaren Kräfte zum Einsatz zu bringen, um gemeinschaftlich gegen die Unbilden der Witterung zu kämpfen. Als zuständiger Leiter der Stiftung bekam ich ein Führungsdokument. Es hatte den Titel „Katastrophenordnung". Wir waren glücklich, dass wenigstens die Katastrophen geordnet waren. Wir konnten uns darauf einstellen, dass, wenn möglich, Heizmaterial vorrätig war sowie Schneeschieber und Streusand. Mit Witterungsunbilden hatten wir ständig zu kämpfen. So wurde immer wieder daran erinnert, dass die Hauptfeinde des Sozialismus in Wahrheit Frühling, Sommer, Herbst und Winter wären. Da die Woche der Winterbereitschaft aber meist bei warmen Außentemperaturen stattfand, wurde sie offenbar nicht besonders ernst genommen. Ob dann bei Kälteeinbruch tatsächlich Brennmaterial geliefert werden konnte, entschied sich von Fall zu Fall. Wenn Kohle oder Braunkohlenbriketts in genügender Menge vorhanden waren, wurden wir beliefert.

*

Im Heim Heilbrunn, das zur Stephanus-Stiftung gehört, blieb im Dezember 1980 das Dach offen. Die notwendigen Reparaturen konnten wir nicht ausführen. Aufgrund nicht eingehaltener Zusagen herrschten katastrophale Verhältnisse. Dachlatten allein schützen nicht vor Regen – es gehören auch Ziegel darauf. Dem Rat des Kreises Kyritz war diese Kenntnis entgangen. Der Vorsitzende, Herr K., stellte sich störrisch. Es gab keine Bilanzanteile und bereitwillige Betriebe durften wegen fehlender Vereinbarungen nicht antreten. So wandten wir uns mit einer Beschwerde an den Rat des Bezirkes Potsdam und hatten darin Ablauf, Entwicklung und derzeitigen Sachstand dargelegt.

An einem Adventssonnabend trafen wir uns um 8 Uhr im Gebäude vom Rat des Kreises Kyritz. Der Ratsvorsitzende, der Stellvertreter „Inneres", der Sektorenleiter für Kirchenfragen und Fachbereichsmitarbeiter waren anwesend. Vom Rat des Bezirkes Potsdam war der Stellvertreter für „Inneres", Herr S., mit weiteren Vertretern erschienen. Die Stephanus-Stiftung wurde durch den Heimleiter von Heilbrunn, Manfred Schumacher, den Bauverantwortlichen Uwe Großkopf, der Juristin Ingeborg Mettin und mich vertreten. Wir standen unter Druck: Das Haus war bewohnt, das Küchenpersonal musste unter den desolaten Verhältnissen arbeiten.

Aber auch in diesem Gespräch teilte der Kreis seine Handlungsunfähigkeit mit: Man habe keine freie Baukapazität, auch sei es nicht möglich, Kraftstoff für Bauheizung zur Verfügung zu stellen. Die Verhandlung blieb zunächst ergebnislos. Wir durften es jedoch mit Hilfe von gutwilligen Betrieben aus dem Kreis Kyritz und bekannten Firmen auf kurzem Weg regeln. Zu Weihnachten war das Dach gedeckt und die dringlichen Arbeiten erledigt.

Man kann hier natürlich von konstruktiver Zusammenarbeit sprechen, da Weihnachten tatsächlich Ziegel auf den Dachlatten lagen. Im Prinzip blieb es aber ein Skandal, dass wir bis zum Ende der DDR zwar die Wohn- und Versorgungsaufgaben wahrnehmen mussten, für diese Einrichtung aber keine einzige Mark der DDR als Baubilanz erhielten. Alles lief nach VMI (Volkswirtschaftliche Masseninitiative), FbT (Freiwillig bezahlte Tätigkeit) und NAW (Nationales Aufbauwerk), geordneter Schwarzarbeit oder als Initiativbau, gemäß dem Slogan: „Initiative ist Disziplinlosigkeit mit positivem Ausgang."

Über Einfuhrgenehmigung bekamen wir später als Geschenksendung westliche Waschmaschinen und Dachhautfenster der Firma Velux. Damals versuchte der Ratsvorsitzende uns zu untersagen, bei Jahresfesten Führungen durch die Einrichtung zu machen, weil dies Neid erwecken würde.

*

Die Schwierigkeiten beim Transport von Baumaterial und bei Handwerksleistungen blieben erhalten. Das führte dazu, dass stets eine bemerkenswerte Schar von Feierabendbrigaden bei uns arbeitete – und lediglich auf diesem Weg unsere Einrichtung von Erfolg zu Erfolg, von Sieg zu Sieg eilte. Die mithelfenden Personen, Werktätige und Bauschaffende wurden ab und an eingeladen, um Dankesfeste zu feiern. Bei diesen Begegnungen konnten wir aus Kirche, Diakonie und Ökumene erzählen, wichtige Aufgaben darstellen und Inhalte unserer Arbeit erläutern. Wir luden auch den Stellvertreter „Inneres" vom Rat des Bezirkes Potsdam zu einem Besuch nach Heilbrunn ein. Er kam. Der Termin war früh am Morgen. Diakon Schumacher hatte ich gebeten, den 26-Betten-Schlafsaal vor dem Besuch nicht zu lüften. Herr S. kam, atmete und schwieg. Aber er hatte wohl einiges begriffen. In dem engen

Spielraum seiner Möglichkeiten erlebten wir nun den Rat des Bezirkes Potsdam als duldendes, unterstützendes Element.

Ein weiterer Besucher, den wir einluden, weil er uns wichtig erschien, war der neue Staatssekretär für Kirchenfragen, Klaus Gysi. Vor den Mitarbeitern sprach er von den Errungenschaften, die wir ihm zeigten: Baracken mit traulichen Drei- und Vierbettzimmern. Im Vergleich zum 26-Betten-Schlafsaal war es ein gewaltiger Fortschritt. Von diesen Erfolgen konnte er sich ebenso überzeugen wie von der aktiven Landwirtschaft, die wir dort betrieben. Während des Besuchs wollte der Staatssekretär ein Telefongespräch mit Berlin führen. Heimleiter Schumacher wies darauf hin, dass wir seit 14 Tagen keinen telefonischen Kontakt mit der Außenwelt haben konnten. Die Leitung sei defekt, die Post nicht in der Lage dies zu reparieren, es gebe kein entsprechendes Kabel und die Bilanzierung für solche Reparatur sei nicht in Aussicht. So schlugen wir dem Staatssekretär vor, es mit Trommeln oder Rauchzeichen zu versuchen. Er schickte seinen Kraftfahrer nach Kyritz in die nahe Kreisstadt, um dort eine Nachricht abzusetzen. Der Besuch des Staatssekretärs verlief freundlich. In seiner Rede an die Mitarbeitenden wurde deutlich, dass wir als Einrichtung eine hohe Wertschätzung beim sozialistischen Staat und in unserer humanitären Gesellschaftsordnung genießen würden. Das nützte uns wenig, weil das Telefon trotz dieser aufrüttelnden Rede tot blieb.

Danach bemühten wir uns mit Erfolg. Durch Beziehungen zum Kabelwerk Schwerin bekamen wir das notwendige Stück Leitung in einer für die Planwirtschaft unzulässig kurzen Zeit. Beim Anschluss des Kabels gab es aber wieder Ärger mit der Post, mit der Abteilung „Inneres" und der Staatssicherheit. Wir durften natürlich nicht in das Fernmeldesystem der DDR eingreifen. Mitarbeiter versuchten, das Kabel an die Telefonmasten zu hängen, um dann jemanden zu bitten, es anzuschließen. Irgendwann schließlich ging das Telefon wieder. Der Besuch des Staatssekretärs war insofern nützlich, dass wir seine Anwesenheit öffentlich zitieren konnten.

Eigentlich hatten wir erwartet, dass der hochrangige Mitarbeiter der SED Klaus Gysi schnell eine Lösung herbeiführen würde. Immerhin durfte er erleben, dass wir weder Feuerwehr, noch Arzt, geschweige denn Handel und Versorgung telefonisch erreichen konnten. Privatgespräche der dort wohnenden Familien waren ebenso nicht möglich. Für die Einrichtung mit 60 Bewohnern war dies außerordentlich problematisch. Wir ließen nichts unversucht, um bei den Verantwortlichen Hilfsbereitschaft zu fördern. Mit wenig Erfolg. Effektiver war es, Freunde aus der Ökumene oder aus dem Westen zu Gast zu haben. Nach Besichtigung und Gespräch mit Mitarbeitern waren sie meist bereit, uns materiell und finanziell zu unterstützen. Allerdings brauchten wir auch hier wieder die staatliche Seite, um die Einfuhrangelegenheiten offiziell zu klären. Das funktionierte meist – und wurde über das Diakonische Werk Schönhauser Allee 59 geregelt. Direktor Dr. Ernst Petzold und seine Mitarbeiter waren zu jeder Zeit einfallsreich und hilfsbereit.

Parallel zu diesen Bemühungen suchten wir die Öffentlichkeit in den Gemeinden, dem Umfeld und im Kirchenkreis. So waren auch in Heilbrunn die Jahresfeste eine gute Möglichkeit zur Begegnung. Gemeinden aus der Umgebung und Freunde wurden eingeladen. Offizielle stellten sich ein. So eine Veranstaltung aus einer Mischung von Evangelisation und Schützenfest fand immer guten Zulauf. Der große freie Platz wurde mit Bänken bestellt, auf der Terrasse eines Wohnhauses waren Altar und Bühne errichtet. Am Rande des Festplatzes gab es Stände mit unterschiedlichen Angeboten für den kirchlich-diakonischen Binnenhandel. Der Verkauf von Bockwurst, selbstgebackenem Kuchen, Büchern, Gemaltem und Gebasteltem blühte. Wir boten Informationsstände an und Spiele für Jung und Alt. Zwischendurch wurde ein Fußballspiel angepfiffen: Heimbewohner von Heilbrunn gegen die Pastoren des Kirchenkreises. Im Mittelpunkt des Tages aber stand der Gottesdienst. Vor dem Beginn wurden Kuchen- und Eisstand geschlossen. Eine Art Tempelreinigung im Freien. Aber nach dem Amen des Gottesdienstes ging es weiter mit dem Handel und Wandel. Einen Teil der Umsätze bekam unsere Einrichtung. Sie brauchte es auch, denn ständig war etwas neu anzuschaffen oder zu reparieren. Es lief harmonisch ab mit den Gemeinden der Umgebung. Sie sahen in den vielfältigen Arbeitsfeldern der Diakonie einen Teil ihrer Kirche und unterstützten diese nach Kräften.

In Heilbrunn gab es seit Jahrzehnten gute Beziehungen zur Kirchengemeinde Groß Breese. Der dortige Pfarrer Gottfried Winter hielt Kontakte und veranlasste Patenschaften und Partnerschaften mit dem Heim. Zum Jahresfest, zur Adventszeit und zwischen-

Glocke in Heilbrunn

durch gab es Begegnung und Begleitung. In Heilbrunn stand an jedem Zimmer eine Tafel mit dem Namen einer Kirchengemeinde aus der Region, Zeichen öffentlichen Dankes für die Zusammenarbeit mit Gemeindegliedern und Kirchengemeinden. Als zusätzliche Hilfe gab es einen guten Kontakt in den Westen. Durch Superintendent Friedrich Brust kam es zu einer Zusammenarbeit mit dem Präsidenten des Landesarbeitsgerichtes in Köln, Dr. Leo Pünnel. Er lernte die Einrichtung kennen und engagierte sich seitdem, auch nach der Wende. Dies geschah in spürbarer Einzelfallhilfe, mit Besuchen und der Vermittlung von Materialien.

*

Beim Jahresfest 1979 brachte Superintendent Friedrich Brust eine Glocke in die Einrichtung mit. Während der Abschlussveranstaltung fuhr er mit einem Barkas vor. Kräftige Menschen luden die Glocke ab. Ein provisorischer Glockenstuhl wurde aufgestellt, Glockengeläut erklang. Die Glocke stammt aus einem ehemaligen Gutshof, der damals volkseigen geworden war. Später baute man einen hölzernen Glockenstuhl. Von da an erklang die Glocke täglich morgens und abends. Auf ihr steht: „Wohl dem Volk, dessen Gott der Herr ist" (Psalm 33, Vers 12). Allen, die sie hörten, vermittelte sie diesen Text. Sie wurde in Augenhöhe aufgehängt, sodass jeder die Inschrift lesen konnte.

Rechtsunsicherheit

In Heilbrunn bedeutete konstruktive Zusammenarbeit auch die zeitweilige Übernahme eines staatlichen Feierabend- und Pflegeheimes durch die Stephanus-Stiftung. Dieses staatliche Heim musste wegen Umbau geschlossen werden. Aber die pflegebedürftigen Personen blieben. Wir konnten in unserer Einrichtung nur dürftigen Standard anbieten: warm, trocken und sauber. Verpflegung lieferte unsere Küche. Allerdings wurde auch für das ausgelagerte Heim, das nun in Heilbrunn war, ein Telefonanschluss erst nach Protesten und Eingaben angelegt. Es entstand der Eindruck, dass die häufige Betonung der konstruktiven Zusammenarbeit lediglich deutlich machte, dass wir zu keinem Zeitpunkt als Partner des Staates gesehen wurden.

Die stellvertretende Gesundheitsministerin Frau Dr. Toedtmann hatte zwar in einer Rede erwähnt, dass 47 Prozent der Schwerstpflegebedürftigen von kirchlichen Arbeitsfeldern betreut und gepflegt würden. Aber auch vernünftige Gespräche führten zu keiner gleichberechtigten Partnerschaft unter den Verantwortungsträgern.

Diesen Zusammenhang machte ein Schreiben an die leitenden Funktionäre der SED deutlich. Es trug die Überschrift: „Ergebnisse und Schlussfolgerungen aus dem Gespräch des Staatsratsvorsitzenden mit dem Vorstand der Konferenz der evangelischen Kirchenleitungen in der DDR vom 6. März 1978" (Auszüge aus dem Material einer Beratung des Zentralkomitees der SED mit leitenden Genossen der Räte der Bezirke und leitenden Mitarbeitern aus zentralen staatlichen Dienststellen). Ein Absatz betraf religiöse Handlungen in staatlichen Feierabend- und Pflegeheimen. Genosse Honecker stellte dazu fest: „Dass die Ausübung von religiösen Handlungen in diesen Einrichtungen entsprechend der Verordnung vom 18. Juni 1955 und vom 20. November 1956 geregelt ist. (Gehbehinderte Heimbewohner haben die Möglichkeit, Pfarrer zu empfangen. Andachten sind dort möglich, wo entsprechender Bedarf und die Räumlichkeiten vorhanden sind. Dabei dürfen die Belange der anderen Heimbewohner nicht beeinträchtigt werden.)" Das heißt im Klartext: Je nach ideologischem Stand des Leiters wurde Bedarf oder Nichtbedarf festgelegt. Pastorinnen und Pastoren berichteten von unterschiedlichen Handhabungen in den Einrichtungen. In einer Durchführungsbestimmung wird die religiöse Betreuung entsprechende Berücksichtigung finden. („Den Direktoren der staatlichen Feierabendheime, Heimverwaltungen, sind bereits entsprechende Hinweise dazu gegeben worden. Desgleichen sind die Leiter von Feierabend- und Pflegeheimen informiert worden.") Dieses Schreiben wurde für die unteren Kader verbindliche Anweisung. Die Auswertung des Gespräches vom 6. März machte deutlich, dass es nicht um Zusammenarbeit ging, sondern vor allen Dingen um die Polarisierung von Friedenskräften und der Mehrheit der kirchlichen Amtsträger und den Feinden, die versuchten, die DDR zu unterlaufen.

Dennoch blieben Gespräche wichtig, sie reduzierten Missverständnisse – waren aber kein Ersatz für verbindliche, vertragliche Regelungen.

Dass sich in dem Staat-Kirche-Verhältnis wenig änderte, konnten wir am „Fall Niesky" ablesen. Eine Gruppe aus unserer Tagesstätte in Berlin-Weißensee machte Urlaub. Sie fuhren nach Niesky, um sich einige Tage in anderer Umgebung zu erholen. Am 11. September 1987 wurde ein Kind aus der Gruppe von einem Mann, der sein Auto wusch, tätlich angegriffen und geschlagen. Die Mitarbeiterinnen versuchten, der Sache Herr zu werden. Der Mann zeigte sich uneinsichtig. Daraufhin schrieben die Mitarbeiter der Stephanus-Stiftung einen Bericht und erstatteten beim Volkpolizeikreisamt Niesky Anzeige wegen tätlichen Angriffs auf ein geistig behindertes, hilfloses Kind.

Nachdem drei Wochen vergangen waren und keinerlei Reaktion erfolgte, wurde ich von den Mitarbeitern informiert. Am 26. Oktober schrieb ich einen Brief an die SED-Kreisleitung und gab eine Kopie des Berichtes mit. In diesem Bericht standen sowohl die Personalien des Täters als auch der Tathergang. Parallel dazu gab ich den gesamten Vorgang dem Görlitzer Bischof Dr. Joachim Rogge mit der Bitte um Kenntnisnahme, damit er wisse, was in seinem Revier passiert war. Dem ersten Sekretär der SED-Kreisleitung schrieb ich: „Es ist würdelos, wenn in öffentlichen Orten (Gaststätten, Kinos) von Blöden, Affenmenschen oder Säuferkindern in Gegenwart der Kinder gesprochen wird. In der DDR wird rassistisches Verhalten im internationalen Maßstab abgelehnt, darum sollte Sozialrassismus bei uns nicht geduldet werden."

Nach sechs Wochen äußerte sich auch der Täter. Nach weiteren 14 Tagen erhielt ich Antwort von der SED-Kreisleitung: „Ihren Brief, in dem Sie Beschwerde führen gegenüber der Arbeitsweise des Volkpolizeikreisamtes Niesky, haben wir erhalten. Im Ergebnis wurde die prinzipielle Auseinandersetzung mit den dafür verantwortlichen Leitern dieses staatlichen Organs durch mich geführt mit dem Ziel der Durchsetzung der bürgernahen Arbeit im Zusammenhang mit der Anzeige und der Beschwerde Ihrer Mitarbeiterin Frau Monika Lux." Oberstleutnant Reichelt, der Chef des Volkspolizeikreisamtes in Niesky ließ mich wissen, dass unsere Kritik berechtigt sei und entsprechend ausgewertet würde. Wir machten das Angebot, im Betrieb des Täters, Herrn D., eine Information über die Situation von Menschen mit Behinderungen zu geben. Dieses Angebot wurde nicht beantwortet. Wir, die evangelische Kirche, waren wohl die falschen Leute, uns um dieses sensible Thema zu bemühen.

Traueranzeige

Von Bewohnerinnen und Bewohnern der Häuser wurden auch andere Urlaubsorte angesteuert wie etwa Heringsdorf, Ungarn oder – nicht weit von Güstrow – Groß-Upahl. In Groß-Upahl gab es ein freizeitpädagogisches Förderzentrum. 1980 wurde Burkhard Mix verantwortlicher Leiter in dieser Einrichtung, in der Freizeiten und Urlaubsaufenthalte für Menschen mit Behinderungen stattfanden. Es gab nicht genügend Mitarbeitende, sodass öfters Helfer aus kirchlichen Kreisen in Sachsen kamen. Eine Helferin aus Hormersdorf blieb dort und heiratete den Leiter der Einrichtung. Sie baten mich um die kirchliche Trauung. Die fand in Hormersdorf statt. Es war eine wunderschöne Hochzeit, an der sich viele junge Leute beteiligten.

Fast genau zwei Jahre nach der Trauung starb die junge Frau kurz nach der Geburt ihres zweiten Kindes. Vor demselben Altar hielt ich nun die Trauerfeier. Eine große Gemeinde war versammelt. Bibeltexte, Lieder, Gebete begleiteten die Trauernden. Es gab Zeichen der Hoffnung. Um dies nach der Beerdigung zum Ausdruck zu bringen, hatte die Familie eine Anzeige in die Zeitung setzen wollen, um sich zu bedanken. Die Veröffentlichung der Danksagung wurde von der SED abgelehnt, die Mutter der Verstorbenen bekam einen Brief mit Datum vom 25. März 1983, den sie mir umgehend übergab. Das Organ der Bezirksleitung Karl-Marx-Stadt der SED schrieb: „Betrifft Ihre Traueranzeige für Frau Elvira Mix, wir müssen Ihnen mitteilen, dass wir religiöse, christliche Sprüche und Formulierungen in unserer Zeitung entsprechend dem Charakter als Organ der Bezirksleitung der SED nicht veröffentlichen. Bitte wählen Sie einen anderen Spruch. Ferner mussten wir das Wort ‚heimgegangen‘ am 27.02.1983 durch ‚verstorben‘ ersetzen und den Satz: ‚Nur auf diesem Wege ist es möglich, allen Verwandten, Geschwistern, Freunden und Bekannten, die uns durch Fürbitte und Hilfe in den schweren Stunden zur Seite standen …‘ wie folgt ändern: ‚… die uns durch ihre Hilfe in Wort und Tat in schweren

ORGAN DER BEZIRKSLEITUNG KARL-MARX-STADT DER SED

Redaktion und Verlag Freie Presse, 9010 Karl-Marx-Stadt · Schließfach 261

Frau
Hanna Rehm

<u>9164 Hormersdorf</u>
Fabrikstr. 10

Ihre Zeichen	Ihre Nachricht vom	Unsere Zeichen	VERLAG Datum
		Hau/Schu.	25. 3. 1983

Betreff:

Werte Frau Rehm!

Betr. Ihrer Traueranzeige für Frau Elvira Mix müssen wir Ihnen
mitteilen, daß wir religiöse, christliche Sprüche und Formulierungen
in unserer Zeitung entsprechend dem Charakter als Organ der
Bezirksleitung der SED nicht veröffentlichen.

Bitte wählen Sie einen anderen Spruch. Ferner mußten wir das Wort
"heimgegangen" am 27. 2. 1983 durch "verstorben" ersetzen und
den Satz "Nur auf diesem Wege ist es uns möglich, allen Verwandten, Geschwistern, Freunden und Bekannten, die uns durch
Fürbitte und Hilfe in den schweren Stunden zur Seite standen,..."
wie folgt ändern: "... die uns durch ihre Hilfe in Wort und
Tat in den schweren Stunden...".

Ist der Ort der Verstorbenen Groß Upahl, denn sonst müßte Hormersdorf an erster Stelle stehen.

Wir bitten um baldige Antwort und um Entschuldigung, daß Sie in
unserer Annahmestelle Hormersdorf nicht richtig beraten worden
sind. Bessere Beratung hätten Sie in der Annahmestelle des Be-
stattungswesens in Stollberg erfahren, die für derartige Anzeigen
besser unterrichtet ist.

Verlag "Freie Presse"
Anzeigenzentrale

Hauburger

Anschrift: 9010 Karl-Marx-Stadt, Karl-Marx-Allee 15/17 · Betriebs-Nr. 00 284 220
Fernruf Redaktion 65 60 · Verlag 6 24 53 · Fernschreiber 057/258 · Staatsbank der DDR Karl-Marx-Stadt 6211-13-264 · Postscheckkonto Leipzig Nr. 38

III-6-15 9038-81 KGD 140-355-81

Ablehnung der Veröffentlichung einer Danksagung

Stunden ...' usw. Wir bitten um baldige Antwort und um Entschuldigung, dass Sie in unserer Annahmestelle Hormersdorf nicht richtig beraten worden sind." Unterschrieben vom Genossen Hauburger.

Heim Hagental

1954 wurde von der Stephanus-Stiftung das Heim „Hagental" in Gernrode/Harz übernommen. Es gehörte bis dahin zur Mathilde-Zimmer-Stiftung und war mit der Arbeit des Alt-Heimchen-Bundes verbunden. Mathilde-Zimmer-Stiftung und Alt-Heimchen-Bund hatten ihren Sitz in Westdeutschland. So wurde das Haus mit dem gesamten Gelände auf die Stephanus-Stiftung übertragen. Zur Zeit der Übernahme beherbergte es Flüchtlinge und Übersiedler. Viele von ihnen wollten oder konnten nicht ausziehen, denn es gab unzureichend Wohnungen. Die Verhältnisse im Haus waren dramatisch. Aus den Fenstern des Holzgebäudes kokelten einzelne Schornsteine heraus. Der Plan war, in diesem Haus ein Feierabend- und Pflegeheim einzurichten. Der damalige Verwaltungsleiter der Stephanus-Stiftung Herbert Hennig führte gemeinsam mit Kirchenrat Willi Federlein die Verhandlungen mit dem Rat des Kreises und dem Rat des Bezirkes. Ruth Bartsch, Wirtschaftsleiterin der Stiftung, und Edeltraut Kulosa bauten die Küche auf und regelten die wirtschaftlichen Angelegenheiten. Im Laufe der Zeit wurde das Haus mit Heimbewohnern belegt. Jedes Mal, wenn ein Zimmer frei wurde, konnte ein Bewohner aus der Umgebung aufgenommen werden.

Als wir 1979 zur Leitungsübernahme in die Stephanus-Stiftung kamen, war in Gernrode viel geschehen. Unter anderem gab es ein Schwesternhaus, das über die Firma „Reinwart / Strausberg" gebaut wurde. Es war dringend nötig, um Mitarbeitern wenigstens eine Unterkunft anbieten zu können. Ohne solche Häuser, die an verschiedenen Stellen in diakonischen Einrichtungen der DDR entstanden sind, wäre gedeihliche Arbeit nicht möglich gewesen. Diakonissen aus dem Mutterhaus in Magdeburg, die ursprünglich Verantwortung und Leitung des Hauses übernommen hatten, waren zum großen Teil in den Ruhestand gegangen. Als wir hinkamen, leitete Diakonisse Inge Baars mit großem Engagement, Geduld und Ausdauer das Haus.

Bezahlt wurden diese Bauten von den Kirchen der Bundesrepublik Deutschland und der Ökumene. Neben dem Haupthaus „Hagental" gab es den „Waldfrieden" und den „Bergfrieden", Häuser, in denen die Waschküche sowie Näh- und Flickstube untergebracht waren. Sonst beherbergten beide Häuser auch pflegebedürftige Bewohnerinnen und Bewohner. Die Bedingungen waren unsäglich. Kein Personenaufzug, die Treppen zu steil, die Zimmer zu klein und die sanitäre Ausstattung außerordentlich dürftig.

Die Heizung in Gernrode ging entzwei. Es gab einen Hochdruckkessel, der mit Gas betrieben wurde. Nach diesem Defekt konnte er statt mit neun nur noch mit zwei Atmosphären gefahren werden. Es war November, der Winter nahte, in den Räumen ließ sich nicht mehr ausreichend heizen. Eine schnelle Lösung gab es nicht. Wir mussten bedenken, dass es um den Erhalt des Gaskontingents ging. Gas war knapp und es bestand die Gefahr, dass eine solche Havarie zum Anlass genommen werden konnte, die Einrichtung auf Braunkohle umzustellen. Dies hätte zum einen bedeutet, ein Heizhaus, ein Kohlelager und eine Transporttechnologie aufzubauen. Zum anderen wäre neben den Kosten und der mangelnden Effektivität der Heizanlage eine unglaubliche Schmutz- und Lärmbelästigung entstanden. Auch quälte uns die Frage: Was passiert, wenn es sehr kalt wird und die Heizung total ausfällt? Wie lange halten wir das durch? Wie geht es den Bewohnerinnen und Bewohnern, die bettlägerig sind?

So stellten wir Decken bereit und entwickelten ein Havarieprogramm, das wir im Heim nicht bekannt gaben, da es lediglich die Bewohnerinnen und Bewohner besorgt hätte. Reinhard Große, unser Bauabteilungsleiter, und ich fuhren mit dem Havarieplan zum Rat des Bezirkes. Wir verabredeten uns mit Herrn P. und Herrn V. in Halle. Herr P. war Stellvertreter des Vorsitzenden vom Rat des Bezirkes für Inneres. Wir trugen unseren Havarieplan vor. Bei einer Außentemperatur von minus acht Grad und Totalausfall der Heizung sei eine Umsetzung des Heimes in zwei Stunden erforderlich wegen unzureichender Wärmedämmung der Außenwände. Zwischenzeitlich könnten Decken und Dieselheizgeräte helfen, wenn eine entsprechende Kraftstoffversorgung gewährleistet wäre.

Bereitstellung von Bustransportkapazität entweder zur Turnhalle nach Gernrode, falls die beheizbar wäre, oder nach Berlin-Wilhelmshagen in den 250 Kilometer entfernten Ulmenhof, in dem wir ein leerstehendes Gebäude hatten, in dem Sanitäranlagen und Heizung intakt waren. „Warum erzählen Sie uns das?", fragte Herr P. Unsere Antwort: „Weil wir Ärger bekommen, wenn etwas unvorbereitet schief geht und weil Diesel auf dem freien Markt nicht zu kaufen ist und Buskapazitäten für den Bereich Kirche durch die Abteilung ‚Inneres' genehmigt werden müssen. Wenn es schnell gehen muss, ist es nicht möglich, vorher noch lange Diskussionen zu führen." Herr P. war von unserer Logistik beeindruckt und wollte sie als Modell für andere Dinge nutzen. Gott sei Dank kam es aber nicht zum Totalausfall der Heizung – und ein Jahr später waren wir auf der sicheren Seite. Das Gaskontingent hatten wir erhalten können. Freunde aus dem Westen finanzierten die Heizkessel, die neu waren und eingeführt werden konnten. Nachdem wir das Gaskontingent erhielten, wurden wir beauftragt, Doppelfenster einzubauen. Es gab kein Holz. Eine Arbeitsbrigade pflanzte Fichten – dafür gab es im Gegenzug Holz. Beziehungen zu einem Sägewerk hatten wir: Es lag nebenan und sägte für uns. Als das Holz in Berlin ankam, wurde es vom Tischler abgelehnt. Zu grün, zu frisch, „Vogeltrittholz" (gerade eben noch hatten die Vöglein auf den Ästen gesungen). Durch einen Tauschhandel konnten wir Hölzer gewinnen, die eine Trocknung durchlaufen hatten und nun verarbeitungswürdig waren. Schließlich wurden auch Fenster und Handwerker von Berlin nach Gernrode transportiert, die Fenster eingebaut und die Handwerker verköstigt. Die Fenster waren sogar verglast – allerdings noch nicht gestrichen. Aber die Auflage zum Einbau von Doppelfenstern war erfüllt und im Haus wurde es tatsächlich wärmer.

Um solche Dinge zu erreichen, bedurfte es bereitwilliger Partner im Handel, duldsame Behörden und Aufsichtsorgane.

Eine weitere Auflage machte mehr Schwierigkeiten. Wir mussten laut Gesetz eine neue Kläranlage für das Abwasser bauen. Die vorhandene und genutzte Kläranlage stammte aus dem Jahre 1903. Die Abwässer liefen in den Hagenbach, deshalb sah er immer etwas trübe aus und war auch nicht frei von Geruch. Es wurde ein Emscherbrunnen empfohlen. Da in diesem Gelände keine großen

Flächen zur Verfügung standen, musste es in die Tiefe gehen. Wenn man „Brunnen" hört, denkt man an Frischwasser. Dieser Emscherbrunnen aber war eine besondere Form einer Kläranlage. Die Schwierigkeit bei deren Erstellung war ein hoher Tiefbauanteil. Es gab Auflagen und Termine – aber keinerlei Baubilanzen, also keinen Baubetrieb, mit dem man im Rahmen eines Vertrages diese Anlage hätte bauen können. Also wurde die ganze Angelegenheit als FBT-Projekt durchgeführt und erhielt die Legalität aus dem Gesetzblatt der DDR, Teil I, Nr. 35. Solche Objekte durften aber nicht mehr als insgesamt 50 000 Mark umfassen. Die freiwillig Beschäftigten durften auch nicht an größeren, beziehungsweise kostspieligeren Objekten mitwirken. Ein Planungsvolumen, eine Art Voranschlag, kam aber auf 300 000 Mark der DDR. So errechneten wir flugs, dass dreihundert durch sechs gleich fünfzig sind. Das heißt, sechs Fünfzigtausend-Mark-Objekte nacheinander. Dass sie am selben Ort auszuführen waren, schien zunächst schwierig zu erklären. Mit einer entsprechenden Erläuterung wurde auch dies geduldet, denn der Kreis Quedlinburg und der Rat des Bezirkes Halle waren nicht in der Lage, uns bei dieser Auflage zu unterstützen. Die Sache ging bis zum Staatssekretär für Kirchenfragen. Es gab Gespräche mit dem Hauptabteilungsleiter und ein Schreiben des Staatssekretärs. Der Hagenbach blieb aber weiterhin trüb. Es gab von dort wichtige Erklärungen – auch vom Rat des Bezirkes –, die jedoch ohne jedes fassbare Ergebnis blieben. In der Zwischenzeit (über drei Jahre lang) wurden weiterhin Abwässer eingeleitet.

Für die Tiefbauarbeiten benötigten wir Maschinen, die wir nicht hatten. Wiederum fuhren Reinhard Große und ich zu einem volkseigenen Betrieb nach Sangerhausen, da uns der Betriebsleiter empfohlen wurde. Er war konstruktiv und schlug vor, dass wir Freitag bis Sonntag Maschinen zur Verfügung haben könnten. Sie müssten am Freitag umgesetzt werden – am Samstagabend jedoch wieder an Ort und Stelle sein, Dieselkraftstoff müsste die Stephanus-Stiftung besorgen. Der Betriebsleiter war ein freundlicher Mensch, SED-Genosse und hilfsbereit.

Auf dem Weg zum Heim Hagental gab es noch private Baustellen. „Privat geht vor Katastrophe" war ein gängiger Leitspruch in der DDR und galt auch hier. Bei einer Rücksprache mit dem

Betriebsleiter in Sangerhausen wurde offenbar, dass uns die Werktätigen auch benutzt hatten, um Datschen und Wohnstätten zu bauen. Sie waren bereits am Donnerstag im Betrieb abgereist. Aber da der Wohnungsbau eine der Hauptaufgaben der Partei war – so hatte es Erich Honecker bereits 1973 verkündet –, fanden wir dieses Verhalten verständlich.

*

Eine weitere Errungenschaft im Heim Hagental war der Kiosk, eine handelsübliche Holzkonstruktion. Auf einem Plateau im schönen Harzer Land wurden dazu Tische und Stühle aufgestellt – vorbeiziehende Wanderer konnten eine Tasse Kaffee trinken. Für die Bewohnerinnen und Bewohner des Hauses und in der Nähe lebenden Gernröder war der Kiosk auch eine Einkaufsquelle. Denn es gab zuweilen seltene Dinge dort wie Gewürzgurken oder Mineralwasser. Man konnte auch Zahnpasta erstehen, Kamm und Seife sowie manchmal frisches Obst.

Als besonderes I-Tüpfelchen gab es noch eine Frisierstube. Sie war in einem der engen Räume des neu erbauten Schwesternhauses untergebracht. Die Lebensqualität der dort Lebenden verbesserte sich erheblich.

In allen Einrichtungen der Stephanus-Stiftung wurde gebaut. Für die Planung brauchten wir eine Genehmigung des Ministeriums für Bauwesen, eine „Projektierungsnummer". Zuerst hatten wir sie – dann wurde sie uns entzogen. Nach Protesten bekamen wir sie wieder. Diese Verhandlungen finden sich in Aktenvermerken und Protokollen wieder. Hintergrund des Entzuges der Genehmigung war auch hier der notorische Devisenmangel der DDR. Man wollte nicht nur für Baumaterial und Bauleistungen frei konvertierbare Währungen erhalten, sondern auch für Projektzeichnungen, örtliche Angleichungen und ähnliches Stricheziehen. Deswegen hatten sich fast alle diakonischen Einrichtungen handlungsfähig gemacht. Das Diakonische Werk verfügte in der Evangelischen Kirche in der DDR über ein kompetentes Bauberatungs- und Planungsbüro.

Der zeitweilige Entzug der Projektierungsnummer für die Stephanus-Stiftung war besonders ärgerlich. Es gab zwar fähige Projektanten vom Wohnungs-, Industrie- und Hafenbau, mit denen wir kooperieren konnten, sie hatten jedoch für die speziellen Aufgaben, die beim Bau für Einrichtungen für schwer mehrfach behinderte Menschen nötig waren, wenig Kompetenz und kaum Zugang zu den überwiegend aus dem Westen kommenden Richtwerten. Wir hatten durch die ökumenischen Beziehungen das Glück, sowohl deutsche, als auch holländische, schweizer, schwedische und dänische Standards und Anforderungen zu kennen. Materialbeschaffung war und blieb stets ein Problem. Fast alle Baumaterialien waren nicht regelmäßig oder nur schwer zu erhalten. So hatte sich die Stephanus-Stiftung in einigen diakonischen Zentren wie Ulmenhof, Waldhof Templin oder Waldhaus Bad Freienwalde, eine Baumateriallagerhaltung zu eigen gemacht. Es gab Technik und Handwerker und wir konnten das Nötigste von da nach dort transportieren. Die häufigen Mangelerfahrungen führten zu dem Satz: Wenn man in Afrika den Sozialismus einführt, wird in der Sahara der Sand knapp.

Synode

Für uns in der Stephanus-Stiftung gehörte es zu den alljährlichen Aufgaben, die Synode der Berlin-Brandenburgischen Kirche zu beherbergen. Dies bedurfte einiger Vorbereitungen, die Mitarbeiter unseres Hauses und des Konsistoriums und Synodale übernahmen. Zunächst richteten wir den Besprechungsraum vor der Kirche ein, installierten ein Abzugsgerät für Wachsmatrizen und schalteten einen Amtsanschluss. Die Kaffeemaschine kam zum Einsatz, Apfelsaft und Selters wurden bereitgestellt. Für schwere Fälle gab es eine Flasche Cognac hinter der Schiebetür des Büroschrankes.

Die Synode wurde in der Friedenskirche eröffnet. Sie hielt dort ihre öffentlichen Sitzungen ab. Ausschusssitzungen fanden in anderen Räumen statt, die für diese Zeit freigehalten werden mussten. Versorgt wurde die Synode durch unsere Küche. Dies geschah nebenbei, denn der gesamte übliche Tagesbetrieb mit der Versorgung von über 300 Personen lief weiter. Während der Synode gab es also zusätzliche Aufgaben. Es ging dabei unter anderem auch um die Betreuung der begleitenden Genossen von der Hauptstadt Ostberlin und den Bezirken, Frankfurt (Oder), Potsdam und Cottbus, in denen die Berlin-Brandenburgische Kirche zu Hause war. Die Vertreter der Bezirke waren offizielle Gäste bei der Synode und nahmen an den öffentlichen Sitzungen teil. Die Ausschusssitzungen waren für sie tabu. Informationen darüber mussten offensichtlich über das Ministerium für Staatssicherheit beschafft werden.

Die gastliche Versorgung der offiziellen Staatsteilnehmer besorgte Charlotte Otto, die als Heimbewohnerin noch rüstig war. So saßen die Staatsvertreter im Halbdunkel des Speisesaals und erhielten eine „Sonderbehandlung". Das bedeutete, dass ihnen ihr Essen gebracht und ein Platz für sie reserviert wurde. Die Synodalen mussten sich anstellen, ihr Essen holen und den Tee selbst einschenken.

Die Weißenseer Friedenssynode, eine Synode der Evangelischen Kirche in Deutschland, war die erste Synode, die in der Stephanus-Stiftung tagte. Damals, am Himmelfahrtstag 1950, wurde die „Beth- und Taufkapelle", die im Krieg zerstört wurde, wieder eingeweiht. Anlässlich der geplanten EKD-Synode wurde sie hergerichtet – und heißt seither „Friedenskirche".

Die Unterschriftenliste von der Synode befindet sich im Gästebuch der Stephanus-Stiftung. Sie erinnert an kirchenleitende Persönlichkeiten wie Otto Dibelius, damals Bischof von Berlin-Brandenburg, Hanns Lilje, Bischof in Hannover, Martin Niemöller, Kirchenpräsident in Hessen, Niklot Beste, Landesbischof in Mecklenburg, und viele andere. Mein Vater Paul Braune war als Präsidiumsmitglied der EKD-Synode ebenfalls dabei.

Auch die Evangelische Kirche der Union tagte mit ihren Synoden öfters in der Stephanus-Stiftung. Es war nötig, in der geteilten Stadt einen Anlaufpunkt zu haben. Während der Pausen fanden Orientierungsgespräche zwischen Synodalen und entsandten Staatsvertretern statt. Synodale Beschlüsse gerieten oft in die Kritik. Äußerungen zur Jugendweihe, zum Wehrdienst, zur Rechtspflege, zum Bildungswesen oder Entwicklungen im Nachbarland Polen nahmen einen großen Raum ein. In allen Fällen bescherten uns solche Veranstaltungen viele Begegnungen. Sie förderten die Partnerbeziehungen zwischen den Kirchen in der DDR, Vertretern in der Ökumene und der Kirche der Bundesrepublik. Artikel 4, Absatz 4 der Ordnung des Bundes der Evangelischen Kirchen in der Deutschen Demokratischen Republik lautete: „Der Bund bekennt sich zu der besonderen Gemeinschaft der ganzen evangelischen Christenheit in Deutschland. In der Mitverantwortung für diese Gemeinschaft nimmt der Bund Aufgaben, die alle evangelischen Kirchen in der Deutschen Demokratischen Republik und in der Bundesrepublik Deutschland gemeinsam betreffen, in partnerschaftlicher Freiheit durch seine Organe wahr." Bei diesen und anderen Begegnungen wurden diese Sätze lebendig.

Berufliche Anerkennung

1984 gab das Sekretariat des Bundes der Evangelischen Kirche in der Deutschen Demokratischen Republik eine 62-seitige Broschüre heraus: „Wege zum kirchlichen Dienst, Berufe in der Kirche". Darin gab es Informationen über Berufsbilder wie Katechet, Gemeindehelfer, Diakon, Gemeindepädagoge sowie über Pflegeberufe, Ausbildungen, Ausbildungsstätten, Arbeitseinsätze, Quereinstiegsmöglichkeiten, Zugangsvoraussetzungen, Weiterbildungen und Qualifizierungen. Im Vorwort schrieb der Vorsitzende der Konferenz der Evangelischen Kirchenleitungen in der DDR, Landesbischof Dr. Johannes Hempel: „Die Kirche braucht auch Menschen, die diese Aufgaben als Lebensberuf übernehmen und bereit sind, sich dafür gründlich ausbilden zu lassen. Darum werden hier Berufe in der Kirche beschrieben." Diakonische Ausbildungen wurden vorgestellt. Daneben auch fürsorgerische Berufe, Heilerziehung, heilpädagogischer Fernunterricht und Pflegeberufe.

Die Samariteranstalten in Fürstenwalde boten die Ausbildung „Psychiatriediakonie" an. Sie bestand aus Heilpädagogik, Krankenpflege und Sonderschule sowie einem wichtigen Anteil Theologie und Katechetik. Im Arbeitsfeld „Hilfe für Menschen mit Behinderungen" gab es eine ideologische Komponente. Schulen für geistig Behinderte existierten nicht – die DDR hatte Menschen mit geistiger Behinderung das Bildungsrecht abgesprochen. Mit der Volksbildung unter Leitung von Margot Honecker war zu diesem Thema kein Gespräch möglich. Dazu wurde unterschieden zwischen förderfähigen und nicht-förderfähigen Menschen. Fragte man nach einer Normensicherheit hinsichtlich der Beurteilung des Schweregrades einer Behinderung wurde deutlich, dass solche

Entscheidungen vom Rat des Kreises gefällt wurden. Teilweise wurde „Förderunfähigkeit" erkannt, weil das Kraftstoffkontingent des Kreisarztes anderweitig gebraucht wurde. Es war nicht genügend vorhanden, um zwei oder drei Kinder oder Jugendliche mit einer Behinderung vom Dorf in die Stadt zu einer Tagesbetreuung zu fahren. Wenn „Nichtförderfähigkeit" bekannt wurde, blieb das Kind in einer Grundpflege stecken, in der Familie, im Heim oder im Krankenhaus.

Es gab weitere Hinweise auf ideologische Beeinflussung, und zwar im Rahmenförderplan, der in Insiderkreisen nach dem Autor Professor Siegfried Essbach benannte „Essbach-Plan", der zum großen Teil die alte Begriffswelt wiederbelebt hatte. Der Begriff „schwachsinnig" sollte abermals gesellschaftsfähig werden. „Geistig behindert" war kein geläufiges Wort für die DDR. Schwachsinnige, oder wie bei der Formulierung zum „Jahr des Geschädigten", hießen dann „Menschen mit Behinderungen". Dabei wurde allerdings nicht deutlich, wer von wem behindert oder geschädigt wurde.

Die Sowjetunion blieb stets führend. So bezog man sich in diesem Rahmenförderplan auf die in der Sowjetunion bezeichnete „Defektologie": „Aufgrund der verwirrenden Vielfalt seiner Bestimmung verwenden wir den Terminus ‚geistige Behinderung' nicht. Es muss weiter vermerkt werden, dass unklar ist, was in dieser Bestimmung unter Behinderung des ‚Geistes' zu verstehen ist, da ‚Geist' in verschiedenen bürgerlichen Lehren unterschiedlich interpretiert wird." (Zitat aus Essbach-Plan, S. 132). Und: „Die Bezeichnung ‚Schwachsinn' ist in Dokumenten der DDR Schulgesetz, 5. DB (Durchführungsbestimmung) im Schulgesetz wieder als rehabilitationspädagogisch relevanter Terminus festgelegt. Schwachsinn als Schwäche im Sinnen, im Denken ... entspricht der Bezeichnung ‚Oligophrenie' in der sowjetischen Defektologie." Die Einrichtungen von Caritas und Diakonie akzeptierten weder die Begriffswelt noch die Aussetzung der Förderfähigkeit bei Menschen mit schweren Behinderungen. In kirchlichen Einrichtungen beider Konfessionen war es selbstverständlich, dass eine individuelle Grundförderung angeboten und praktiziert wurde. Es galt das Prinzip: „Es gibt keine Menschen, die man nicht auch fördern kann." Bis zum Ende der DDR gab es keine Förderpflicht. Mehrfach wurde sie seitens der Diakonie angemahnt.

So ist es traurig und schockierend, dass nach der deutschen Einheit am 3. Oktober 1990 die berufliche Anerkennung dieser Mitarbeiterinnen und Mitarbeiter nicht eindeutig gewährleistet war. Der Ministerrat der DDR hatte zwar am 7. September 1990 eine Liste von Berufen und Ausbildungsstätten bestätigt, die anerkannt werden sollten. Die beschlossene Liste ist jedoch nicht in den Einigungsvertrag gekommen. Die Gründe dafür sind bis heute nicht geklärt. Ich vermute Verantwortungslosigkeit, Sabotage gegen kirchliche Belange oder Ignoranz.

Mitarbeiter der Diakonie kamen sich nach der Wiedervereinigung zum Teil sehr verlassen vor. Schreiben vom 30. Oktober 1990 und 28. November 1990 machen es deutlich.

Im ersten Schreiben haben Cornelia Bertheau, Gabriele Hempel und Christine Koch Meinung und Forderung ihrer Kolleginnen und Kollegen zum Ausdruck gebracht. Das ganze Verfahren wurde durch die Diakonische Konferenz in Berlin-Brandenburg unterstützt. Bischof Gottfried Forck hatte nicht nur ein offenes Ohr für die Nöte der Mitarbeitenden, sondern setzte sich für eine Besserung ein. Inzwischen waren wir aber einer extrem leistungsfähigen Bürokratie ausgeliefert, die nicht zuerst nach dem Menschen fragte, sondern zunächst richtige Formen klarstellen wollte. Das war einerseits lästig, andererseits zur rechtlichen Sicherung nötig.

Paten und Partner

Mit dem Bau der Mauer am 13. August 1961 wurden selbstverständliche Begegnungs- und Kontaktmöglichkeiten beendet. Das galt für private Verbindungen ebenso wie für dienstliche. Anfänglich bewegte sich nichts. Eine Bereitschaft zur Öffnung der Grenzen war nicht zu erkennen. In kirchlichen Arbeitsfeldern und diakonischen Einrichtungen versuchten wir, zwischen Kirchengemeinden und fachlich Interessierten Gemeinschaft zu erhalten. Es gelang nur mühsam. So versuchten viele Kirchengemeinden, mit ihren Paten und Partnergemeinden neue Verbindungen aufzunehmen – oft privat durch Einzelpersonen. Häufig scheiterten solche Besuche am fehlenden Verwandtschaftsgrad.

Die Partnerbesuche in der Gemeinde waren selten. Meistens trafen wir uns in der Stephanus-Stiftung in Berlin-Weißensee. Dort gab es einen Tagungsraum und Essenversorgung. Die Partner aus dem Westen reisten morgens an und mussten uns vor Mitternacht wieder verlassen haben. Gesprächspartner aus der DDR konnten für diese zwei oder drei Tage Übernachtungen im Hospiz Albrechtstraße oder Auguststraße buchen. Manche wohnten bei Verwandten oder fuhren in der Nacht noch nach Hause. Begegnungen von Ost nach West waren anfänglich ausgeschlossen. Als die ersten Reisen für Rentner möglich wurden, konnten sie etwas für die Verbindungen zwischen Paten, Partner und Kirchengemeinden tun. Oft hatten sie aber familiäre Aufträge und Bindungen, sodass für das gesamtkirchliche Interesse wenig Zeit blieb. Der Slogan: „Erst Vergreisen, dann Verreisen" war unwiderruflicher Tatbestand.

So halfen wir uns mit Treffen der Partnergemeinden in Berlin-Weißensee. Die Hälfte der Teilnehmer kam aus der Bundesrepublik, die andere aus der DDR. Die Westpartner konnten nach Entrichten ihres Eintrittsgeldes für einen Tag mit uns zusammen sein. Im Westen nannte man das Zwangsumtausch – in der DDR wurde es mit dem freundlichen Wort „Mindestumtausch" betitelt. Man sieht auch hier, dass die Sprache Gesinnungs- und Gestaltungsspielraum bietet. Allerdings wurde das Wort „Mindestumtausch" seitens der DDR von der Hoffnung getragen, dass jemand freiwillig höhere Summen eintauschen würde. Soweit ich gehört habe, ist das nicht vorgekommen. Die Gemeindeglieder wussten manchmal schon so nicht, was sie mit dem Geld anfangen sollten: Bücher kaufen, für die Kollekte ihrer Partnergemeinde oder bei einem gemeinsamen Treffen zur Unterstützung der Kirchengemeinde spenden. Es bestand wenig Bedarf, höhere Summen in Ostmark umzutauschen.

Einige solcher Begegnungen sind in den Akten der BStU erhalten. So ist damit, wenigstens was Termin und Uhrzeit betrifft, Historie hergestellt. Die Wahrheitsgehalte der Berichte, inhaltliche Angaben oder Deutungen des Geschehens in den Akten sind zum Teil lächerlich und peinlich – manchmal konnte man den Versuch erkennen, Einreisende erpressbar zu machen. Wir bekamen bald mit, dass trotz gemeinsamen Wollens diese Begegnungen für die westlichen Partner keineswegs nur vergnüglich waren, denn die Behandlung an der Grenze war zum Teil unter aller Würde.

Als Landespastor für Diakonie in Schwerin war ich für die gemeinsamen Treffen mit Paten und Partnergemeinde verantwortlich. Sie wurden vom Diakonischen Werk aus organisiert. Die Mecklenburgische Landeskirche war mit der Bayerischen Landeskirche verbunden. Lediglich der Kirchenkreis Rostock-Land wurde durch das Diakonische Werk Hamburg freundlich betreut. Die acht Landeskirchen, die sich 1969 zum Bund der Evangelischen Kirchen zusammengeschlossen hatten, sprachen sich schon in den 50er Jahren verbindlich ab, wie die Partnerschaftsbeziehungen der Kirchen und Diakonischen Werke zwischen der Bundesrepublik und der DDR geregelt würden. Thüringen kam mit Württemberg in Verbund, Brandenburg mit Rheinland, Westfalen und einem Teil von Baden, Mecklenburg mit Bayern, Sachsen mit Rheinland-Pfalz, Greifswald mit Hamburg und so weiter. Auf solcher Ebene begegneten sich auch Kirchenleitungen und besprachen unterstützende Programme, die zentral durch das Diakonische Werk abgewickelt wurden. Die DDR beobachtete die Partnerschaftsarbeit zwischen den Kirchen misstrauisch.

Vieles ging in der DDR nur direkt und persönlich. Telefonische Absprachen mit westlichen Partnergemeinden gab es von meiner Seite aus nicht und das hatte Gründe: Erstens waren Telefone selten – zweitens musste man Verbindungen in das westliche Ausland, auch in die Bundesrepublik, anmelden. Häufig endete die Beantragung des Telefongespräches um 23:50 Uhr mit der Bemerkung, dass es heute leider nicht möglich gewesen sei, eine Verbindung zwischen Schwerin und Nürnberg herzustellen. Und drittens – das war der eigentliche Grund – ahnten wir, abgehört zu werden. Deshalb vereinbarten wir die Treffen bei persönlichen Begegnungen in Berlin.

Die Einfuhr von Medikamenten, die in der DDR nicht erreichbar waren, ging überwiegend über die Zentrale des Diakonischen Werkes in der Schönhauser Allee 59. Dafür brauchte man treue Helfer, verlässliche Ansprechpartner und Kuriere. Langjähriger Partner war Pfarrer Martin Reuer, der von der Berliner Stelle aus häufig zu Besuch kam und immer, wenn es ging, an den Geschäftsführerkonferenzen teilnahm. Später übernahm Pastor Hans Dieter

Bluhm die Aufgabe. Es mussten Rezepte für die Medizin, Prothesen sowie Patientenangaben beschafft werden. Dies lief alles ohne Telefon, Telefax und Post. Durch solche treue und verlässliche Partnerschaftsarbeit gelang es zu helfen und eine Fülle von Einzelproblemen zu lösen.

Besonders betroffen waren wir, als eine an Krebs erkrankte Mitarbeiterin unserer Kirche keine Chance hatte, in der letzten Lebensphase eine Perücke zu bekommen. Durch Chemotherapie hatte sie alle Haare verloren. Bei der Bemühung um eine Perücke hieß es, dass wir in einem halben Jahr wieder anfragen sollten. Aber hier gab es Mittel und Wege, wenigstens für kurze Zeit Hilfe zu geben. Eine Nachfrage nach sechs Monaten hätte sie nicht mehr stellen können. Sie war inzwischen gestorben.

*

Die SED hätte irgendwann begreifen müssen, dass solche Begegnungen und daraus folgende Hilfen in Wirklichkeit den Menschen der DDR zugutekamen, vor allem den sozial Benachteiligten. Von den aus dem Westen importierten Medizintechniken, die durch Caritas und Diakonisches Werk für Krankenhäuser in der DDR organisiert wurden, profitierten alle Patienten. Man fragte nicht nach ihrem Gesangbuch oder ihrem Bekenntnis, sondern nach ihrer medizinischen oder sozialen Not. Dennoch konnte man sich des Eindrucks nicht erwehren, dass ein grundsätzliches Misstrauen oftmals Vorrang vor der Sacharbeit hatte. Es blieb selbstverständlich, dass für Partnerschaftsbeziehungen, mit denen wir auf Dauer rechneten, die legale Form Grundlage war, Anträge für Einfuhrgenehmigung zu stellen mit Warenbegleitschein – und Geduld.

Oberin Annemarie Klütz vom Diakonieverein besorgte uns von einem Tag zum anderen dringend benötigte Einwegspritzen. Es war nicht legal und hätte zwar über Einfuhrgenehmigung geklappt, dann aber erst nach einigen Tagen. So kamen am nächsten Tag die Spritzen zu uns und halfen, die palliative Betreuung des dreizehnjährigen Andy schnell zu verbessern und ihm die letzten Lebenstage zu erleichtern. Nach drei Wochen starb Andy in seiner vertrauten Umgebung.

Ein weiterer wichtiger Partner war Ulrich Bach, Pastor in Volmarstein. Seit dem einundzwanzigsten Lebensjahr war er schwerbehindert. Als Betroffener konnte er viel vermitteln an Bewohner und Mitarbeiter. Vor allem verstanden ihn jene, die mit deutlichen Einschränkungen leben mussten. Er gab Beiträge zu Themen wie diakonische Grundfragen, Glaube, Liebe, Behinderung, ethische Grenzwerte und Erfahrungen des praktischen Umgangs zwischen Menschen mit Behinderungen und anderen. Er machte Mitarbeiter dadurch sensibel. Es gelang ihm, Ernstes heiter und Heiteres ernst zu nehmen. Das hat viele ermutigt. Zu offiziellen Anlässen wie dem Berliner Kirchentag 1987 reiste Ulrich Bach an und sprach zu der dort versammelten Gemeinde. Nach längerem Anlauf konnten er und seine Frau Erika Bach zu Mitarbeiterfortbildungen mit dem Auto einreisen. Ulrich Bach schleuste etliche Bücher ein – und tat dabei so, als wäre die Mitnahme von Literatur das Selbstverständlichste von der Welt. Den Grenzorganen konnte er verdeutlichen, dass die Bücher seinen Namen trugen und somit auch ihm gehörten – die wolle er nun verschenken. Und das tat er auch. Wobei der Titel „Millimetergeschichten" als Handwerkeranweisung durchging.

*

Intensiviert wurde der Kontakt mit den Angehörigen der Gründerfamilie, Enkeln Pfarrer Ernst Berendts, der die Stephanus-Stiftung – damals noch Bethabara-Stiftung – 1878 ins Leben gerufen hatte. Familie Kaiser-Berendt kam zu Veranstaltungen der Stiftung und zu Jubiläen von Mitarbeitenden. Joachim-Ernst Berendt, bekannt durch seine Arbeit im damaligen Südwestfunk in Baden-Baden und durch das Jazzbuch, später durch Literatur zum Thema Hören: „Höre, so lebt deine Seele" kam regelmäßig. Er war in dem Haus geboren, in dem wir inzwischen in der Stephanus-Stiftung wohnten. Bei seinen Besuchen erinnerte er sich an seine Kindheit, fand alte Gebäude und bekannte Ecken wieder. Er verstand sich gut mit unseren Kindern.

Solche langjährigen Verbindungen mit Partnerinnen und Partnern aus anderen Gegenden, aus der Ökumene – ein regelmäßiger Kontakt in die Nachbarländer, in die wir auch zu Zeiten der DDR reisen konnten (Polen, Tschechoslowakei, Ungarn, Rumänien) –

Bildübergabe in der Friedenskirche durch Waltraud Kaiser-Berendt und Joachim-Ernst Berendt. Auf den überreichten Bildern Ernst Berendt, Gründer der Stephanus-Stiftung und Ernst Berendt junior, Sohn und Nachfolger.

waren in der Zeit der Wende und bei den politischen Veränderungen Anfang der neunziger Jahre wertvoll. Wir begegneten immer wieder vertrauten Menschen, auf die wir uns verlassen konnten, gerade in kritischen Zeiten.

Konsum

Wir lebten unter den realsozialistisch üblichen normalen Bedingungen. Dazu gehörten Einkauf für den Haushalt und Warenbeschaffung für die Familie. Zu allen Zeiten gelang es der Planwirtschaft, unfehlbar Lücken zu produzieren. Nach zwei Tagen Sonnenschein gab es kaum noch alkoholfreie Getränke. Ein Hungerland war die DDR deshalb nicht. Im Gegenteil: Viele waren satt, übersättigt – auch übergewichtig. An Alkohol und an der Tageszeitung ND (Neues Deutschland – Zentralorgan der SED) mangelte es so gut wie nie. Nur zweimal habe ich erlebt, dass das ND ausverkauft war: Beim Besuch von Willy Brandt in Erfurt und bei der Veröffentlichung des Grundlagenvertrages zwischen der BRD und der DDR.

Die DDR-Bürger hatten nach der Wende schnell den Unterschied zwischen Konsumkaufhalle und „Konsum-Tempel" begriffen. Der Konsum auf dem Land war oft eine schlichte Baracke. Es gab dort fast immer lebensnotwendige Dinge wie Milch, Eier, Brot, Butter, Korn, Wodka, Spezi und Kräuterlikör. Natürlich auch trübes Bier und welkenden Salat. Der Konsum-Tempel hingegen, den wir nach dem Mauerfall kennenlernten, ist unübersichtlich. Der Kauf eines einzigen Brötchens und einer Zahnpasta wird zu einem zeitaufwändigen Erlebnis. Es ist zwar alles im Übermaß vorhanden, was es früher nicht gab. So konnten wir plötzlich Waschpulver, Selter, Gewürzgurken, Kalbfleisch und Klopapier kaufen. Aber es bleibt unübersichtlich.

Während zum Besuch der Kaufhalle die Jäger- und Sammlerfähigkeit gehörte, muss man im Konsum-Tempel wachen Geistes sein. Da heißt es Preise vergleichen, Angebote des Überflusses und Qualität prüfen. Um ein Glas Crème fraîche zu kaufen, muss man einen „Wandertag" einlegen, vorbei an Bier und anderen Getränken, an Regalen mit eingeschweißten Putenschnitzeln und mit überquellenden Milch-, Joghurt- und Butterangeboten, Nudeln, Rucksäcken und elektrischen Zahnbürsten – dann zurück zur Kasse.

Ausreiseanträge

In Berlin wurden Mitte der achtziger Jahre Wünsche, Begehren und Anliegen zur Ausreise aus der DDR alltäglich. Die Gründe, die DDR zu verlassen, waren vielfach. Die Methoden von Staat, Partei, Regierung und MfS haben den Boden bereitet, dass viele nicht mehr bleiben wollten. Wenn der Familienbesuch bei Schwerkranken oder Teilnahme an Beerdigungen abgelehnt und verhindert wurden, gab es nur zwei Möglichkeiten: Entweder man resignierte oder man stellte einen Ausreiseantrag.

Die DDR hat gut daran verdient, Personen ausreisen zu lassen. Die Verärgerung, einen gewünschten Partner nicht heiraten zu dürfen, nur weil er in der anderen Hälfte Deutschlands wohnte, war ebenfalls ein Grund. Manche wurden bei solchen Anfragen auf eine Art und Weise behandelt, dass sie nur noch den Wunsch hatten, dieses Land endgültig zu verlassen. „Antragstellern" ließ die DDR eine Sonderbehandlung zuteilwerden. Die Parteileitung der Betriebe kümmerte sich um die „irregeführten" Bürger, schikanierte und bedrohte sie. Der berechtigte Wunsch, in ein anderes Land zu wechseln, wurde seitens der DDR kriminalisiert. Unter anderem führte er zu den Botschaftsflüchtlingen und den Besetzungen der Auslandsvertretungen der BRD in sozialistischen Ländern. Die bei der Grenzöffnung 1989 zwischen Ungarn und Österreich entstandene Massenflucht war von vielen Bürgern sicherlich auch kurzsichtig, hatte aber eine Sogwirkung. Es gingen mehr Menschen weg als vermutet. Der Boden war bereitet – das Misstrauen gegenüber den handelnden Staatsorganen groß. In solchen Fällen gab es immer Schwierigkeiten für die Betroffenen.

Um einen Knoten zu öffnen oder ein Problem zu lösen, bedurfte es Helfer. Mittler bei solchen Unternehmungen waren die evangelische und katholische Kirche sowie Anwälte der DDR. In einigen Fällen hatten wir in der Stephanus-Stiftung eine Mittlerfunktion. Menschen lebten zwischen drei und vierzehn Tagen bei uns oder waren zwischen einem halben und drei Jahren angestellt. Manche wurden Mitarbeitende auf Zeit – und gingen dann plötzlich weg. Oft ging es aber nur darum, beruhigend einzuwirken, um das Ziel „Ausreise aus der DDR" zu erreichen.

Auf solchem Weg sind viele Menschen mit uns in Kontakt gekommen, haben zeitweilig bei uns gewohnt, wurden beschäftigt, ins Hausbuch eingetragen und manchmal auch transportiert, um auf der anderen Seite ein neues Leben beginnen zu können. Die Medien in der DDR haben über diese Dinge fast nichts berichtet. Die westliche Presse hingegen hat dies alles weiträumig und ausführlich erwähnt und kommentiert – und so die DDR-Regierung verärgert.

*

Anfang 1988 wandte sich die Leiterin des „Pastor-Braune-Haus" in Berlin-Lankwitz, Schwester Dorothea Bönsel, an mich. Ihre Nichte habe Schwierigkeiten. Von ihrer Arbeitsstelle werde sie zusehends schikaniert, weil ihr Mann auf einer Dienstreise im Westen geblieben sei. Da sie Krankenschwester von Beruf war und ein hohes Einfühlungsvermögen hatte, haben wir Frau Theuerkauf gern in unserem „Ernst-Berendt-Heim" beschäftigt.

Als sie mir ihre Geschichte erzählte, erwähnte sie, dass ihr Mann sie telefonisch aufforderte, Buchstaben „A" (A wie Ausreise) in die Fenster zu stellen. Sie wohnte in Hohenschönhausen in der Konrad-Wolf-Straße. Dort wohnten auch andere Leute, die eine staatsnahe Funktion hatten. Als sie mir das mit den A-s in den Fenstern erzählte, wies ich sie darauf hin, dass es sie und ihre Kinder gefährden könnte. Wir schrieben einen Brief auf unserer Schreibmaschine, aus dem hervorging, dass Frau Theuerkauf im Falle ihrer Handlungsunfähigkeit, Krankheit, Unfall oder ähnlichem (von Inhaftierung schrieben wir nichts) die Erziehungs- und Betreuungsverantwortung ihrer Kinder an ihre Mutter übergibt. Dieses Schreiben existierte in mehreren Ausfertigungen, lag bei ihr in der Wohnung, die Schwiegermutter hatte es und auch wir hatten es. Frau Theuerkauf hat gleichzeitig ihren Antrag an den Stadtbezirk Berlin-Hohenschönhausen gestellt mit der Bitte um Übersiedlung in die BRD. Darin betonte sie, dass ihr Mann die DDR illegal verlassen habe, aber dass sie dennoch ihren Antrag aufrecht erhalte und ihre Ehe nicht auflösen wolle. Auf dem Postwege hatte ihr jemand eine Zeitschrift für die Bürgerrechtsbewegung in der DDR geschickt, „Hilferufe von drüben". Auf dem Titelblatt war sie mit ihren beiden Söhnen abgebildet. Der Sachverhalt ihres Ausreisebegehrens wegen Familienzusammenführung wurde beschrieben. In dem Blatt stand, dass Frau Theuerkauf bereits den fünften unbearbeiteten Ausreiseantrag gestellt habe. Dies also war der Hintergrund für die Bitte, bei uns zu arbeiten.

Als sie mir das Blatt zeigte, war deutlich, dass es Schwierigkeiten geben würde. Es dauerte auch nicht lang – und uns wurde mitgeteilt, dass Frau Theuerkauf verhaftet sei. Wir kontaktierten sofort ihren Bruder und ihre Mutter. Die Großmutter betreute von da an die Kinder, wie es Frau Theuerkauf in dem Brief geschrieben hatte. Es passierte also nicht, was seinerzeit oft praktiziert wurde, dass Kinder von Republikflüchtlingen in ein staatliches Erziehungsheim gebracht wurden.

Nach der Inhaftierung am 6. Juli 1988 hielten wir in der Morgenandacht in unserer Friedenskirche Fürbitte für Frau Theuerkauf. Ich bemühte mich um einen Termin beim Generalstaatsanwalt der DDR. Am 20. Juli sprach ich dort mit Herrn Dr. Glässner, dem ich den Sachverhalt mitteilte und bat, die Frau aus der Haft zu entlassen. Wir brauchten sie zum Arbeiten und die Mauer sei ja dicht. Dies wurde nicht wohlwollend aufgenommen. Parallel dazu hatten wir das Anwaltsbüro von Professor Dr. Wolfgang Vogel um die Rechtsvertretung gebeten. Bei dem Gespräch fragte mich Dr. Glässner, ob ich für Frau Theuerkauf eine Bürgschaft übernehmen würde. Ich wies dies als unangemessene Frage ab und betonte, dass wir sie mit Arbeit und Brot versorgen würden. Herr Glässner sagte, der bearbeitende Staatsanwalt Kock sei nicht zu sprechen, würde sich aber mit mir in Verbindung setzen und Vorschläge unterbreiten. Von den Haftgründen wisse der Staatsanwalt nichts, sagte er und meinte wohl, dass ich ihm glauben würde. Ich fragte, ob wir Frau Theuerkauf unterstützen könnten, zum Beispiel mit Geld. Es wurde mir erklärt, dass sie keinerlei Not litte, es ginge ihr gut. Verpflegung und Unterkunft seien in Ordnung. Ich habe dem Generalstaatsanwalt Grüße von uns ausgerichtet und ihn wissen lassen, dass wir in unserer öffentlichen Morgenandacht in der Stephanus-Stiftung für Frau Theuerkauf Fürbitte gehalten hatten. Das könne er ihr ausrichten, denn das müsse sie doch wissen. Ihr Bruder zahlte monatlich 50 Mark ein, damit sie etwas zusätzlich zu essen bekam.

Ein offizieller Haftgrund wurde nicht angegeben. Von Professor Vogel erhielt ich einen Brief, in dem mitgeteilt wurde, dass die Ermittlungen noch laufen und dass Frau Theuerkauf an allen Fenstern ihrer Wohnung ein großes „A" sichtbar angebracht habe. Dies sei wohl auf Anraten ihres Ehemannes geschehen. Sie habe sich dadurch eine schnellere Lösung ihres Problems erhofft. Wie man sieht, passierte genau das Gegenteil.

Frau Theuerkauf hatte mir vor ihrer Verhaftung erzählt, dass im Rahmen ihrer Ausreisebemühungen eines Tages mehrere Personen aus Finanzverwaltung, Staatssicherheit und der Abteilung „Inneres" gekommen seien und bedeutet hätten, ihr Mann sei durch die Republikflucht ein Straftäter. Sie und ihr Mann lebten ja in Gütergemeinschaft, das Vermögen eines Straftäters würde eingezogen, ihr Wartburg, der draußen vor der Tür stand, koste 20 000 Mark, wenn sie 10 000 Mark an die Staatskasse entrichten würde, könne sie den Wagen behalten. Mit der Wohnungseinrichtung wurde ebenso verfahren. Schrankwand, Sofa, Bücherregale – alles wurde halbiert, sodass auf diesem Wege ein finanzieller Ruin zu erwarten war.

Die Bemühungen um einen Haftprüfungstermin über das Anwaltsbüro Vogel hatten Erfolg. Am 27. Juli bekam ich eine telefonische Nachricht von Herrn Dr. Glässner, dass Frau Theuerkauf entlassen werde. Am selben Tag um 18:15 Uhr kam ein Antransport in die Stephanus-Stiftung. Zwei Lada im Konvoi mit jeweils zwei unbekannten „Zivilisten" besetzt. Im hinteren saß Frau Theuerkauf mit einer Vollzugsbeamtin aus der U-Haft. Der Fahrer stieg aus dem Lada und fragte mich: „Sind Sie Herr Pastor Braune?" Ich sagte: „Ja." Dann sagte er wörtlich: „Hier Herr Pastor, Frau Theuerkauf zu treuen Händen." Ich sagte daraufhin: „Brauchen Sie eine Quittung?" Dies wurde verneint.

Von da an hat Frau Theuerkauf weiter bei uns gearbeitet und auf die Ausreise gewartet. Ende des Jahres konnte sie dann endlich mit ihrem Mann und den Kindern zusammen sein – nach knapp zwei Jahren Trennung.

Verhaftung eines Schülers

Man konnte sich natürlich auch über das Verhalten der staatlichen Organe beschweren oder eine „Eingabe" machen. Es gab ein Eingabengesetz, das den Staat verpflichtete, Eingaben und Beschwerden innerhalb einer bestimmten Frist zu bearbeiten. Die Sache mit der Beschwerde erhielt ihren besonderen Akzent dadurch, dass man sich zum Beispiel über Verhalten, Gebaren, Gangart und Schikanen durch die Abteilung „Inneres" bei eben derselben Abteilung „Inneres" beschwerte, die dann zum Verhalten der Abteilung „Inneres" Stellung nahm oder die Beschwerde nicht wahrnahm, geschweige denn beantwortete – und als Abteilung „Inneres" an den Bürger zurückreichte. Für die Abteilung „Inneres" war dies ein einleuchtendes Verhalten, da man Klassenfeinden gegenüberstand. Es zeigt, welch uneingeschränkte Macht das Staatsorgan besaß.

Kurz nach meinem Dienstantritt in der Stephanus-Stiftung bekam ich einen unangenehmen Einblick in die Rechtssicherheit der DDR. Am 16. November 1979 rief mich unsere Stationsleiterin Inge Bergemann an und teilte mir mit, dass sie umgehend in ihre Wohnung in der Hanns-Eisler-Straße Prenzlauer Berg zitiert wurde. Sie wüsste nicht, warum, aber ihr Sohn sei verschwunden. Sie bat mich mitzukommen. Wir fuhren also in ihre Wohnung. Unten am Personenaufzug standen zwei Zivilisten mit uniformierten Gesichtern und oben am Aufzug standen zwei weitere Zivilisten und eine Dame in Zivil. Die beiden Herren wiesen sich aus mit einem Dienstausweis vom Ministerium für Staatssicherheit. Ich stellte uns namentlich vor und fragte die Dame: „Und wer sind Sie?" Da meinte sie, das täte nichts zur Sache, aber ich sei hier unerwünscht. Ich habe daraufhin freundlich gesagt, mich kennten jetzt alle mit Namen, aber sie nicht. Ich sei der Leiter des Betriebes, in dem die Kollegin Bergemann arbeite, außerdem sei ich ihr Seelsorger, sie hätte mich gebeten mitzukommen – und ich bliebe dabei.

Inge Bergemann und ich wurden in einem Raum bewacht, während die Dame und einer ihrer Begleiter wegfuhren. Nach ungefähr einer Stunde kamen sie wieder und teilten mit, dass ich bei der Haussuchung dabeibleiben könne. Inge Bergemann wusste noch immer nicht, worum es ging. Und die Frage an die untersuchenden Personen, ob es um den Sohn ginge, wurde nicht beantwortet. Während wir bewacht wurden, durften wir uns nicht unterhalten. Die Wohnungsdurchsuchung verlief seltsam und für uns ergebnislos; sie wussten offensichtlich nicht recht, nach was sie suchten.

Am Sonntag, 18. November, hatte Inge Bergemann wieder Dienst und rief mich an; sie wusste nach wie vor nichts über den Aufenthalt ihres Sohnes Christian. Wir haben daraufhin bei der Polizei und in Krankenhäusern angefragt und überlegt, eine Vermisstenanzeige aufzugeben. Am Montag früh um sieben Uhr habe ich in der Kreisleitung der SED angerufen, den ersten Sekretär Arno Wendel verlangt und ihn um ein Gespräch gebeten. Er bot mir einen Termin noch in dieser Woche an, ich sagte: „Nein, bitte gleich." Er war so freundlich, mich gleich zu empfangen.

Ich erzählte ihm, dass der sechzehnjährige Christian seit Freitag verschwunden sei, dass eine Haussuchung stattgefunden habe und es keine Auskünfte über die Existenz, den Gesundheitszustand oder Aufenthaltsort des Sohnes gebe. Dass Menschen von der Straße verschwinden, gebe es ja bei uns nicht, das komme nur in Argentinien vor, insofern seien wir ratlos.

Ich war kaum zurück in meinem Büro, da klingelte das Telefon und Herr Wendel ließ mich wissen, dass es eine bedauerliche Mitteilung gebe, es liege eine Straftat vor und der junge Mann sei in Untersuchungshaft genommen und die Eltern würden benachrichtigt.

Daraufhin habe ich an den Generalstaatsanwalt der DDR geschrieben, habe ihm den Sachverhalt und den Ablauf mitgeteilt und zum Ausdruck gebracht, dass eine Mitteilung über die Inhaftierung eines Menschen sofort erfolgen müsse. Durch solche Abläufe, wie sie hier geschahen, werde das Vertrauen in Maßnahmen der Rechtspflegeorgane der DDR erheblich gestört. Außerdem sei Christian Bergemann minderjährig, was den Sachverhalt erschweren würde.

Auf diesen Brief bekam ich eine Antwort mit einer Einladung zu einer Aussprache in der Littenstraße 16–17, dem Berliner Bezirksgericht.

Während ich an diesem Tag dort auf das Gespräch mit Staatsanwältin Röhl wartete, traf ich Ehepaar Storck aus Schwanebeck. Ich fragte sie, weshalb sie hier seien. Ein unfreundlicher Uniformierter trieb uns barsch auseinander und brachte uns zum Schweigen. Ich konnte mir die Aggressivität des Genossen nicht erklären – weder hatten wir demonstriert, noch uns lautstark oder abfällig über die DDR, den Sozialismus oder Erich Honecker geäußert. Hinterher erfuhr ich, dass der Sohn von Storcks mit seiner Frau inhaftiert war. Inzwischen weiß man, dass er von einem „Freund" verraten worden war. Storcks Sohn und seine Frau haben lange Zeit in Gefängnissen der DDR gesessen. Die Eltern wurden zu dem Zeitpunkt vor Gericht geladen.

Die Rechtsvertretung für Christian Bergemann hatten wir wieder an das Büro Dr. Vogel übergeben. Dorthin zur Kenntnis gab ich mein Protestschreiben an den Generalstaatsanwalt der DDR. Ich bat darin, die Angelegenheit zu klären, damit ähnliche Vorfälle künftig vermieden würden, und wies darauf hin, dass ich die Dinge auch falsch sehen könnte – dann bäte ich um Belehrung, anderenfalls sei dies eine Eingabe. DDR-Bürger hatten auch in diesem Falle eine Definition über den Unterschied zwischen Kapitalismus und Sozialismus: „Im Kapitalismus geht es nur um das schnöde Geld, es geht nur um Einnahmen und Ausgaben. Im Sozialismus ist das alles ganz anders, hier geht es um Eingaben und Ausnahmen."

Am Tag nach der Haussuchung, dem 17. November, hatte ich herausbekommen, wie die Staatsanwältin, die so verschwiegen war, hieß. Sie war beim Gericht Prenzlauer Berg tätig. Ich habe sie als unangenehme Person in Erinnerung, die sich an Rechtsbeugung beteiligt hat. Christian Bergemann wurde zu drei Jahren und vier Monaten verurteilt, er wurde zum Vollzug nach Ichtershausen in Thüringen verlegt. Die Angelegenheit war für uns damit nicht zu Ende, denn wir versuchten uns bei Besuchserlaubnis einzuschalten, bei der Vermittlung von Quartieren für seine Eltern und starteten einen Versuch über den Bundesminister Dr. Rainer Barzel, Bewegung in die Sache zu bringen. Dies scheiterte an der Arroganz der bundesrepublikanischen Behörden. In einem Brief an den Minister bat ich ihn, sich für die Angelegenheiten dieses Schülers zu engagieren. Eine frühere Entlassung aus der Haft zeichnete sich nicht ab, deshalb habe ich Herrn Barzel gebeten, sich dafür einzusetzen, dass Christian Bergemann nach der Haftentlassung wenigstens in die Bundesrepublik ausreisen könne. Herr Barzel hat mir auf diesen Brief keine Antwort gegeben. Ich habe lediglich auf Umwegen mit der Unterschrift von einem Herrn Plewa ein Schreiben an den von uns zu Hilfe gebetenen Rechtsanwalt Reymar von Wedel zur Kenntnis bekommen. Herr Plewa fuhr in diesem Brief ganz die Linie der DDR, in dem er mitteilte, dass Christian Bergemann als Krimineller bestraft worden sei. Diesen Brief bekam ich von Rechtsanwalt von Wedel persönlich in Kopie übergeben. Ich war empört – und versuchte, eine Begegnung mit dem Leiter der Ständigen Vertretung der Bundesrepublik Deutschland in der DDR, Dr. Hans-Otto Bräutigam, zu arrangieren, lud ihn in die Stiftung ein. Er kam. Wir konnten den Sachverhalt erläutern und ich bat ihn, sich dafür einzusetzen, dass Christian Bergemann nach Verbüßung seiner Strafe in den Westen entlassen wird. Das Gespräch fand in der Friedenskirche statt. Es schien, als wäre dort die Akustik am günstigsten, um die Möglichkeiten von unbefugten Mithörern auszuschließen.

Dr. Bräutigam hat sich in dieser Angelegenheit erfolgreich bemüht. Am 15. März 1983 fuhr ich ins Büro von Dr. Vogel. Dort konnte ich Christian Bergemann für 20 Minuten sprechen. Seine Eltern durfte er damals nicht sehen. Am selben Tag ist er nach Westberlin ausgereist zu seiner Großmutter. Den Transport über die Grenze hat Helga Vogel übernommen. Rechtsanwalt von Wedel brachte Christian Bergemann in Westberlin zu seiner Großmutter.

Die Eltern Bergemann hatten am 7. März einen Brief von der Vollzugsgeschäftsstelle im Jugendhaus Ichtershausen bekommen, in dem ihnen mitgeteilt wurde, dass ihr Sohn in eine andere Strafvollzugseinrichtung verlegt würde. „Es wird gebeten, die neue Anschrift abzuwarten." Dass die neue Anschrift dann eine Westberliner Adresse war, erfuhren die Eltern erst später. Nach dem kurzen Gespräch am 15. März habe ich gleich die Mutter informiert und offensichtlich gab es recht bald eine schnelle Rückmeldung.

Anfang der 90er Jahre traf ich Herrn Bergemann zum ersten Mal wieder. Ich fragte ihn, wie das aus seiner Sicht gelaufen sei. Er erwiderte, dass er während der ganzen Zeit am Boden zerstört und gesundheitlich angeschlagen gewesen sei. Lediglich als bei dem Prozess gegen ihn und die anderen vom Anwaltsbüro Dr. Vogel für ihn Freispruch beziehungsweise eine Bewährungsstrafe beantragt wurde, habe er sich in seiner Menschenwürde bestätigt gefühlt. Das habe ihm psychisch sehr geholfen.

Verurteilt wurden er und die anderen, weil sie Flugblätter für freie Meinungsäußerung verteilt hatten. Freie Meinungsäußerung gehörte laut DDR-Verfassung zu den Grundrechten der Bürger. Das Gericht verurteilte jedoch wegen staatsfeindlicher Hetze (Paragraph 106 StGB).

Christian Bergemann hat ohne Abstriche die Zeit von 1979 bis zum 15. März 1983 in Gefängnissen der DDR zubringen müssen. Eine brutale Aktion gegenüber einem jungen Mann, der zur Tatzeit gerade sechzehn Jahre alt war und nichts verbrochen hatte.

Zum 15. März 2008 hat Christian Bergemann meine Frau und mich zu einer Zusammenkunft anlässlich seiner 25 Jahre Freiheit eingeladen. Dabei erzählte er, dass von den damals vier verurteilten jungen Leuten er der einzige sei, der noch am Leben ist.

Rente im Osten

Anfang April 1986 rief mich mein Bruder aus Bielefeld an. Er erzählte, dass ein junger Mann aus seiner Einrichtung „Quellenhof" tödlich verunglückt sei. Die Umstände seien tragisch. Erst kürzlich sei er aus der DDR übergesiedelt. Nun durfte die Mutter nicht zur Beerdigung reisen. Besuchen konnte sie ihn sowieso nicht – aber dass man auch diese letzte Würdigung nicht ermöglicht, sei doch schlimm. Er fragte, ob ich eine Idee hätte, Hilfe zu leisten. Ich sagte, mir fiele nichts ein, ich könne da nichts machen, er möge mir aber die Personaldaten von der Mutter und auch von dem Sohn geben, die Umstände, Zusammenhänge und Adressen. Das erörterten wir ausführlich am Telefon.

Am nächsten Morgen rief ich beim Rat des Bezirkes Erfurt an. In Erfurt wohnte die Mutter. Ich sprach mit dem zuständigen Abteilungsleiter für Inneres/Kirchenfragen und erzählte ihm den ganzen Sachverhalt. Ich bekam zur Antwort, er könne da leider auch nichts machen, aber ich möge ihm doch mal die Namen, Adressen und Daten geben. Das erfolgte und ich drückte mein Unverständnis am Telefon aus, dass man in solch einem traurigen Fall keine Lösung finden könne. Mein Gesprächspartner fragte: „Was wäre denn, wenn Frau H. von einer solchen Reise nicht in die DDR zurückkommt?" Ich sagte daraufhin: „Dann kann ich auch nichts ändern, aber die DDR würde sich eine Rente sparen."

Was daraufhin geschehen ist, weiß ich bis heute nicht. Ob die Mithörer an den Telefonleitungen versucht haben, die Angelegenheit zu ordnen? Ob der Machteinfluss bei der Bezirksbehörde der Deutschen Volkspolizei oder beim Pass- und Meldewesen so groß war? Ob ein Anruf aus Berlin für die Genossen in Erfurt eine Art Bedrohung darstellte? Als Fortsetzungsinformation erhielt ich einen Brief von Frau H. vom 15. September 1986. Darin bedankt sie sich bei mir für alles, was ich für sie getan habe. Sie sei im April völlig überrascht gewesen, dass sie von einem Tag zum anderen nach Bielefeld fahren durfte. Sie erinnerte daran, dass sie verzweifelt war, als es ihr verwehrt wurde, an das Grab ihres Sohnes zu treten. „Es ist doch traurig, dass man verschlungene Wege benutzen muss, um weiterzukommen." Da der Absender von Frau H. Erfurt war und auf der Briefmarke 35 Jahre DDR gepriesen wurden, ging ich davon aus, dass die Rente nun doch in Ostmark gezahlt werden musste.

Am 3. März 1985 wurde ich von der StäV, Ständigen Vertretung, angerufen, dort würde ein Herr P. die Vertretung besetzen, er käme aus Rostock und würde trotz gutes Zuredens einer Ärztin nicht aus der Botschaft gehen. Er wolle in den Westen. Ich wurde gebeten, mit Herrn P. ein Gespräch zu führen. Herr P. kam mit in die Stephanus-Stiftung unter der Bedingung, dass seine Ausreise in die Wege geleitet werde. Es gab einen Schönheitsfehler in der Sache: Herr P. hatte sich im Hotel „Adria" in der Friedrichstraße 134 eingemietet, seine Sachen dort hinterlassen und die Rechnung nicht bezahlt. Seine Sachen wurden von der Hotelleitung aus dem Zimmer geräumt. Offenbar war nur bekannt, dass eine ominöse Geschichte laufe. Durch eine Vollmacht von Herrn P. konnte ich seine Sachen aus dem Hotel abholen. Als ich mich an der Rezeption meldete, wurde ich schnell in ein abgelegenes Büro geleitet, der vor mir sitzende Mensch war der Geschäftsführer des Hauses, den man damals noch Objektleiter nannte. Kurz danach kam ein Zweiter hinzu, offensichtlich der für die Staatssicherheit zuständige Mitarbeiter des Hauses. Beide waren irritiert, als ich ihnen sagte, Herr P. sei von ihrem Hotel aus in die Ständige Vertretung der BRD geflohen und würde zurzeit bei uns wohnen. Ich legte meinen Personalausweis auf den Tisch und bat, aufgrund der mitgegebenen Vollmacht die Sachen von Herrn P. mitnehmen zu dürfen. Ich durfte – und brachte sie ihm. Seine Vorstellungen über das neue Leben im Westen erinnerten an die sittliche Reife der Bremer Stadtmusikanten. Da wir nicht wussten, wie lange es dauern würde, bis Herr P. die Ausreise bekäme, haben wir ihn in der Küche beschäftigt.

Die Mitarbeiter haben seine Mitwirkung negativ beurteilt, ihn aber als freundlichen Menschen bezeichnet, dem ständige Arbeit lästig erschien. Pünktlichkeit war nicht seine Stärke, arbeitsrechtlich und disziplinarisch wollten wir nicht zugreifen – und ein Arbeitsrechtsverhältnis hatten wir für die kurze Zeit nicht begründet. Er wurde einfach ausgehalten und alles bewegte sich in der Hoffnung, dass er bald die Ausreise bekäme. Weil er sich nicht an die Verabredung hielt, das Gelände nach 20 Uhr nicht zu verlassen, gab es Ärger. Eines Nachts rief die Volkspolizei an, sie hätten einen

Bürger aufgegriffen, der keine Papiere bei sich habe und behaupte, beim Direktor der Stephanus-Stiftung zu wohnen. Als ich den Namen hörte, habe ich den Herren gesagt, dies sei zurzeit so und ich sei ihnen dankbar, wenn sie ihn brächten. Offensichtlich aber hatten die Querforschungen der Volkspolizei deutlich gemacht, dass hier noch eine Ausreisegeschichte im Spiel war. Die Angelegenheit dauerte deshalb etwas länger. Sie brachten ihn schließlich am frühen Morgen um 1:30 Uhr. Am 13. März konnte Herr P. durch die Abteilung „Inneres" in der Parkstraße ausgebürgert werden. Er kam in den Genuss einer persönlich gestalteten Reise in einem Lada des MfS. Die beiden autofahrenden Herren brachten ihn bis zur Grenzübergangsstelle Herleshausen und überließen ihn dann seinem Schicksal. Herr P. kam „drüben" an. Danach habe ich mich über die Ständige Vertretung der Bundesrepublik Deutschland an Franz Jürgen Staab gewandt und den Sachverhalt noch einmal schriftlich geschildert. Über das Diakonische Werk bat ich, Herrn P. eine Lebensbegleitung anzubieten. Herr P. verschwand irgendwann aus unseren Augen.

*

Während des Berliner Kirchentages 1987 sprach ich am Rande eines Empfanges im Roten Rathaus mit Carl-Friedrich von Weizsäcker. Von Weizsäcker feierte im Juni 1987 seinen fünfundsiebzigsten Geburtstag. Im Rahmen dieses Kirchentagsempfangs wurde ihm herzlich gratuliert und sein Werk gebührend gewürdigt. Bei dieser Gelegenheit verabredete ich mit Herrn von Weizsäcker langfristig einen Besuchstermin. Ende Januar 1988 trafen wir uns. Die beantragte Reisegenehmigung hatte ich erhalten. Ich konnte im Wohnhaus der Familie von Weizsäcker, in der Nähe von Starnberg, einen ausgesprochen anregenden und einmaligen Nachmittag erleben. Ein wesentlicher Teil der Gespräche drehte sich um die Entwicklung bei uns in der DDR. Es ging um die Lösung der Probleme von inhaftierten Menschen, die Opfer der staatlichen Gewalt geworden waren, Chancen von Kirche und Diakonie im real existierenden Sozialismus und vieles mehr. Frau von Weizsäcker hatte wunderbaren Tee gemacht und Gebäck bereitet. Der Ausblick über die bayerische Landschaft am Starnberger See tat ein Übriges, um dankbare und harmonische Gefühle aufkommen zu lassen. Der eigentliche Anlass meiner Reise war ein verabredetes Zeitzeugengespräch mit Frau und Herrn von Weizsäcker über Pastor Fritz von Bodelschwingh, den Leiter der von Bodelschwinghschen Anstalten, der 1946 starb. Es ergaben sich eine Menge Berührungspunkte. Als Kind hatte ich Fritz von Bodelschwingh in unserem Elternhaus erlebt und in Waßmutshausen, als er von der ersten Synode aus Treysa auf dem Weg nach Bethel vorbeikam.

Demonstration mit Folgen

Am Sonntag, 17. Januar 1988, fand eine Demonstration der SED zum Gedenken an Rosa Luxemburg und Karl Liebknecht statt. Beide waren am 15. Januar 1919 ermordet worden. Die Demonstration – einem Aufmarsch gleich – wurde eine Darstellung der Macht der SED. Das Gedenken an die Opfer trat in den Hintergrund. Die SED definierte, was Rosa Luxemburg und Karl Liebknecht gedacht hatten. Sie vermied es deshalb, Details ihrer Schriften zur Diskussion zuzulassen. In Fernsehberichten und auf Zeitungsbildern konnte man erkennen, dass im Mittelpunkt des Gedenkens das ZK der SED stand – nicht aber Rosa Luxemburg und Karl Liebknecht. Die Parteispitze verdeckte die Erinnerungsstätte. Die Vorbeiziehenden mit roten Nelken, die sich wirklich erinnern wollten, sahen mehr ZK als Rosa und Karl.

An diesem Sonntag waren unter den Demonstrierenden auch einige, die Transparente bei sich hatten und sie entrollten. Darauf standen Sätze von Rosa Luxemburg über die Freiheit der Andersdenkenden. Diese Demonstranten wurden sofort von der Staatssicherheit und anderen Helfenden überwältigt. Viele DDR-Bürger konnten dies aus den Meldungen des Westfernsehens entnehmen. Die SED-Zeitung „ND" hatte lediglich von einer Störung der Demonstration berichtet.

*

Am 21. Januar bekam ich Besuch von der Bundesministerin für Innerdeutsche Beziehungen, Dr. Dorothee Wilms. Kurz davor zitierte mich der Staatssekretär für Kirchenfragen zu sich. Hauptabteilungsleiter Herr H. wies mich an, die Besucherin auszuladen. Ich machte ihm klar, dass ich Frau Wilms nicht eingeladen hatte. Sie habe den Wunsch geäußert, die Stephanus-Stiftung zu besuchen. Dem hätten wir stattgegeben. Man müsse Frau Wilms dann schon von dort ausladen. Frau Wilms kam, besuchte die Einrichtung, interessierte sich für die Arbeit, die wir machten, sprach mit Kindern und betagten Heimbewohnern, gab sich aufgeräumt und blieb zwei Stunden bei uns. Es gab auch ein Gespräch unter vier Augen und eine Menge hochgezogener Augenbrauen von Mitarbeitern, die Frau Wilms kannten, aber nicht recht wussten, wie in dieser spannungsgeladenen Situation ihr Besuch einzuordnen sei. Ich habe das übrigens auch nicht gewusst und mich auch nicht bemüht, es herauszufinden, weil uns allen lediglich die Tatsache des persönlichen Kontaktes im Sinne unserer diakonischen Arbeit wichtig erschien. Für uns war es ein wichtiger Teil des Öffentlichkeitsdienstes, Gäste aus anderen Ländern zu holen, ihnen Möglichkeiten zum Gespräch mit anderen zu geben, die Einrichtung kennenzulernen, sich an Erfolgen zu freuen und Bereitschaft zu entwickeln, uns bei Mängeln durch Finanzierung mit Devisen behilflich zu sein.

Das Einladungsverfahren gelang immer wieder. So kam eines Tages der amerikanische Botschafter, Mr. Meehan. Nach seinem Besuch schrieb er einen freundlichen Dankesbrief, erklärte, dass ihm die von meiner Frau gebackenen Apfeltaschen gut geschmeckt hätten; er vermied es, inhaltliche Anteile des Gespräches zu erinnern. Auch der norwegische Botschafter kam, und es ergab sich manchmal am Rande von Tagungen der Evangelischen Akademie, dass Tagungsgäste die Stephanus-Stiftung besichtigten.

Ich habe damals gelegentlich über Dritte wichtige Besucher für uns eingeladen und ihnen nahegelegt, dass sie den Wunsch äußern sollten, die Stephanus-Stiftung zu besuchen. Einige haben es auch getan – und wir haben den Wünschen stets entsprochen. Die meisten dieser Begegnungen wirkten sich auf unsere Arbeit günstig aus: Manchmal bekamen wir Finanzierungshilfen, manchmal gab es Pflegehilfsmittel, auch Baumaterial oder behindertengerechte Spielgeräte, die schwer zu haben waren.

So war also auch Frau Wilms bei uns. Es war eine ungezwungene Begegnung, die die Themen der Inhaftierten der Januar-Demonstration nicht aussparte, aber nicht zum Schwerpunkt hatte. Darüber gab es ein internes Gespräch, bei dem Franz Jürgen Staab von der StäV anwesend war. Er hatte Frau Wilms begleitet und die Dinge vorbereitet. In den nach der Wende zugänglichen Stasi-Akten las ich: „Geplante DDR-Einreise der Bundesministerin für Innerdeutsche Beziehungen Wilms zu Gesprächen mit DDR-Kirchenvertretern. Im Rahmen der operativen Arbeit gelangten zuverlässig Hinweise zu einem geplanten Treffen gegnerischer Kräfte mit Vertretern der Kirche in der DDR zur Kenntnis. Den vorliegenden Angaben ist zu entnehmen, dass die Bundesministerin für Innerdeutsche Beziehungen Wilms, Dorothee, am 21.01.1988 zu einem Treffen mit Vertretern der Kirche in der DDR in die Hauptstadt der DDR, Berlin, einzureisen beabsichtigt ...“ Und: „Am 21.01. wird die Wilms um 16:30 Uhr bei Oberkonsistorialpräsidenten Stolpe, Manfred, ein Gespräch mit kirchlichen Vertretern aus der DDR führen, unter anderem mit dem Bischof Forck, Gottfried ... Im Verlauf des Tages ist ein Besuch der Wilms in der Stephanus-Stiftung, 1120 Berlin, Albertinenstraße 20–23, sowie eine Besichtigung des Berliner Doms mit einer Führung durch den Dom vorgesehen. Am Abend des 21.01. lädt Staab die Wilms zu einem Essen, entweder im Hotel ‚Metropol‘ oder in einem Hotel der Hauptstadt der DDR, ein. Den Vorstellungen des Staab entsprechend soll es sich dabei um ein Essen im kleineren Kreis handeln, voraussichtlich werden neben der Wilms, dem Staab und dem die Wilms begleitenden BND-Mitarbeiter an dem Essen der Stolpe, der Forck sowie von der Evangelischen Kirche der Leiter der Stephanus-Stiftung, Pfarrer Braune, Werner, teilnehmen.“

In den Unterlagen der begleitenden Sicherheitsdienste stand, dass die Wilms lediglich 30 Minuten bei Forck und Stolpe war, aber dafür zwei Stunden in der Stephanus-Stiftung zubrachte. Dieses wirkte verunsichernd auf Beobachter und inoffizielle Begleiter. Das Essen mit Frau Wilms fiel damals aus. Wir hatten den Eindruck, dass sich Frau Wilms wohlfühlte, weil in diesen zwei Stunden Begegnungen mit Menschen stattfanden, die nichts Dramatisches von ihr wollten. Staatsfeindliche Aktionen wurden weder geplant noch gestartet.

*

Am Nachmittag des 1. Februar erhielt ich einen Anruf vom Büro Rechtsanwalt Wolfgang Vogel, ob die Stephanus-Stiftung Hilfestellung geben könne. Bischof Dr. Forck werde mich persönlich informieren, um was es gehe. In dieser Situation habe ich weder zurückgefragt, noch einen Kommentar gegeben, weil man zum einen nicht genau wusste, was da vor sich ging und zum anderen eine solche Anfrage nicht ungewöhnlich war. Am Nachmittag hatte ich eine Sitzung wegen unserer Kindergärten. Die Stephanus-Stiftung hatte drei Kindergärten eines Vereins übernommen, den der Staat verboten hatte. Hierauf hatte wir die Kinderarbeit in unsere Satzung integriert und wesentliche Teile der Finanzierung und Materialbeschaffung für die Kindergärten übernommen.

Bei der Sitzung am 1. Februar gab es nichts Ungewöhnliches. Kurz nach 20 Uhr war ich zu Hause in Weißensee. Um 20:30 Uhr rief meine Frau aus Bayern an, die zum Geburtstag ihres Bruders dorthin reisen durfte. Um 20:45 Uhr rief Bischof Dr. Forck an und bat um ein kurzes Gespräch. Wenig später saß er an unserem Küchentisch und fragte, ob ich bereit sei, Stephan Krawczyk, Freya Klier und Bert Schlegel nach ihrer Entlassung aus der Haft in die Bundesrepublik zu fahren und dabei Nadja Klier und Ines Czygalla mitzunehmen.

In dieser Situation konnte ich die Tragweite des Geschehens nicht übersehen. Ich wusste nur eins: Ich konnte Gottfried Forck diese Bitte nicht abschlagen, er selbst war in einer schwierigen Situation. Anfang der Adventszeit 1987 war seine Frau Renate Forck plötzlich gestorben. Nun saß er bei uns, müde, abgehärmt und überlastet. Die Grundfrage, Ja oder Nein zu sagen, stand nicht zur Debatte. Ich fragte Forck, was zu machen sei und wie die Einzelheiten aussähen. Ich möge Nadja, die Tochter von Freya Klier, um 8 Uhr in der Rykestraße 28 bei Ulrike Poppe abholen. Frau Czygalla solle ich anschließend im Anwaltsbüro von Professor Vogel in der Reiler Straße begegnen. Vogel würde mir den weiteren Verlauf mitteilen.

Zunächst ging ich davon aus, dass es wieder einmal darum ginge, Haftentlassene zu einem Grenzübergang zu begleiten. Diesmal aber meinte Forck, müssten sie an Ort und Stelle gebracht werden. Am nächsten Morgen zwischen 6 und 7 Uhr regelte ich meine Vertretung in der Stephanus-Stiftung und holte die Personen, wie geplant, ab.

Als aber deutlich wurde, dass es direkt von Vogels Büro in die BRD gehen sollte, wurde ich nachdenklich. Auf meine Frage, wo

Die Schriftstellerin Freya Klier und der Liedermacher Stephan Krawczyk kritisierten im November 1987 in einem offenen Brief an Kurt Hager den gesellschaftlichen Zustand der DDR und forderten Reformen. Freya Klier, Stephan Krawczyk, Ines Czygalla und Bert Schlegel (von links)

ich die Mitreisenden hinbringen solle, sagte Vogel; „Herr Pastor, das ist Ihr Problem." Dieser Aspekt war mir neu. Ich wies ihn darauf hin, dass ich keine genehmigte Ausreise hatte, was offensichtlich auch kein Problem war. Im Rahmen einer „Grenzverständigung" reichten in diesem Fall die Ausweisnummer, das Autokennzeichen und der Vor- und Zuname des Fahrers. Ich stutzte, erinnerte ich mich doch an die verweigerte Ausreise zu meiner im Sterben liegenden Mutter – das war gerade ein Jahr her. Und nun sollte eine Ausreise in wenigen Minuten lösbar sein? Seltsam. Die Sache hatte aber bereits angefangen – und musste nun zu Ende gebracht werden.

Von Professor Vogels Büro aus hatte ich versucht, meinen Bruder in Bethel anzurufen. Dies misslang. Die Telefonverbindung kam nicht zustande. Ich erreichte aber Bischof Heinz-Georg Binder in Bonn, den Bevollmächtigten der EKD bei der Bundesregierung. Ihn bat ich, meinen Bruder im Betheler Quellenhof anzurufen und zu übermitteln beziehungsweise zu fragen, ob ich am Nachmittag des gleichen Tages mit Gästen zum Kaffee kommen könne, ob er denn da sei und Zeit für uns habe?

In unser Auto stiegen noch zwei weitere Personen, ein Begleiter von der Strafvollzugsanstalt Rummelsburg sowie eine dazugehörige Krankenschwester desselben Arbeitgebers. Kurz vor 10 Uhr fuhren wir von Vogels Büro ab. Auf dem Berliner Ring, Nähe Rangsdorf, trafen wir auf ein weiteres Fahrzeug, in dem Stefan Krawczyk, Freya Klier und Bert Schlegel von der Umweltbibliothek, dazu ein Fahrer und weiterer Begleiter. Ich kannte keine der mitfahrenden Personen persönlich. Stephan Krawczyk und Freya Klier waren mir bekannt von Berichten aus den Westmedien und Gesprächen aus der zurückliegenden Zeit, bei denen es um ihre öffentlichen Auftritte und Engagements ging. Wir fuhren weiter, beide Wagen hintereinander her.

Eine seltsame Erfahrung ergab sich an der Tank- und Raststätte Osterfeld. Von den Mitfahrenden suchten einige die Toilette auf. Diese war allerdings von der Tankstelle ungefähr 100 Meter entfernt. Als die Rückkehr der „Austretenden" etwas dauerte, wurden die begleitenden Personen unruhig und witterten Verrat oder Flucht in die DDR.

Erst lange nach dieser Geschichte wurde mir deutlich, welcher Sachverhalt seitens der DDR gesehen wurde: Die aus der Haft Entlassenen waren nach dem Gesetzesverständnis der DDR bis zum weißen Strich an der deutsch-deutschen Grenze in Gewahrsam. Ein Verkehrsunfall oder ein anderes Vorkommnis hätte offenbar grundsätzliche Fragen aufgeworfen. Es bedeutete, dass Beobachter von außen diese Transportbegleitung als Mitwirkung beim Strafvollzug der DDR bewerteten. So wurde diese Hilfsaktion mit vielerlei Häme und heftigen Angriffen begleitet. Viele erinnern sich nicht, dass man kein Autotelefon oder Handy hatte. Manche glauben, es habe für diese Aktion einen Ausschuss der Kirchenleitung gegeben oder eine Arbeitsgruppe. Die Entwicklung für die Ausreise der Betroffenen aber ging rasant. Zum Ja oder Nein sagen blieb wenig Zeit. Ich selbst hatte in der Sache ein gutes Gewissen – aber ein dummes Gefühl. Das gute Gewissen kam vom Bischof, der Partner dieses Geschehens war, und das dumme Gefühl kam von

den Begleitumständen, wie zum Beispiel der formlosen Reisegenehmigung nach dem Westen per Telefon.

Alle kamen von der Toilette zurück. Es ging weiter Richtung
Grenze Wartha/Herleshausen. An den Hörselbergen, Nähe Eise-
nach, fuhren wir auf einen Parkplatz. Die Inhaftierten aus dem
Stasi-Begleitfahrzeug stiegen zu mir in das Auto. Die Reise wurde
bis zur Grenzübergangsstelle fortgesetzt. Dort wurden wir in einen
abgeschlossenen Teil gebracht. Es war ein mit Wellblech umzäunter
Hof ohne Sicht nach draußen, der sonst bei den Häftlingsfreikäu-
fen und Transporten von Karl-Marx-Stadt aus als letzter Halt in
der DDR galt. Dort fanden Personenkontrolle und Übergabe der
Ausreisepapiere an die Mitreisenden statt. Eine Ausbürgerungs-
urkunde wurde übergeben. Bei der Einfahrt in dieses Objekt wurde
ich lediglich gefragt, ob ich der Herr Braune, Werner sei? Und ich
zeigte meinen Personalausweis. Das Autokennzeichen konnten die
Genossen lesen. Dann fuhren wir bis zu dem weißen Strich mitten
auf der Brücke weiter. Das Begleitfahrzeug wendete dort – und wir
waren im Westen. Für meine Mitreisenden war dieser Übertritt ein
bewegendes Erlebnis. Sie waren unter unsäglichen Bedingungen aus
der Haft gekommen mit der Perspektive, eine Haftzeit von zwei bis
zwölf Jahren antreten zu müssen. Und das grundlos. Mit dem
Grenzübertritt kam plötzlich die Erkenntnis, dass dies alles nichts
weiter ist als ein böser Spuk. Eine Mischung aus tiefer Betroffen-
heit, Trauer, aber auch Glück war dabei. Die Entdeckung der Freiheit konnte beginnen. Nur war mir überhaupt nicht klar, wie es
weitergehen würde. Keinerlei Rückmeldung gab es – weder von
Bischof Binder noch von meinem Bruder in Bielefeld. So fuhren wir
die nächsten Meter ins Ungewisse.

Am Grenzübergang in Herleshausen (westliche Seite) wandte ich
mich an den Bundesgrenzschutz. Ich wollte keine öffentliche Tele-
fonzelle ansteuern. Den Leiter vom Bundesgrenzschutz bat ich um
Auskunft, wie wir Richtung Bielefeld weiterkämen. Er erklärte mir
den Weg. Als ich ihn bat, telefonieren zu dürfen, bemerkte er: „Sie
können von meinem Dienstapparat aus anrufen." Das tat ich und
rief zunächst Staatssekretär Ludwig Rehlinger in Bonn an, teilte
ihm mit, dass wir, wie verabredet, wohlbehalten und unbeschädigt,
in der Bundesrepublik angekommen seien. Rehlinger fragte mich,
was ich vorhabe? Ich erwähnte beiläufig, dass ich zu meinem Bru-

der nach Bielefeld fahren würde und rief vom selben Apparat in Bethel an. Mein Bruder bestätigte seine Bereitschaft, die Besucher für eine Nacht unterzubringen. Wir ahnten daher nichts und fuhren weiter Richtung Kassel und dann nach Bielefeld. Von Berlin aus hatte ich noch einen Korb mit Grundnahrungsmitteln eingepackt: ein paar Flaschen Selters, Brötchen und etwas Obst. In Kassel mussten wir an einer Tankstelle halten und kauften dort außer Benzin Cola, Bier und einen Schnellimbiss für die Mitreisenden.

An einem Rastplatz im Walde entstand ein erstes Foto von den Beteiligten.

Kurz vor Bielefeld machten wir noch einmal Pause. Die Mitfahrer waren ausgestiegen, ich selbst war ziemlich erschöpft nach dieser langen und strapaziösen Fahrt. Während ich am Lenkrad eindöste, erfuhr ich über das Radio, dass „Freya Klier und Stephan Krawczyk mit einem Pfarrer aus Ostberlin" auf dem Weg in die von Bodelschwinghschen Anstalten in Bethel bei Bielefeld seien. Diese Meldung machte mich außerordentlich frisch, war doch verabredet worden, die Angelegenheit stillschweigend zu Ende zu bringen. Weitere Inhaftierte sollten auf gleiche Weise in den Westen gebracht werden. Vertraulichkeit und Diskretion waren beschlossen – nun aber nicht mehr gewahrt.

Um 18 Uhr erreichten wir den Quellenhof in Bethel. Mein Bruder stand im Dunkeln, entdeckte uns sofort und sagte, dass bereits 50 Journalisten im Gelände verstreut seien und auf die Ankunft von Krawczyk und Klier warteten. Wir berieten uns kurz und verabredeten uns bei „Mutter". Bei „Mutter" – das war das Plettenbergstift in der Senne, wo sie bis zu ihrem Tod gelebt hatte. Den Parkplatz dort erreichten wir unerkannt. Wenig später kam mein Bruder nach. Ich sagte: „Lieber Bruder, das Beste ist, wir gehen essen – wenn du bezahlst!"

So saß ich am Abend des 2. Februar 1988 mit Stephan Krawczyk, Freya Klier, Bert Schlegel, Nadja Klier und Ines Czygalla im Marathon, einer griechischen Gaststätte in Bielefeld, dicht an der B 68 in der Senne; wir aßen und entspannten. Aber ein Anruf im Quellenhof bei den Kindern meines Bruders ergab, dass die Hektik zugenommen habe. Der Sportplatz sei beleuchtet, ein Hubschrauber gelandet und mehrere Kamerateams angereist. Daraufhin haben wir mit Pastor Johannes Busch, dem Anstaltsleiter von Bethel, Kontakt aufgenommen und ihn über diese Aktion informiert. Wir beschlossen, die Ausgereisten in das Quartier im Quellenhof zu bringen, ohne Kontakt mit Journalisten aufzunehmen. Ich solle mich der Pressekonferenz stellen und keine Auskünfte geben. Es war aus mehreren Gründen schwierig, Verbindliches vorher zu verabreden. Bischof Forck und Konsistorialpräsident Stolpe waren beide telefonisch nicht erreichbar. Wolfgang Vogel erreichte ich noch am Telefon und teilte ihm mit, dass die Sache nun öffentlich geworden sei. Außerdem rief ich meine Frau in Bayern an, um sie nicht zu sehr zu erschrecken, denn als sie zum Geburtstag ihres Bruders abreiste, hatte ich ihr zugesagt, während ihrer Abwesenheit Wohnung und Familie nicht zu verlassen. Wenn ich nun plötzlich im Fernsehen aus Bielefeld auftauchen würde, wäre doch einiges Erstaunen angesagt. Das Erstaunen blieb, nicht nur bei meiner Frau – auch bei vielen anderen.

Kurz vor 21 Uhr hatten wir die Mitreisenden in ihr Quartier in den Quellenhof gebracht. Mein Bruder und ich fuhren mit seinem Auto zum Brüderhaus Nazareth. Dort trafen wir Pastor Johannes Busch und den Pressesprecher von Bethel, Manfred Hellmann. Eine für mich unüberschaubare Schar von Journalisten war anwesend. Es gab zunächst eine „kurze Erklärung" vom Pressesprecher und schließlich einige Fragen. In dieser Situation habe ich herumgeeiert, im Blick auf die noch Inhaftierten, aber auch im Blick auf meine beabsichtigte Rückkehr in die Stephanus-Stiftung. So erzählte ich etwas von einem prozessualen Vorgang und einer humanitären Aktion. Der Versuch, dies herunterzuspielen und die Sache klein zu halten, ist nicht geglückt.

Die Pressekonferenz war nach 30 Minuten beendet. Den Journalisten dankte ich für ihr freundliches Interesse. Danach kam ein Mitarbeiter vom ARD-Fernsehteam auf mich zu und sagte: „Das können Sie aber mit uns nicht machen, Herr Pfarrer!" Ich antwortete ihm: „Aber Sie mit uns!" Die Verabredung zur Verschwiegenheit war nicht mehr eingehalten worden. Ich hatte nicht das Bedürfnis durch vollmundige Erklärungen meine eigene Existenz in der Arbeit zu gefährden und künftig als unerwünschte Person draußen gehalten zu werden.

Die Öffentlichkeit, die Bethel aushalten musste, war nicht unproblematisch. Man musste einen Saal bereitstellen. Gegenüber der

Presse konnte man nur freundlich reagieren, sonst hätte man der Einrichtung geschadet. Eine Diskussion über das Staat-Kirche-Verhältnis in der DDR war in einer solchen Situation unangebracht.

An dem Abend des 2. Februar gab es noch ein Nachgespräch in der Wohnung meines Bruders. Frau Klier und Herr Krawczyk äußerten sich befremdet, dass ich einem Journalisten gegenüber geäußert hatte, sie seien „freiwillig" gegangen. Der Journalist hatte die Frage gestellt, ob die DDR nun so mit ihren Kritikern umginge und Freya Klier und Stephan Krawczyk herausgeworfen hätte? Ich habe in diesem Augenblick geantwortet: „Das ist nicht korrekt, ein Antrag wurde gestellt und dem ist stattgegeben worden."

Am nächsten Morgen habe ich im Konsistorium angerufen. Ich wollte den Bischof über den Sachverhalt informieren. Ich wurde gebeten, darauf einzuwirken, dass keine öffentlichen Erklärungen gegeben würden, denn schließlich waren immer noch die Familie Templin, ein Ehepaar mit zwei Kindern, Bärbel Bohley und Werner Fischer in Haft. Vera Wollenberger mit Ehemann und zwei Kindern standen ebenfalls auf der Liste derer, die in die Freiheit gebracht werden sollten.

Am 3. Februar um 12 Uhr reiste ich von Bielefeld heimwärts. Für die Stephanus-Stiftung hatte ich einige wichtige Dinge ins Auto geladen, in der Voraussicht, dass mich niemand kontrollieren würde. Ich fuhr über Helmstedt/Marienborn, teilte mit, dass ich zwischen 14 Uhr und 15:30 Uhr an der Grenzübergangsstelle (GÜST) eintreffen würde. Dies wurde offenbar von Berlin aus „durchgestellt". In Marienborn konnte ich ungehindert passieren und kam kurz vor 17 Uhr wieder heil in der Stephanus-Stiftung an. Das Aufsehen, das die Reise von Klier und Krawczyk erregt hatte, sollte nicht wiederholt werden. So reiste Familie Templin am 5. Februar über Marienborn/Helmstedt mit der Bahn in die Bundesrepublik aus, Bärbel Bohley und Werner Fischer wurden für den 6. Februar, 1:56 Uhr, so hieß es, am Grenzübergang Marienborn zur Ausreise gemeldet. Am 8. Februar kamen Vera Wollenberger mit Ehemann und zwei Kindern zum Grenzübergang Herleshausen. Sie wurden dort von meinem Bruder aus Bielefeld abgeholt und zunächst im Quellenhof untergebracht.

*

Einige Tage später meldete sich Rechtsanwalt Schnur bei mir, um mit meinem Bruder und mir ein Gespräch zu führen. Aus irgendeiner Quelle hatte er erfahren, dass mein Bruder in Weißensee zu Gast sei. Während wir uns unterhielten, klingelte das Telefon. Schnur wurde ans Telefon gerufen. Sein Gesprächspartner war Rainer Eppelmann. Beide unterhielten sich lautstark über Persönliches. Ich spürte, dass etwas nicht stimmte und sagte zu meinem Bruder: „Sei zurückhaltend." Auf die Idee, dass der Rechtsanwalt, der Freya Klier und Stephan Krawczyk vertreten hatte, gleichzeitig ihr Denunziant war, war ich noch nicht gekommen. Nach 1989 fanden wir dieses in unserer Wohnung geführte Gespräch wiedergegeben. „IM Thorsten" meldete die Unterredung an das Ministerium für Staatssicherheit weiter. Es war alles sogar schlimmer, als wir jemals vermutet hätten.

Die ganze Angelegenheit hatte viel Wirbel verursacht. Es gab ein breitgefächertes Presse-Echo, allerdings nur im Westen. Die Medien der DDR haben über diese Angelegenheit so gut wie gar nicht berichtet.

*

Die Mitarbeiter bewerteten diese Aktion unterschiedlich. Die einen, die selbst in den Westen gehen wollten, meinten, es sei die richtige Methode, durch öffentliches Spektakel die eigene Ausreise zu beschleunigen. Andere, die auf eine demokratische DDR hofften, fanden es problematisch, weil man kritische Geister wie Freya Klier und Stephan Krawczyk gern behalten hätte. In dieser Situation war ich dankbar, dass die Mitarbeiter mir gegenüber nicht misstrauisch waren. Außerhalb der kirchlichen Berichterstattung gab es süffisante Anmerkungen unter dem Motto: „Da muss doch noch etwas anderes mitspielen." Man konnte damals niemandem erzählen, dass es ohne synodalen oder kirchenleitenden Vorlauf vorgegangen war, sondern auf einem „Vieraugenprinzip" beruhte – und unglaublich schnell gehen musste. Es war nicht einmal möglich, den Kuratoriumsvorsitzenden, Generalsuperintendent Leopold Esselbach, zu verständigen. Den inneren Zwiespalt, den die Inhaftierten durchlitten, habe ich auch erst danach begriffen. In einer aussichtslosen Situation zwischen Freiheit und Gefängnis zu entscheiden – Unrecht nicht öffentlich machen zu können und der

Meinungsbildung durch Dritte unterworfen zu sein – blieb nach wie vor problematisch. In den Gremien, mit denen ich zu tun hatte, gab es Verständnis und Kopfschütteln. So war eine gemeinsame Sitzung zwischen dem Diakonischen Rat in der Bundesrepublik und dem Hauptausschuss des Diakonischen Werkes der DDR dazu angetan, ausführlich zu berichten. Es galt zu bedenken: Wer in solchen schwierigen Situationen nichts tut, kann auch nichts falsch machen. Ob es überhaupt denkbar gewesen wäre, Medien aus dieser Geschichte herauszuhalten?

Die Nachricht von unserer Einreise in die BRD war ganz einfach an die Öffentlichkeit gelangt. Durch eine undichte Stelle am Grenzübergang Wartha/Herleshausen gelangte die Info zur Agentur Reuter. Schließlich wussten alle anderen längst vor den Betroffenen selbst, dass da eine Reisegruppe von der Staatsgrenze West in Richtung von Bodelschwinghsche Anstalten nach Bethel unterwegs war.

Die Angelegenheit ist Geschichte geworden. Im Februar 1988 fand ein Gottesdienst in der Zionskirche in Bethel statt. Er nahm sich dieser aktuellen Unruhe an und vereinte Gemeinde und Betroffene in gemeinsamer Feier des Gottesdienstes und der Fürbitte. Vera Wollenberger, selbst Betroffene, berichtete in diesem Gottesdienst:

Ich freue mich, heute mit Ihnen diesen Gottesdienst feiern zu können. Ich habe, wie Sie hörten, aus traurigem Anlass Bekanntschaft mit Bethel, seiner Gemeinde und mit Familie Braune gemacht. Wir sind nach schweren Wochen der Haft und Trennung voneinander wie Schiffbrüchige aus großer Not hier in Bethel gelandet. Es ist der sehr freundlichen Aufnahme durch Familie Braune und den Mitarbeitern des Quellenhofes zu danken, dass wir Schutz und Ruhe gefunden haben und unseren inneren Frieden wieder erlangen konnten.

Keine Aggressivität, ein eher geduldiger Aufruf zu friedlichem, gewaltfreiem Handeln, um Veränderungen herbeizuführen. Sicherlich damals noch in Unkenntnis der tiefen persönlichen Schmähung, weil ihr Mann sie verraten hat und später als Stasi-Spitzel enttarnt wurde.

Der Betheler Anstaltsleiter, Pastor Johannes Busch, predigte an diesem Sonntag über den vorgegebenen Text aus dem 5. Kapitel des Propheten Amos:

Der Friede des Herrn sei mit uns allen – Amen. Ich habe mir überlegt, was Gott wohl sagt zu all dem, was da in den letzten Tagen passiert ist zwischen Ost und West; was er wohl sagt zu den so merkwürdig verschlungenen Wegen, die die Frauen und Männer aus der DDR gegangen sind; was er denkt über die Machthaber, über die Kirchenvertreter, über das, was auf dem Quellenhof geschah und über den ganzen Rummel bei uns in Bethel. Was sagt Gott zu alle dem? Ich muss gestehen, es fiel mir schwer, das alles zu verstehen oder gar Gottes Stimme darin zu entdecken. Zu viele verschiedene Stimmen und Deutungen meldeten sich zu Wort in Presse und Fernsehen, bei Freunden und Kritikern und auch in mir selbst.

Wir haben gehört, dass in der Zeit nach dem 17. Januar, als die Bürgerrechtler in der DDR verhaftet wurden, täglich Fürbittgottesdienste in Ostberlin stattfanden. Einer, der das miterlebt hat, sagte, es sei in der Gemeinde eigentlich kein Geist der Konfrontation spürbar gewesen. Vielmehr habe alle eine tiefe Gewissheit verbunden: Wir wollen in Gottes Namen Gutes für unser Volk. Wir wollen wirklich Frieden, den Abbau von Waffen und von Feindschaft. Wir wollen Gottes Schöpfung bewahren und die Erde bewohnbar erhalten ...

Nach der Wende

Auch nach Veröffentlichung der Klarnamen von Offizieren des MfS im besonderen Einsatz hat es keine Hexenjagd und keine Lynchjustiz gegeben. Das ist positiv, aber nach wie vor müssen Geschehnisse benannt und aufgeklärt werden. Totschweigen nützt nichts. Zum Zusammenwachsen brauchen wir Klarheit – für Versöhnung die Erinnerung.

Nach der Wende konnten wir unsere Akte und die meines Vaters einsehen. Über die Stephanus-Stiftung waren detaillierte Zeichnungen vorhanden. Es waren Eintrittsmöglichkeiten in verschlossene Gebäude beschrieben und Details über die Arbeit dokumentiert. Die Kinder fanden abgelichtete Briefe an Verwandte im Westen. Großmüttern und Tanten gratulierten sie darin zum Geburtstag und teilten ihnen Persönliches mit.

„Es war doch nicht alles schlecht in der DDR" – das ist wohl eine der unbedarftesten Aussagen. Weder durch die häufige Wiederholung, noch durch Beispielfütterung wird sie richtig oder tiefsinnig. Willkür und Menschenverachtung kann man nicht aufrechnen gegen SV-Ausweis, Fünfpfennigschrippen oder zwanzig Pfennig Straßenbahn. Das gerät zu einer Form der Geschichtsfälschung.

Die spätere Lektüre in den Unterlagen der Gauck-Behörde machte deutlich, dass Telefone abgehört und von Gesprächen schriftliche Protokolle gefertigt wurden. Das MfS hatte uns von Anfang an im Visier. Es begann mit Berichten aus der Studentenzeit, setzte sich fort in der Zeit des Pfarramtes im Sperrgebiet in Nieder Neuendorf an der Havel und auch in der Gemeinde in Lautawerk in der Lausitz. Ein Übersichtsbogen für die OPK (operative Personenkontrolle) wurde angelegt mit dem Ziel, das Persönlichkeitsbild des Pastors aufzunehmen, Informationen über Verbindungen herauszubekommen und kompromittierendes Material zu beschaffen, um den Observierten benutzen zu können. Dazu gehörten Briefverbindungen, Paketverbindungen, Westbesuch und Telefonverbindungen. Meine Wehrdienstverweigerung oder abfällige Äußerungen über Staatsorgane im Falle der Selbstverbrennung des Pastors Oskar Brüsewitz, wurden schriftlich festgehalten. Das war üblich. Es gab auch Dossiers gegen die Arbeit der Stephanus-Stiftung. Es werde im Sinne „gegnerischer Kontaktpolitik, feindlich negativer politisch-ideologischer Beeinflussung und Korrumpierung von DDR-Bürgern gearbeitet." „Operativ relevant ist auch die Tatsache, dass zum Personal der Stiftung eine Reihe feindlich negativer und dekadenter Personen gehören ..." „Deren feindlich negatives Wirken wird nicht nur durch die Leitung der Stiftung geduldet, sondern auch in geeigneter Weise gefördert ..." „Eine Vielzahl von Veranstaltungen der verschiedensten kirchlichen Organisationen und Werke belegen eindeutig die Versuche, die politisch-moralische Einheit der Bevölkerung, das Vertrauen in die Staatsmacht der DDR in Frage zu stellen und darüber hinaus die Grundlagen unserer Gesellschaft und des sozialistischen Staates anzugreifen."

Auch im Nachhinein wird mir bei dieser Lektüre schlecht.

*

Herr Klein kam immer, wenn wichtige Dinge zu besprechen waren. Er meldete sich telefonisch in meinem Büro an und wir trafen uns im Sprechzimmer der Stiftung. Ich wusste, dass Herr Klein Mitarbeiter des MfS ist. Hin und wieder kamen Fragen auf. So bemerkte er, dass wir einen nicht angemeldeten und somit nicht genehmigten Bau durchführten. Ich gab einen Hinweis auf die Schaffenskraft unserer Werktätigen, die im Rahmen des Nationalen Aufbauwerkes (NAW) dieses wichtige Objekt rekonstruieren würden. An eine materielle Kennziffer sei in solchen Fällen sowieso nicht zu denken. Dies nahm er zur Kenntnis. Danach gab es keinen weiteren Ärger.

Ein Gespräch mit dem Leiter der BStU, Joachim Gauck, ergab, dass unser Verhalten in der Stephanus-Stiftung gegenüber Mitarbeitern des MfS als „dekonspirativ" gewertet wurde. Das hieß, man habe sich nicht auf die Spielregeln des MfS eingelassen, sondern eine gewisse Öffentlichkeit bei allen Begegnungen beibehalten. Den Begriff „Dekonspiration" habe ich allerdings erst nach der Wende erfahren und auch erst später erklärt bekommen, was er bedeutet.

Zum Tatzeitpunkt war mir die gesamte Begriffswelt nicht deutlich. Auch die Bezeichnungen „Bürgerrechtler", „Dissidenten", „Regimekritiker" und „Oppositionelle" waren keine DDR-üblichen Formulierungen – sondern wurden in den westlichen Medien verwendet.

*

„IM Micha" wurde eingestellt als Mitarbeiterin mit juristischen Kenntnissen. Bei meinem Gespräch mit IM Micha hatte sie sich natürlich nicht als „IM" vorgestellt, sondern mit ihrem mutmaßlich bürgerlichen Namen. Ich erbat von ihr Unterstützung bei der Hilfe für Eltern schwerbehinderter Kinder. Die Eltern waren in der DDR ausgegrenzt – einige Mütter konnten kaum zum Friseur gehen, geschweige denn in den Urlaub fahren. Hier brauchten wir juristische

Kompetenz. Wir hatten gute Ideen für ihren Einsatz. Bald kam sie aber nicht mehr zur Arbeit. Anfang 1988 endete ihr Dienst. Ich habe ihr mitgeteilt, dass sie in zweieinhalb Jahren maximal sechs Wochen gearbeitet habe. Die alleinerziehende Mutter musste sich um ihr unversorgtes Kleinkind kümmern und stand deswegen für ihre Arbeitsaufgabe in der Stephanus-Stiftung nicht zur Verfügung, sagte sie. Schließlich endete diese Geschichte.

Nach Öffnung der Akten erfuhren wir, dass sie mit einem Offizier des besonderen Ministeriums liiert war. Sie selbst spielte im MfS eine aktive Rolle. Als erste Presseberichte nach der Wende darüber erschienen, gab es in unserem Haus Erstaunen. Überlegungen, was sie bei uns erfahren haben könnte, ließen sich aber mit der Auskunft beantworten, dass jemand, der sich innerhalb von zweieinhalb Jahren sechs Wochen im Betrieb befindet, kaum mehr erfährt, als jemand, der dreimal im Jahr zum Kaffeetrinken kommt. Außerdem war es vorbei.

Hellseher

Nach der Wende aber waren besonders jene Zeitgenossen lästig, die längst wussten, wie es in der DDR wirklich zugegangen war. Sie besaßen hellseherische Fähigkeiten, denn sie sagten genau, wie Gegenwart in der Zukunft als Vergangenheit aussehen würde. Diese Art erinnerte an die vorausschauende Handhabung von Ereignissen durch die SED-Bezirksleitung Cottbus, die wir in unserem Gemeindepfarramt in Lautawerk erlebt hatten und nach der Wende in den Akten vorfanden.

Da wurde ein Kurzbericht über die getroffenen Festlegungen der Koordinierungsgruppe bekannt – die SED schrieb mit Datum 22. April 1969: „Am 26.04.1969 wird eine Beratung der Arbeitsgruppe Christliche Kreise durchgeführt. In dieser Beratung wird eine entsprechende Protesterklärung angenommen und an die angegebene Adresse von Figur[1] gesandt. Ein Exemplar dieser Protest-

---

1 Fritz Figur war Superintendent in Ostberlin.

erklärung geht an den Rat des Bezirkes und ein weiteres an den Bezirksausschuss der Nationalen Front."

Zweiter Punkt des Schreibens: „In der PGH Energie in Lauta arbeitet der Synodale der Berlin-Brandenburgischen Kirche als Buchhalter. Genosse Raubach wird mit dem Vorsitzenden der PGH, Genosse Zeppan, ein Gespräch führen, damit er aufgrund seiner guten Kontakte zu Barufka, versucht in ein Gespräch mit diesem zu kommen und in den Besitz der Fassung des Bundes der Evangelischen Kirchen der DDR. Auf diesem Wege haben wir eventuell Gelegenheit zu einer Kopie dieser Fassung zu gelangen."

Drittens: „Die Genossen der staatlichen Organe[2] führen im Beisein der Beauftragten für diesen Geistlichen mit den Pfarrern Braune und Mitschke ein Gespräch. Leider konnten wir von beiden keinen früheren Termin erhalten als den 29.04. bzw. den 05.05., also erst nach Stattfinden der Synode."

Viertens: „… für diese Beratung stellen wir uns das Ziel, einen Widerspruch zwischen den Kirchenräten und den Geistlichen hervorzurufen und nach Möglichkeit die Zustimmung zu einer Protesterklärung gegen die geplante Entscheidung der Synode zu erwirken. Mit sozialistischem Gruß, Lehmann, Sekretär AG Prop."

*

Am 3. Oktober 1990 endete auch die Angst vieler Ostdeutscher, dass das Einheitsbestreben in letzter Minute unterlaufen werden könnte. Der Fortsetzungsversuch der SED/PDS blieb weiter auf der Tagesordnung. Glücklicherweise aber war NASI statt STASI nicht gelungen.

Die offiziellen Veranstaltungen fanden im Schauspielhaus, heute Konzerthaus am Gendarmenmarkt, statt. Ich saß neben Heinz Galinski, dem damaligen Vorsitzenden des Zentralrates der Juden in Deutschland. Im mittleren Rang konnte man aus der Nähe die Spitzenpolitiker erleben, ihr Verhalten, ihre Mienen, ihre Rührung, ihre Freude: Helmut Kohl, Hans-Dietrich Genscher, Lothar de Maizière, Markus Meckel sowie sämtliche Regierungsmitglieder

---

2 Das waren die Verbindungsleute zum Ministerium für Staatssicherheit und der SED.

Jahreswechsel 1989/90 mit Pfarrer Hermann Stehfen-Gervinus am Brandenburger Tor

der westlichen und östlichen Seite. Alle waren bewegt und dankbar über die nun erfolgte Einheit. In diesem Augenblick war die deutsche Einheit organisiert und Verträge unterschrieben. Es gab wieder ein einiges Deutschland, die Weichen waren gestellt für die neue Richtung. Aber die Arbeit fing erst an.

*

Bei der Einheitsfeier am Abend des 2. Oktober stand ich mit vielen anderen vor dem Reichstag. Die Fahne trug nicht mehr Hammer, Zirkel und Ährenkranz und die Hymne hatte wieder einen Text.

In den frühen Morgenstunden stolperte ich durch den Mauerstreifen nach Ostberlin zurück. Dabei wurde mir wieder deutlich, dass es Übergangsregelungen geben müsste. In Westberlin war es erlaubt, unter Einfluss von Alkohol Auto zu fahren – in Ostberlin galt die O-Promille-Grenze. Dafür durfte im Osten abgetrieben werden, was im Westen verboten war. Dass es in Berlin Eigenheiten gab, blieb eine ganze Weile erhalten. Mitarbeitende unseres Hauses zum Beispiel konnten nur wenige S-Bahnstationen weiter von 50 auf 100 Prozent Gehalt kommen. Sie mussten sich nur woanders bewerben, was die wenigsten taten.

*

Am Morgen des 3. Oktober gab es einen Gottesdienst anlässlich der Wiedervereinigung in der St. Marienkirche. Anschließend folgte ein Festakt in der Philharmonie. Richard von Weizsäcker hielt die Rede. Wolfgang Schäuble kümmerte sich während dieser Veranstaltung um einen Störer, der kurzzeitig das Rednerpult besetzt hatte. Er ließ ihn nach kurzem Disput hinausführen.

Am Abend des 3. Oktober fuhren meine Frau und ich mit dem Zug nach Budapest. Wir wollten den Partnern in der ungarischen Diakonie ein Zeichen geben, weil die Beziehung zwischen der DDR-Diakonie und der ungarischen Diakonie Tradition hatte. Außerdem wollten wir „Danke Ungarn!" sagen. Ungarn öffnete 1989 als erstes Land seine Grenzen. Mit dem Durchbrechen des Stacheldrahtes nach Österreich haben sie einen wesentlichen Beitrag zur europäischen Einheit geleistet.

In Ungarn besuchten wir Einrichtungen, Bewohner und Mitarbeitende und stellten fest, dass es uns in der DDR schon lange wesentlich besser gegangen war, als den Freunden dort. Ihre Räume waren extrem eng, die sanitären Verhältnisse unzureichend und es mangelte an ausgebildeten Fachkräften. Die Einsatzbereitschaft der Mitarbeitenden aber war sehr groß – und ließ hoffen.

*

Wieder zurück in Deutschland mussten wir uns mit eigenen Problemen herumschlagen: Die berufliche Anerkennung von Mitarbeitern wurde eingefordert, die Übernahme von Einrichtungen, die ehemals staatlich, beziehungsweise von der SED kommunal, geleitet waren, wurde gefördert. Finanzielle Probleme stellten sich ein. Die Diakonenausbildung in der Stephanus-Stiftung, die uns vertraut und wichtig war, wurde beendet. Sie wurde neu profiliert und fusionierte mit dem Johannesstift in Berlin-Spandau. Die Wiederzusammenführung von Arbeitsgemeinschaften, Fachverbänden und Vereinen nahm viel Zeit in Anspruch. Unsere Kindertagesstätten wurden selbständig. Wir gründeten einen Verein. Mit dem Evangelischen Johannesstift bewegten wir alsbald eine gemeinsame gGmbH für die Werkstattarbeit (WfB). Der Verband Christlicher Hospize in der DDR vereinigte sich wieder mit dem Verband Christlicher Hotels in Westdeutschland. Das Diakonische Werk der evangelischen Kirchen in der DDR und das Diakonische Werk in Ostberlin und Westberlin wurden vereinigt. Der Diakonieverein (Zehlendorfer Diakonie) wurde wie früher eine Gemeinschaft. Die Zusammenführung des Diakonischen Werkes der DDR und der EKD erforderte Kräfte, Beratungen, Strukturüberlegungen und personelle Entscheidungen. Viele Besuche und Erörterungen über wirtschaftliche Entwicklungen nahmen uns gefangen. Die DM-Grenze hatte sich inzwischen nach Frankfurt (Oder) verschoben. Beginnende Obdachlosigkeit und Arbeitslosigkeit machten uns zu schaffen. Neben einer sachlich guten und redlichen Beratung durch befreundete Einrichtungen und Träger erlebten wir auch Pleiten.

*

Wir hatten nach der ersten demokratischen Wahl in der DDR im März 1990 Vieles unternommen, um für die neuen Verhältnisse und die zu erwartenden Veränderungen gewappnet zu sein. Wir wollten die Chance nutzen, die Lebensumstände für Menschen mit Behinderungen und Senioren zu verbessern. Die Gründung der ersten Schule für Menschen mit geistiger Behinderung machte uns glücklich. Kontakte gab es dazu mit Bildungsminister Hans-Joachim Meyer, der in Margot Honeckers Büro Unter den Linden residierte. Das galt in Berlin. In Brandenburg hatte Diakon Christian Schoeneich in Bad Freienwalde die erste Schule in Gang gebracht. Von Spendern bekamen wir gebrauchte Möbel, Pflegehilfsmittel, Inkontinenzmaterial, Baustoffe, Geschirr, Wäsche, Fliesen und vieles andere – all die Engpassmaterialien in der DDR. Befreundete Einrichtungen konnten ohne komplizierte Einfuhrformalitäten an uns liefern. Neben Spenden für die Einrichtungen kamen die schnellen Verkäufer. Seifenspender und Papierhandtücher wurden angepriesen. Es hieß, sie sollten hygienischer sein – erhöhten aber auch den Abfall. Verkäufer der Papierhandtücher

Juli 1990 in der Stephanus-Stiftung: Hundert Tage der ersten demokratisch gewählten Regierung der DDR. Robert Leicht, Reinhard Henkys, eine Mitarbeiterin des Ministerpräsidenten, Bischof Gottfried Forck, Ministerpräsident Lothar de Maizière (von links)

taten so, als müssten wir längst alle an Seuchen gestorben sein, weil sich Nutzer von Stoffhandtüchern, die ja nach der Wäsche wieder verwendet werden, schneller Krankheiten holen können.

*

April 1990 wurde der Ministerpräsident gewählt. Am 20. Juli des Jahres begingen wir „100 Tage" der neuen DDR-Regierung. Es war keine fernsehwirksame Veranstaltung, ein kleines Treffen mit großen Gesprächen in der Stephanus-Stiftung. Ort des Treffens war das neu erbaute Haus 9, das wir Februar 1990 eingeweiht hatten. Heute heißt es: „Gottfried-Forck-Haus". Teilnehmer der spontan einberufenen Runde waren Ministerpräsident Lothar de Maizière, Bischof Dr. Gottfried Forck und Konsistorialpräsident Dr. Manfred Stolpe. Dazu kamen Robert Leicht, Reinhard Henkys und Synodalpräsident Manfred Becker. Vom Konsistorium und von der Diakonie Oberkonsistorialrätin Rosemarie Cynkiewicz und Kirchenrat Eckhard Steinhaeuser – dazu die verantwortlichen Mitarbeiter des Ministerpräsidenten und einige aus unserem Hause.

Innerhalb dieser 100 Tage begegneten wir dem Ministerpräsidenten Lothar de Maizière, der im Berliner Stadthaus residierte. Dort trafen wir auch den Gesundheitsminister Jürgen Kleditsch und die Regierungssprecherin Angela Merkel. Präsident Karl-Heinz Neukamm, Dr. Ernst Petzold und ich berieten über aktuelle Entwicklungen und auftretende Probleme der Diakonie.

In jener Zeit waren wir dankbar, neugierig, aber auch selbstbewusst. Wir spürten, dass es voranging. Unnötige Überlegenheit und unseriöse Beratung erlebten wir immer wieder. Diese kamen aus Ecken der „Spaßgesellschaft" und kaum aus den Reihen unserer Kirche und Diakonie. Bauschaffende einer Firma aus dem Randgebiet von Berlin, die bei uns arbeiteten, um ein Gebäude neu herzurichten, hatten im Rohbau der Baustelle ihre Sicht der Dinge an die Wand geschrieben: „Es gibt drei Methoden, um einen Betrieb zugrunde zu richten: 1. mit Alkohol, das ist die sicherste, 2. mit Weibern, das ist die schönste, 3. mit einem Wessi, das ist die schnellste."

*

Jeder konnte sich nun an uns wenden. Einige versuchten, Grundstücke zu erwerben, die ihnen günstig erschienen. Wir hatten Kontakt mit neuen Managern, die von uns Flächen für einen Apfel und ein Ei kaufen wollten. Das Karrierebewusstsein war ihrer Leistungsfähigkeit weit vorausgeeilt. Das Wir-Bewusstsein, wie es in der DDR hieß, war zwar abgelöst von der „corporate identity" – gelang aber dennoch nicht. In kirchlichen Arbeitskreisen von „Gemeinschaft der Heiligen" zu sprechen, wurde zurückhaltend geübt.

Wir stellten fest, dass die Wahrnehmung und Beobachtung von Zusammenhängen während und nach der Wende gewisser Willkür unterworfen war: Als wir noch in der DDR waren, wussten die Linken aus dem Westen sowieso besser über uns Bescheid, als wir selbst. Die DDR war das Traumland für orientierungslose Achtundsechziger. Sie priesen den Sozialismus der DDR – und wurden nur teilweise einsichtig, wenn man sie als Privatbesucher mit

20 Mark der DDR zum Einkaufen in die HO-Kaufhalle sandte. Eine ideologische Änderung ihrer Lebenserfahrung bewirkte das freilich nicht. Sie konnten ja ungestraft in den Westen zurückfahren, um weiterhin auf ihrer Seite im Wohlstand zu leben und von dort den real existierenden Sozialismus zu preisen.

Als wir vereintes Deutschland waren, wussten viele aus dem Westen besser über uns Bescheid. Sie hatten jetzt Vorschläge, wie wir die vergangenen 40 Jahre hätten leben müssen. Mit ihrem heutigem Mut und ihrer heutigen Kenntnis fällten sie unsere Entscheidungen von damals. Sie wussten, wie man ein Auto fährt und haben uns dies erklärt – und sie brachten uns bei, wie man Management, Verantwortlichkeit und Betriebswirtschaft wirklich wahrnimmt und wie man endlich mit Messer und Gabel isst.

Weitergehen

Kirche ist Kindertagesstätte, Gottesdienst, Gemeindekirchenrat, Jugendrüsten, Konzerte, Ausbildung, Krankenhäuser, Kirchenmusik, Pflege, Diakonisches Werk, Asyl, Akademie und Geleit in allen Bezügen des Lebens, in Freude und Trauer, bei Anfängen und Abschieden.

Unsere kirchliche Arbeit erlebten wir und prägten sie innerhalb der realsozialistischen Gegebenheiten. Die sozialistische Weltanschauung konnte vor allem darum nicht Fuß fassen, weil den Bürgern die eigene Anschauung der Welt verboten wurde. Die meisten Menschen wollten andere Länder kennenlernen, Gebräuche und Kulturen. Hätten sich DDR-Bürger ihre eigenen Anschauungen machen dürfen, hätte es deutlich weniger Menschen gegeben, die die DDR verlassen wollten. Der Begriff „Kirche im Sozialismus" wurde benutzt, kritisiert und diffamiert. Kirche im Sozialismus war nichts anderes als eine Standortbestimmung. Und das hieß, wir leben: um uns die Mauer, die Partei, der Zentralismus, die Schikane gegen Jugendarbeit der Kirche, die Verteufelung von Andersdenkenden, Kinderkrippe, feste Preise, Mangelwirtschaft, Willkür im Rechtswesen, SV-Ausweis, Straßenbahn für 20 Pfennig, Verbot von Literatur, Zeitungen und Reisen – ein Lebensraum, damals „Sozialismus" genannt.

Über gute und schlechte Freiheit, Teilfreiheit oder Unfreiheit kann man nachdenken. 1988 sprach ich mit einem Besucher, von dem ich zunächst vermutete, dass er bei uns arbeiten wolle, weil er einen Ausreiseantrag gestellt hatte. In diesem Gespräch sagte er: „Ich bin aus allem ausgetreten, habe keine Reiseerlaubnis, will gar nicht weg, bin im Land eingesperrt – aber nicht mehr erpressbar: Ich bin frei!"

*

Dass die Durchlässigkeit der Mauer am 9. November 1989 so friedlich vor sich ging, hatte niemand erwartet. Dass in dieser Phase die Schläger nicht zu Henkern geworden sind, macht mich dankbar. Dass es elf Monate später zur Einheit Deutschlands kam, war eine unerwartete, riesige Freude. Mit einer solchen Lösung hatte man bei der tiefen, staatlich verordneten Feindschaft gegenüber dem Westen nicht gerechnet. Hart gesottene SED-Genossen entsannen sich aus der Freundschaftslehre zu der großen Volksrepublik China, dass der Begriff „Krise" im Chinesischen mit zwei Schriftzeichen zum Ausdruck gebracht wird: „ernste Gefahr" und „günstige Gelegenheit".

*

Der Rückblick fiel unterschiedlich aus: Die plötzliche politische, wirtschaftliche und gesellschaftliche Veränderung konnte keiner als normale Entwicklung beschreiben. Wenn man im Sommer 1989 öffentlich gesagt hätte, dass Erich Honecker im Pfarrhaus in Lobetal Asyl bekommt, dass die Tschechen in die Nato kommen, dass der Bundeskanzler der BRD im Staatsratsgebäude der DDR residiert, dass gestandene SED-Genossen zu Demokraten im Bundestag mutieren und dass Pfarrer Rainer Eppelmann Verteidigungsminister der DDR wird, dann hätte man in der DDR neun Monate Gefängnis bekommen wegen Verunglimpfung – und im Westen hätte man den Notarzt gerufen wegen gefährlicher Verwirrung.

Bei dem Wechsel wurde deutlich, dass eine schwindende Epoche, die von einer anderen ersetzt wird, immer Menschen aus der alten Gesellschaft mitnimmt. Ihre Gesinnung, ihr Trotz, ihr Stolz, ihre Rechthaberei, ihr Hass, ihre Erleichterung wandern mit – und prägen neue Entwicklungen.

*

Ich kann heute gut damit leben, dass es so war, wie wir es erlebt haben. Andere haben andere Erfahrungen in der DDR gemacht. Ich kann allerdings nicht gut damit leben, dass viele so tun, als wäre nichts gewesen. Das Problem ist nicht, dass es so lief, wie es lief – sondern dass dies alles verbunden war mit dem hohen Anspruch der SED, der Realsozialisten oder der Kommunisten, in Sachen Menschenwürde besser zu sein als andere.

In diese Linie gehört „postsozialistische Wunschliteraturherstellung". Sie versucht, Geschichte so zu schreiben, wie sie Autoren, Täter oder Spitzel damals gern erlebt hätten. Dazu kommen sonderbare, schamlose und ignorante Äußerungen zum Umgang mit Andersdenkenden oder den Ermordeten an der Mauer.

*

Ein Teil des Untergangs der DDR ist dem System der flächendeckenden Bespitzelung zu verdanken. Alle Observierer sollten observiert, alle Kontrolleure kontrolliert werden gemäß dem unsinnigen Wort: „Vertrauen ist gut, Kontrolle ist besser." „Erstickt an den eigenen Spitzelberichten" erscheint als eine der Todesursachen der DDR.

Im August 2004 sagte mir eine ehemalige Mitarbeiterin am Telefon, dass immer dann, wenn die Sprache auf ihre Haftzeit in Hoheneck kommt, abgeblockt wird – „das wollen wir nicht mehr hören". Angret Poppe hatte bei uns von Juni 1982 bis März 1984 gearbeitet. Sie kam direkt aus der Haft aus dem Frauengefängnis der DDR. Hoheneck soll zurzeit als Wellness-Hotel umgebaut werden, erzählte sie. Sie und ihr Mann haben eine unsägliche Zeit in Haftanstalten der DDR verbracht. Als sie aus der Haft entlassen werden sollte, benötigte sie einen Nachweis über eine Arbeit. Anderenfalls wäre sie nicht in der Lage gewesen, ihr Auskommen nachzuweisen, das hätte zur Folge gehabt, dass man sie als asozial einstuft und sie damit als Kriminelle und Rückfalltäterin wieder in Haft nimmt. Wir stellten Frau Poppe blanko ein. Als sie 1984 zusammen mit ihrem Mann ausreisen durfte, haben wir es bedauert, aber sie von Herzen beglückwünscht, dass sie nun in die Freiheit reisen konnten.

Wir haben Menschen kennen gelernt, die sich in einem permanenten Angstzustand befanden, sie wurden bevormundet, fühlten sich unfrei. Mit dem Fall der Mauer und der Einheit Deutschlands sind Ängste dieser Art geringer geworden. Andere Ängste wie Arbeitslosigkeit haben sich dafür breit gemacht.

*

Für mich ist die Öffnung der Mauer und die deutsche Wiedervereinigung ein wunderbares und nie erwartetes Geschenk. Für meine Enkelkinder sind die Mauer und alles, was damit zusammenhängt, musealer Stoff.

*

In der Berliner Zeitung wurden Aussagen von Kindern zum 10. Jahrestag des Mauerfalls abgedruckt: Auskunft von Jennifer, zehn Jahre alt, aus Neukölln, Westberlin: *Früher haben die im Westen besser gelebt. Die wurden besser bezahlt. Die im Osten durften nicht so verreisen. Sie mussten Bescheid sagen, wo sie hinfahren und 25 Mark tauschen, damit niemand denkt, dass sie flüchten. Wo die Leute herkommen, hat man früher sicher nicht gesehen. Jetzt weiß ich nicht, ob sich im Osten was verändert hat. Ich habe noch nichts gehört.*

Die zehnjährige Laura aus Treptow, Ostberlin: *Am 3. Oktober ist die Mauer gefallen. Das war wohl eine Grenze. Die, die im Westen wohnten, sollten nicht in den Osten. Und die im Osten wohnten, nicht in den Westen. Die haben sich nicht so gut vertragen. Ich kenne keinen aus dem Westen. Aber ich glaube, ich würde sie erkennen, vielleicht am Gesicht oder vielleicht sprechen die aus dem Westen anders, sächsisch vielleicht, oder vielleicht haben sie andere Sitten.*

Ein Zitat des zehnjährigen Constantin aus Treptow: *Das Leben in der DDR war ein bisschen schlechter. Die Russen hatten ja ihre Hände drüber. Und keiner sollte reicher sein als andere und so. Das hatten die Russen bei sich auch – und man sieht ja, was daraus geworden ist. Wessis kenne ich nicht. Nicht, dass ich wüsste. Ich tippe mal, dass Wessis verwöhnter sind als Ossis und dass die Ossis mit kleineren Sachen zufrieden sind. Mir ist egal, woher die Leute sind, wenn sie nett sind.*

Inhalt

Danksagung

Erinnerungen können nur unvollständig aufgeschrieben werden.

Ich danke allen Mitarbeitenden und Freunden in unseren Gemeinden und der diakonischen Arbeit für Unterstützung und Vertrauen.

Meiner langjährigen Mitarbeiterin Manuela Meusel danke ich für geduldige Hilfe bei der Erstellung des Manuskripts.

Ich danke vor allem unseren Geschwistern und ihren Familien, die während der deutschen Teilung immer verlässlich zu uns gehalten haben, und Familie Dorothea und Erwin Kunert im KEH. Bei ihnen durften wir stets einkehren und uns begegnen.